Realschule

Original-Prüfungsaufgaben
mit Lösungen

Bayern

Werken

D1726221

STARK

© 2018 Stark Verlag GmbH
20. ergänzte Auflage
www.stark-verlag.de

Inhalt

Vorwort

Abschlussprüfungen

Im Herbst erscheinen die neuen Ausgaben
der Abschlussprüfungsaufgaben mit Lösungen.

Autoren

Manuela Fornoff: Lösungen der Prüfungsaufgaben ab 2016
Friedrich Melzner: Werkzeugliste, Glossar, Lösungen der Prüfungsaufgaben bis 2015

Bildnachweis

2012-9	© picture-alliance/dpa
2012-12	Abb. 1: nach Daten von Plastics Europe; Abb. 2: © SZ-Grafik, Daten: ASP
2012-23	Bild: Voith GmbH
2013-1	© Artfotoss/Dreamstime.com
2013-3	© Dieter Preuss
2013-12	Gattersäge: © imago/imagebroker; Feinsäge: Simon A. Eugster; http://de.wikipedia.org/wiki/Datei:Backsaw.jpeg, liz. CC-by-SA 3.0 unported
2013-21	© Apostolosmastoris/Dreamstime.com
2013-23	© Oleksiy Mark/Dreamstime.com
2013-25	© Ludwig Bölkow Systemtechnik GmbH
2014-1	© ullstein bild – AP
2014-2	Ottmar Brandau via wikimedia; Public Domain
2014-9	Quelle: http://prod.ceramicmaterials.saint-gobain.com/uploadedImages/ SGceramicmaterials/Images/CREAMICS/Engineered-Products.JPG
2014-11	Geschirr: © Dulcenombre Maria Rubia Ramirez/123rf.de; Schalen: © victoroancea/123rf.de
2014-17	Papierrolle: © picture-alliance/ZB-Fotoreport; Bild Langsiebpapiermaschine: © Voith GmbH
2014-21	Foto: MdeVicente; CCO 1.0
2015-2	© emer – fotolia.de
2015-3	CNC-Fräse: © sorapol ujjin/123rf.com; Stichsäge: © Can Stock Photo Inc. /Lammeyer; Ständerbohrmaschine: © Peter Lewis/123rf.com
2015-9	© cu_09 – istockphoto.com
2015-11	Papierschneider: © Alexandr Makarov/123rf.com; Box: © tarzhanova/123rf.com
2015-13	Schrauben und Muttern: © Can Stock Photo Inc./fotopasion; Klebefilmabroller: © Can Stock Photo Inc./think4photop
2015-20	© Can Stock Photo Inc./sirikornt
2015-21	Gitterbox: © Can Stock Photo Inc./saiko3p; Schwamm: © Can Stock Photo Inc./ homydesign; Badewanne: © www.profizeug24.de; Sichtschutzrolle: © www.floor-direkt.de; Gartenschlauch: © Keerati Thanitthitianant/123rf.com; Legostein: © Can Stock Photo Inc./3DMAVR; Kanister: © Can Stock Photo Inc./Coprid; Tasse: © Can Stock Photo Inc./Alexlukin
2016-1	© Kaushik.chug; cc-by-sa 3.0 unported
2016-2	Seitenschneider: © Csonic at the German language Wikipedia; cc-by-sa 3.0 unported; Blechschere: © Pavel Krok; cc-by-sa 2.0
2016-3	© Olivier Le Queinec/Dreamstime.com
2016-12	© Can Stock Photo Inc./Rtimages
2016-20	© k_rahn/Fotolia.de
2016-22	© Werner Fellner/Fotolia.de
2016-23	© Trinh Le Nguyen/Shutterstock.com
2016-25	Plattentechnik: © Franz Rentsch, Lübben; Wulsttechnik: © Jana Muchalski; Gusstechnik: © Emanuelagrigoras/Dreamstime.com; Bandtechnik: © Manuela Fornoff
2017-1	© Fotolia.de
2017-2	© WACA
2017-10	© Billon, Vincent Kohler, 2007, Polystyrène, résine, 110×100×300 cm, Collection du Fond cantonal d'art contemporain, Genève, Crédit photo : Geoffrey Cottenceau, www.vincentkohler.ch/billon.html
2017-11	© Alexandr Vlassyuk. Shutterstock
2017-19	Foto: Pietro Rotelli; CC-BY-SA 4.0
2017-21	© Foto: Christian Voland, fontanum 2015
2017-31	Flaschen: © rdnzl/fotolia.de; Tabletten: © fefufoto/fotolia.de; Legosteine: © adempercem/fotolia.de

Vorwort

Liebe Schülerin, lieber Schüler,

das vorliegende Buch bietet Anregungen und Hilfestellungen zur gezielten **Vorbereitung auf die Abschlussprüfung an Realschulen** im Fach Werken. Den ersten Teil des Buches bilden eine nach Werkstoffen gegliederte **Werkzeugliste** und ein ausführliches **Glossar** mit Fachbegriffen, welches es Ihnen ermöglicht, das in der Prüfung geforderte Wissen in wesentlichen Auszügen zu wiederholen.

Der zweite Teil besteht aus den vom Bayerischen Kultusministerium zentral gestellten **Prüfungsaufgaben** und entsprechenden **ausführlichen Lösungsvorschlägen**. Sie finden also im vorliegenden Band ein breit gefächertes Angebot an Vorschlägen für mögliche Aufgabenbearbeitungen. Diese Musterlösungen sind selbstverständlich unverbindlich, da einerseits die hier gebotene Ausführlichkeit nicht immer erwartet werden kann; andererseits besteht aber auch kein Anspruch auf absolute Vollständigkeit.

Das Buch kann neben der Prüfungsvorbereitung auch als allgemeine ergänzende Lernhilfe für den Werkunterricht ab der 9. Jahrgangsstufe verwendet werden. In diesem Sinne liefern die Werkzeugliste und das Glossar zusätzliche Informationen.

Die Skizzen und Zeichnungen dienen als Vorstellungshilfen und sind bewusst nicht als normgerechte technische Zeichnungen konzipiert, auch wenn sie teilweise daran erinnern mögen.

Sollten nach Erscheinen dieses Bandes vom Kultusministerium noch wichtige **Änderungen** in der Abschlussprüfung 2019 bekannt gegeben werden, finden Sie **aktuelle Informationen** dazu im Internet unter:

www.stark-verlag.de/pruefung-aktuell

Manuela Fornoff

Werkzeugliste

(geordnet nach Werkstoffen und Arbeitstechniken)

Werkstoff Gips

Hilfsmittel zum Anrühren:
Eimer, Schaufel, Spachtel, Rührholz, Gummibecher, Härtezusätze (Leime, Kleister, Borax), evtl. Farben und Füllstoffe

Hilfsmittel zum Gießen:
zerlegbare Gussform, Trennmittel (Gipsschmiere, Schmierseife, Öl-Seife-Gemische, Schellacklösung), verschiedene Model, Kunststofffolien, Alu-Folien

Werkzeuge für Negativschnitte, Reliefs und Vollplastiken:
– Messer aller Art, Linolschneidewerkzeug, Stechbeitel, Raspeln, Feilen, Schleifpapiere
– Hilfsmittel: Einspannvorrichtungen, Alaunlösung, Farben

Werkzeuge zum Modellieren:
– Spachteln aller Art, ebenso alle Werkzeuge für Vollplastiken
– Hilfsmittel: Gerüste aus Holz, Draht, Styropor, Kaschierleinen, Gipsbinden, Füllstoffe

Werkstoff Holz

Werkzeuge zum Einspannen:
– Hobelbank (Vorderzange, Hinterzange, Bankhaken), Schraubzwingen, Leimzwingen
– Hilfsmittel: Beilaghölzer

Werkzeuge zum Messen und Anzeichnen:
– Schreinerwinkel/Anschlagwinkel, Gehrmaß, Schmiege, Streichmaß
– Bleistift, evtl. auch Spitzbohrer, Metermaß/Gliedermaßstab

Werkzeuge zum Sägen:
– Spannsäge/Schweifsäge, Bügelsäge, Laubsäge, Feinsäge, Handsäge, Fuchsschwanz, Stichsäge, Lochsäge, Gehrungssäge, Furniersäge
– Maschinen: Bandsäge, Armsäge, Tischkreissäge, Handkreissäge, Kappsäge, elektrische Stichsäge, Dekupiersäge, Kettensäge, Gattersäge u. a.
– Hilfsmittel: Anschlag, Einspannvorrichtungen, Laubsägebrettchen

1

Werkzeuge zum Schneiden, Stechen und Stemmen:

– Kerbschnitzmesser, Stechbeitel (Flachbeitel, Hohlbeitel, Lochbeitel, Bildhauerbeitel)
– Maschinen: Tischfräse, Oberfräse, Kettenfräse u. a.
– Hilfsmittel: Einspannvorrichtungen, Schleifbock, Abziehstein

Werkzeuge zum Raspeln, Feilen und Glätten:

– Raspel, Holzfeile (einhiebig; meist Halbrund-, Flach- oder Rundfeile; verschiedene Hieb-teilungen), Hobel (Schropphobel, Schlichthobel, Doppelhobel, Putzhobel, Simshobel, Rau-bank und Sonderformen), Ziehklingen, Schleifpapiere und -leinen
– Maschinen: Abrichtmaschine, Dicktenhobelmaschine, Tellerschleifmaschine, Bandschleif-maschine, Schwingschleifer, Exzenterschleifer u. a.
– Hilfsmittel: Einspannvorrichtungen, Schleifbock und Abziehstein (für Hobelmesser), Zieh-klingengratzieher

Werkzeuge zum Bohren:

– Bohrer: Spitzbohrer, Nagelbohrer, Vierkantaufreiber, Holzspiralbohrer, HSS-Bohrer, Forst-nerbohrer, Zentrumbohrer, Schlangenbohrer, Krauskopf
– Bohrgeräte: Handbohrmaschine, Bohrwinde, Drillbohrer
– Bohrmaschinen: elektr. Handbohrmaschine, Tischbohrmaschine, Ständerbohrmaschine, Langlochbohrer
– Hilfsmittel: Schleiflehren, gegebenenfalls Maschinenschraubstock

Zangen, Hämmer, Schraubenzieher:

– Beißzange / Kneifzange / Kantenzange, Schreinerhammer / Tischlerhammer, Klüpfel, Schrau-benzieher (Schlitz, Phillips, Pozidriv), elektrischer Schrauber mit sog. Bits

Hilfsmittel für die Holzverbindungen:

Nägel, Schrauben, Klammern, Leime, Kleber

Werkstoff Kunststoff

Werkzeuge zum Einspannen:

– vgl. Werkstoffe Holz und Metall
– Hilfsmittel: Schutzbacken, weiche Beilagen aus Kunststoff oder Filz

Werkzeuge zum Messen, Anzeichnen und Anreißen:

– Filzstifte, Reißnadel, Anreißdorn, Werkstattstabmaß und Stahlmaß (vgl. Werkstoff Metall), Gliedermaßstab (vgl. Werkstoff Holz), Anschlag- und Flachwinkel (vgl. Werkstoffe Holz und Metall), Spitzzirkel und Körner (vgl. Werkstoff Metall)

Werkzeuge zum Trennen:

– Ritzmesser (zum Ritzbrechen), Heißdrahtschneider / Styroporschneider, Sägen und Sägema-schinen aller Art (vgl. Werkstoff Holz; mit allerdings wenig geschränkten, vielzahnigen und scharfen Sägeblättern)
– Hilfsmittel: Anschlag, Einspannvorrichtungen, Schutzbeilagen

Werkzeuge zum Fügen:

– Heißluftschweißgeräte, Heizelementschweißgeräte / Schweißspiegel
– Hilfsmittel: Unterlagen, Einspannvorrichtungen, verschiedene Kunststoff-Klebersorten

Werkzeuge zum Raspeln, Feilen und Glätten:

– einhiebige Holz- und Metallfeilen, Raspeln, Nassschleifpapiere, Schwabbelscheibe
– Maschinen: verschiedene Schleifmaschinen (vgl. Werkstoff Holz), Bohrmaschine
– Hilfsmittel: Einspannvorrichtungen, Schutzbeilagen, Schwabbelwachs

Werkzeuge zum Bohren:

– Bohrer: HSS-Spiralbohrer (Spitzenwinkel 60–90°, angespitzte Seele), Stufenbohrer, Kegelbohrer
– Bohrmaschinen: vgl. Werkstoffe Metall und Holz
– Hilfsmittel: Maschinenschraubstock, Bohremulsion

Werkzeuge zum Warmformen:

– Heißluftgeräte, Heizplatten, Heizstab, Wärmeofen
– Hilfsmittel: Unterlagen gegen Brennschäden, Einspannvorrichtungen

Werkstoff Metall

Werkzeuge zum Einspannen:

– Schraubstock, Maschinenschraubstock, Feilkloben
– Hilfsmittel: Schutzbacken

Werkzeuge zum Messen und Anreißen:

Werkstattstabmaß/Maßstab, Stahlmaß, Messschieber, Gliedermaßstab (für Grobmaße), Schlosserwinkel (Anschlagwinkel, Flachwinkel), Reißnadel (teilweise auch Bleistift oder Filzstifte), Spitzzirkel, Körner

Werkzeuge zum Schneiden, Scheren, Halten und Biegen:

– Meißel, Handblechschere (rechts- oder linksgängig; Durchlaufblechschere, Lochblechsche-re), Handhebelschere/Hebelblechschere, Tafelblechschere, Beißzange/Kneifzange/Kantenzange, Monierzange/Rabitzzange, Vornschneider/Querschneider, Seitenschneider, Bolzenschneider, Rohrabschneider, Abkantbank, Flachzange, Rundzange, Kombizange, Wasserpumpenzange, Gripzange, Schmiedezangen usw.
– zum Gewindeschneiden: Vorschneider, Mittelschneider, Fertigschneider und Windeisen (für Innengewinde), Schneideisen und Schneideisenhalter (für Außengewinde), Drehbank
– Hilfsmittel: Einspannvorrichtungen

Werkzeuge zum Schrauben:

– Schraubenzieher (Schlitz, Phillips, Pozidriv, Innensechskant, Außensechskant, Torx u. a.), Maulschlüssel/Gabelschlüssel, Ringschlüssel, Steckschlüssel, Rollgabelschlüssel, Ratsche/Knarre, elektr. Schrauber, Druckluftschrauber
– Hilfsmittel: Einspannvorrichtungen

Werkzeuge zum Feilen und Glätten:

– Karosseriefeile, Metallfeile (versch. Größen: Armfeile, Werkstattfeile, Schlüsselfeile, Nadelfeile; verschiedene Formen: Flachfeile, Rundfeile, Halbrundfeile, Dreikantfeile, Vierkantfeile, Messerfeile, Schwertfeile, Vogelzungenfeile u. a.; verschiedene Hiebart: einhiebig – doppelhiebig/kreuzhiebig; verschiedene Hiebteilungen: Grob, Bastard, Halbschlicht, Schlicht, Doppelschlicht, Feinschlicht), Trocken- und Nassschleifpapiere, Schleifgewebe

- Maschinen: Metall-Hobelmaschine, verschiedene Schleifmaschinen (vgl. Werkstoff Holz), Poliermaschinen
- Hilfsmittel: Einspannvorrichtungen, Feilenbürsten, Kreide, Wasser oder Öl (für Nassschliff)

Werkzeuge zum Bohren:

- Bohrer: HSS-Spiralbohrer (mit dem jeweils entsprechenden Anschliff), Kegelsenker
- Bohrgeräte: Handbohrmaschine
- Bohrmaschinen: elektr. Handbohrmaschine, Tischbohrmaschine, Ständerbohrmaschine
- Hilfsmittel: Einspannvorrichtungen, Bohremulsion, Handfeger

Werkzeuge zum Sägen und Trennen:

- Handbügelsäge, PUK-Säge, Laubsäge (mit Metallsägeblatt)
- Maschinen: Maschinen-Hubsäge, Kreissäge, Kappsäge und elektrische Stichsäge mit den entsprechenden Metallsägeblättern
- Hilfsmittel: Anschlag, Laubsägebrettchen

Werkzeuge zum Schmieden und Treiben:

- Schlosserhammer, Knopfhammer/Kugelhammer, Planierhammer, Schweifhammer/Sickenhammer, Holzhammer, Gummihammer, Kunststoffhammer, Amboss, Richtplatte, Sperrhaken, Glattstock, Tasso, Knopfamboss/Kugelamboss/Faust, Umschlageisen, Bördeleisen, Schweifstock, Treibklotz, Sattelholz
- Hilfsmittel: Tischamboss

Werkzeuge zum Herstellen von Metallverbindungen:

- Schweißen: Schweißbrenner, Elektrolichtbogenschweißgerät, Schutzgasschweißgerät
- Löten: Lötkolben, Lötpistole, Lötbrenner, Lötrohr
- Nieten: Nietvorhalter/Setzkopfeisen, Nietenzieher, Kopfmacher
- Hilfsmittel: Einspannvorrichtungen, Löthilfsmittel, Lötunterlagen (Keramikplatte, Kohle u. dgl.), Schlackenhammer, Schweißdrähte und -stäbe, Lote, Schrauben, Niete, Kleber

Werkzeuge zur Oberflächengestaltung:

- Punzen (mit versch. Profilen), Prelleisen, Emailofen, Pinsel, Siebe, Schleifsteine (Karborund, Siliziumcarbid), Stahlwolle
- Hilfsmittel: Einspannvorrichtungen, Brennzangen, Brennunterlagen, Ätzschalen, Pinzetten

Werkstoff Papier

Werkzeuge zum Anzeichnen:

Bleistift, „Stahllineal"/Maßstab/Stahlmaß (vgl. Werkstoff Metall), Zirkel, Flachwinkel (vgl. Werkstoff Metall)

Werkzeuge zum Schneiden:

- Papierschere, Pappschere, Spitzschere/Silhouettenschere, Schlagschere, Buchbindermesser, Cutter-Messer, Pappritzer, Hartholzlineal als Anschlag
- Hilfsmittel: Schneideunterlagen

4

Werkzeuge zur Papierverarbeitung:

- Stockpresse, Locheisen und Ahle, Falzbein, Heftnadeln, Heftlade, daneben auch: Leimpinsel, Feile, Schleifpapier, Stechbeitel, Hammer
- Hilfsmittel: Makulatur, Leime, Kleber, Kleister, Gewebe, Bänder

Werkstoff Ton

Werkzeuge zu Tonaufbereitung:

- Maschinen: Rührwerk, Filterpresse, Vakuumpresse
- Hilfsmittel: Tonkiste, Schaufeln, Gipsplatten, Unterlagen zum Schlagen und Kneten, Folien

Werkzeuge zur Formgebung:

- Tonmesser, Tonschneider, Modellierhölzer, Tonschlingen, Formstäbe, Leisten, Rundhölzer, Ränderscheibe, Model und Gießformen
- Maschinen: Drehscheibe, Drehspindel, Roller, isostatische Pressen
- Hilfsmittel: Pappschablonen

Werkzeuge zur Oberflächengestaltung:

- Ritzwerkzeuge und Stempel, „Niere", Falzbein, Malhorn, Spritzbällchen, Haarsieb/Glasursieb, Glasierzange, Ränderscheibe, Pinsel, Schleifsteine (für abgelaufene Glasurreste)
- Hilfsmittel: Eimer, Messbecher, Schöpfkellen, Rührstäbe

Werkzeuge zum Brennen:

- elektrischer Brennofen mit automatischer Steuerung, Tunnelofen
- Hilfsmittel: Einbaustützen, keramische Dreifüße, Schamotteplatten, Segerkegel

Glossar

A

Alabastergips

Diese Gipssorte ist aus Alabaster (bester Gipsstein mit besonders feinkörnigem Gefüge) gebrannt, durchscheinend und polierbar. Sie dient für besonders feine Stukkateurarbeiten und Abgüsse sowie zur Herstellung von Marmorgips.

„Arbeiten" von Holz

Gewachsenes Naturholz nimmt Wasser auf und quillt dabei. Beim Trocknen gibt es entsprechend Wasser ab und schwindet. Diese Volumenveränderung bezeichnet man als das „Arbeiten" des Massivholzes. Da ein Baumstamm aber nicht gleichmäßig Wasser führt (im Stamminneren weniger, nach außen hin zunehmend mehr), schwindet ein aus ihm geschnittenes Stück ebenfalls ungleichmäßig. Die dadurch entstehenden Spannungen können daher zum „Werfen" (Verziehen) oder zu Rissen führen. Auch die Hirnholzkante gibt mehr Wasser ab als die Langholzseite und reißt deshalb leicht ein.

Als Gegenmaßnahme bietet sich vor allem eine langsame und fachgerechte Trocknung und Ablagerung im Block- oder Kastenstapel an. Anzumerken ist auch, dass die verschiedenen Holzarten mehr oder weniger stark arbeiten und so ein unterschiedliches Stehvermögen aufweisen. Im Gegensatz zu den Holzwerkstoffen müssen Naturhölzer mit dem entsprechenden Fachwissen und -können verbaut werden. Türen und Massivholzmöbel benötigen ein Rahmenwerk, in denen die Füllungen arbeiten können. Nutungen und Falzungen dienen bei Fußböden oder Decken dem gleichen Zweck. Auch Außenverschalungen, die den wechselnden Wetterbedingungen ausgesetzt sind, sollten so konstruiert sein, dass die Schalungsbretter frei quellen und schwinden können und so Risse vermieden werden.

Auf Stoß

Die meisten Werkzeuge wie z. B. die Feilen oder viele Sägen arbeiten „auf Stoß". Dabei erfolgt der Arbeitsgang belastet vom Körper nach vorne weg und das Werkzeug wird entlastet zurückgezogen, wobei es keine Arbeit mehr verrichtet. Nur wenige Werkzeuge wie z. B. die Laubsäge arbeiten im Gegensatz dazu „auf Zug". Bügelsägen mit gleichschenkeligen und beidseitig geschärften sog. Wolfszähnen arbeiten auf Stoß und Zug.

B

Beizen

Beizen ist eine Technik zur farbigen Gestaltung von Holzoberflächen. Dabei dringt die Beize in das Holz ein, ohne die Maserung zu verdecken. Billige, vor allem helle Holzarten wie Buche, Fichte oder Pappel lassen sich so „auf Mahagoni", „auf Mooreiche", „auf Teak" usw.

beizen. Wichtig ist vor allem eine besonders saubere Vorbehandlung der Holzfläche, da Fehlerstellen immer sichtbar bleiben. Leimreste nehmen die Beize überhaupt nicht an. Man unterscheidet zwischen Farbbeizen und chemischen Beizen.

Farbbeizen sind starkfarbige Substanzen, die entweder in heißem Wasser (Wasserbeizen) oder Spiritus gelöst werden (Spiritusbeizen) oder bereits gebrauchsfertig sind (Wachsbeizen, Polycolorbeizen, KF-Beizen). Bei stark saugenden Hölzern mit schwacher Maserung und bei der Verwendung dunkler Beiztöne kann es zu einer unerwünschten Umkehrung des Helligkeitsbildes kommen, da das Frühholz wesentlich mehr Beizflüssigkeit aufnimmt als das Spätholz.

Diese Gefahr besteht nicht bei der Verwendung chemischer Beizen. Hierbei handelt es sich um Lösungen von Metallsalzen (Kupferchlorid, Eisenchlorid u. a.), welche die Färbung erst durch eine Reaktion mit der Gerbsäure des Holzes bewirken. Gerbsäurearmen Hölzern kann in einer sog. Vorbeize die nötige Gerbsäuremenge vorher zugesetzt werden.

Die zur Lagerung und Verarbeitung der Beizen verwendeten Gefäße und Hilfsmittel dürfen keine Eisenteile enthalten, da Rostspuren die Farbe verändern könnten. Zu beachten ist auch, dass Hirnholzkanten stärker saugen als die Langholzseiten und dadurch eventuell dunkler ausfallen.

D

Duroplaste / Duromere

Duroplaste (von lat. durus = hart) sind Kunstharze, die durch Pressen und gleichzeitiges Erwärmen oder durch Zusatz von Härtern (Gießharze, Klebeharze) in Form gebracht und ausgehärtet werden. Derartige Kunststoffe sind Phenolharze/PF, Harnstoffharze/UF, Melaminharze/MF, Silikonharze, Polyesterharze/UP und Epoxidharze/EP. Ihre Struktur ist dreidimensional eng vernetzt, sodass sie ein starres Gitterwerk bilden. Ein duroplastisches Kunststoffteil besteht theoretisch aus einem einzigen Riesenmolekül. Nach dem Urformen lassen sich Durpolaste durch Erwärmung nicht mehr umformen. Sie sind chemisch sehr resistent, können nicht geschweißt werden und sind nur noch spanend zu verformen. Durch übermäßige Erhitzung werden sie thermisch zersetzt. Duroplaste werden oft als Verbundwerkstoffe verarbeitet. Dabei wird einerseits die Sprödigkeit vermindert, andererseits werden Zähigkeit und Festigkeit erhöht.

– **Pressmassen** (z. B. für Gehäuseteile, Schalter, Bremsbeläge) enthalten als Füllstoffe Gesteins- und Asbestmehl, Textilfasern, Gewebeschnitzel u. a., welche die Eigenschaften des gepressten Formartikels wesentlich mitbestimmen (wie Festigkeit, Leitfähigkeit, Sprödigkeit).
– **Schichtpressstoffe** sind Papier- und Gewebebahnen, die mit Kunstharzen getränkt und zu Formteilen gepresst werden (Hartpapier, Hartgewebe, z. B. für Isolierplatten und Lagerschalen).
– **GFK – glasfaserverstärkte Kunststoffe** sind durch ihre eingelegten Glasfasergewebe äußerst schlagzäh, biege- und zugfest. Aus ihnen fertigt man u. a. Karosserieteile, Bootskörper und Schalensitze.

E

Eisenwerkstoffe

Chemisch völlig reines Eisen ist technisch unbrauchbar, es muss – wenn auch nur mit sehr geringen Anteilen – mit Kohlenstoff legiert sein.

Andererseits führten das vergleichsweise häufige Vorkommen hochwertiger Eisenerze und die Möglichkeit, durch Legierungszusätze und Nachbehandlungen dem Werkstoff die verschiedensten Eigenschaften zu vermitteln, dazu, dass die Eisenwerkstoffe seit Beginn der sog. Eisenzeit (in Europa etwa ab dem 9. Jh. v. Chr.) zum wichtigsten Gebrauchsmetall überhaupt wurden. Einen wesentlichen Schub erhielt die Entwicklung der Eisentechnik durch die industrielle Revolution (Verhüttung: Einsatz von Koks und Heißwind; Entwicklungen in der Stahlerzeugung: Bessemer- und Thomas- sowie das Siemens-Martin-Verfahren; Einführung der Walztechnik; Verbesserung der Materialqualitäten; Verwendung des Werkstoffes in der Architektur, dem Maschinenbau und im Verkehrswesen).

Heute fasst man unter dem Fachbegriff Eisenwerkstoffe alle Stahl- und Gusseisensorten zusammen. Stahl entsteht durch das Frischen aus dem Roheisen. Dabei wird durch verschiedene Oxygenblasverfahren (LD-Verfahren, LD/AC-Verfahren, OBM-Verfahren) der zu hohe Kohlenstoffgehalt des Roheisens im Konverter mehr oder weniger stark reduziert (auf max. rund 2 %). Gleichzeitig werden andere, unerwünschte Begleitelemente entfernt und die entsprechenden Legierungszusätze beigegeben. Ein modernes Verfahren ist die Verarbeitung des durch Direktreduktion gewonnenen Eisenschwammes zu Stahl im Elektrolichtbogenofen. Stähle sind spanlos kalt- oder warmformbar. Man unterteilt sie in Baustähle und Werkzeugstähle bzw. in unlegierte, niedriglegierte und hochlegierte Stähle.

Gusseisen entsteht durch Umschmelzen des Roheisens mit Schrott und Zuschlägen im Kupol- oder Elektroofen. Da bei diesem Verfahren der Kohlenstoffanteil nicht reduziert wird, ist Gusseisen mehr oder weniger spröde und nicht spanlos formbar. Nach der Art des eingelagerten Kohlenstoffes unterscheidet man verschiedene Sorten wie Grauguss (GG), Sphäroguss (GGG) u. a.

Elastomere

Diese Kunststoffe sind quellbar und gummielastisch. Sie sind weder lösbar noch spanend formbar. Zu ihnen gehören der Naturkautschuk, der durch Zugabe von Essigsäure zu Rohgummi eindickt und durch Vulkanisieren (Schwefel und Füllstoffe) zu Naturgummi verarbeitet wird, der Kunstkautschuk (Buna, ebenfalls vulkanisiert), der Polyurethankautschuk (bes. für Schaumteile), der Silikonkautschuk u. a.

Elastomere sind räumlich weitmaschig verknüpft und daher nicht thermoplastisch formbar. Bei zu hohen Temperaturen werden auch sie thermisch zersetzt.

Email

Emails sind niedrig schmelzende, teilweise farbige, mehr oder weniger transparente oder opake Gläser, welche auf bestimmte Metalle (Edelmetalle, Kupfer, Tombak und Eisenwerkstoffe; Spezialemails auch auf Aluminium) aufgeschmolzen werden und auf diesen haften.

Sie bestehen im Wesentlichen aus der Fritte (Glasbildner wie Quarz/SiO_2, Flussmittel und Stabilisatoren), Haftsubstanzen (Haftoxide), Trübungsmitteln (für transluzide und opake Emails) und Farbkörpern (färbende Metalloxide).

Der Lichtdurchlässigkeit und der Einfärbung entsprechend unterscheidet man Fondant (völlig farblos und transparent), transparente Emails (farbig transparent), transluzide Emails (leicht getrübt und durchscheinend, teilweise opal schimmernd: opales Email) und opake Emails (absolut lichtundurchlässig und deckend).

Der Verwendung nach unterscheidet man Schutzemail, bei dem man die positiven Eigenschaften dieses Werkstoffes (Oberflächenglätte und -härte, leuchtende und nicht verblassende Farbigkeit, chemische Resistenz und Dauerhaftigkeit) als Überzugsmaterial vor allem für Eisenwerkstoffe ausnutzt (Straßenschilder, Badewannen, Kochgeschirr u. dgl.), und Schmuckemail zur Verschönerung von Metalloberflächen.

Die wichtigsten Email-Schmucktechniken sind das Drahtemail (auch Filigranemail), das Stegemail, das Fensteremail, das Senkemail, das Grubenemail, das Maleremail und der Zellenschmelz.
Gesundheitsgefahren bestehen bei der Verwendung von schwermetallhaltigen Emailsorten (vgl. Glasuren), welche für den Lebensmittelbereich nicht in Frage kommen sollten.

Engoben

Engoben sind mit Metalloxiden eingefärbte Tonschlicker und dienen zur Gestaltung von Tonoberflächen. Für die Herstellung eignet sich am besten ein weißer Gießton, weil so die Farbwirkung der Metalloxide nicht verfälscht wird und die Schwindung durch die enthaltenen Verflüssiger im Rahmen bleibt.
Engoben werden im lederharten Zustand des Tonwerkstücks aufgetragen. Dadurch wird verhindert, dass die Engobe durch Schwindungsdifferenzen wieder abplatzt. Der Auftrag erfolgt durch Eintauchen, Begießen, Spritzen oder Bemalen (Pinsel, Malhorn, Spritzbällchen). Dekortechniken sind der vollständige Engobenüberzug, das Engobensgraffito und die Engobenmalerei. Ihre größte Bedeutung erlangten sie in der Irdenware der bäuerlichen Keramik. Engobendekore werden in der Regel abschließend mit einer transparenten Glasur überzogen.

Erze

Metalle kommen entweder überhaupt nicht oder nur in kleinen Mengen metallisch „gediegen" in der Erdrinde vor (wie z. B. Gold, Silber, Kupfer u. a.). Meistens sind sie in Erzen als Minerale an andere Stoffe gebunden, hauptsächlich an Sauerstoff (oxidische Erze, wie z. B. Fe_3O_4) oder Schwefel (sulfidische Erze, wie z. B. Cu_2S). Diese – „metallhaltigen" – Mineralien bilden ein Gemisch mit anderen Mineralien (technisch als „Gangart" bezeichnet) wie z. B. Quarz oder Feldspat.
Erze werden heute – wenn möglich im Tagebau – großtechnisch abgebaut und aufbereitet. Ist ihr Metallgehalt zu gering, so werden sie in verschiedenen technischen Verfahren (z. B. Magnetscheidung beim Eisenerz) einem Anreicherungsprozess unterzogen, bei dem ein Großteil der Gangart beseitigt und dadurch der Anteil der metallhaltigen Mineralien erhöht wird. Durch Mahlen, Sintern und Pelletieren werden die Erze auf gleiche Korngröße gebracht (Pellets). Zur Gewinnung der Metalle muss folglich die chemische Verbindung zwischen Metall und „Rest-Stoff" aufgelöst werden. Dies geschieht in der Regel durch Verhüttung (wie beim Roheisen im Hochofen) oder durch Schmelzflusselektrolyse. Oft sind jedoch zuvor noch weitere, vorbereitende Arbeitsschritte notwendig (z. B. „Rösten" von Kupfererzen).

F

Furniere

Furniere sind dünne Holzblätter, die von gedämpften Holzstämmen durch Schälen (Schälfurniere) oder Messern (Messerfurniere, Radialfurniere) abgenommen werden. Ihre Materialstärke liegt in etwa zwischen 0,7 und 2 mm. Seltener ist das Sägefurnier (für besonders beanspruchte Teile, etwa 4 mm stark), da durch die vielen Sägeschnitte unverhältnismäßig viel Holzmaterial verlorengeht. Furniere sind in unterschiedlichen Formen für verschiedene Verwendungszwecke im Handel (Furnierblätter, Rollenware, Kantenumleimer, aufbügelbare Furniere mit Schmelzkleber). Massenfurniere dienen auch zur Herstellung von Holzwerkstoffen (Sperrholz, Furnierplatten, Tischlerplatten, furnierte Spanplatten). Edelholzfurniere werden für Möbel, Türen oder Wandverkleidungen verwendet.
Unter der Technik des Furnierens versteht man die vollständige Überklebung/Überleimung einer Holzfläche („Blindholz", meist Holzwerkstoffe) mit einem Furnier. Dadurch wird die

Oberfläche verschönert und der Eindruck eines gewachsenen Naturholzes vermittelt. In Fachbetrieben erfolgt das Furnieren mit großen hydraulischen Plattenpressen.

Im Gegensatz zur echten Intarsie (Einlegearbeit mit sog. Dickten) wird bei der Furnierintarsie ein vollflächiges Furnierbild auf die Trägerplatte aufgeleimt, welches durch Ausschneiden und passgenaues Zusammenfügen verschiedenfarbiger Furnierteile entsteht.

G

Gips

Mineralischer Rohstoff des Gipses ist der häufig vorkommende Gipsstein, ein kristallwasserhaltiges Kalziumsulfat, das in Form eines Dihydrats vollständig gesättigt ist ($CaSO_4 \times 2\,H_2O$).

Gipsstein wird daher gebrannt und anschließend gemahlen. Dadurch wird ihm das chemisch gebundene Wasser mehr oder weniger stark entzogen. Bei Temperaturen zwischen 150 und 300 °C entsteht ein sog. Halbhydrat ($CaSO_4 \times H_2O$), der gebrannte Gips, der nun in der Lage ist, Wasser wieder chemisch zu binden und dadurch zu erhärten. Diesen Vorgang bezeichnet man als Abbinden.

Zu Gipsen dieser Art gehören die für das Abformen geeigneten Sorten wie Stuckgips, Modellgips, Alabastergips und auch Marmorgips. Brenntemperaturen über 320 °C ergeben Gipse, die mit Wasser allein nicht mehr abbinden, sie sind „tot"-gebrannt (vollständig entwässerte Anhydrite). Hochgebrannte Gipse (800 – 1 000 °C) binden ungewöhnlicherweise wieder ab und werden nach relativ langer Zeit sehr hart (z. B. Estrichgips). Sie sind für das plastische Gestalten jedoch nicht geeignet.

Gebrannter Gips (Gipspulver) zieht auch aus der Luft Feuchtigkeit. Er sollte daher trocken gelagert und möglichst frisch verarbeitet werden. Ebenso saugt der abgebundene Gips Wasser an. Diese Eigenschaft nutzt man in der Keramik bei der Aufbereitung von Tonmassen (Vortrocknung) sowie zur Herstellung von Formen (Abdrücke und Abgüsse). Besonders vorteilhaft ist, dass man hierbei auf Trennmittel verzichten kann und dass der Tongegenstand sich durch die eigene Trockenschwindung von selbst aus der Form löst.

Glasuren

Glasuren sind glasartige Überzüge, welche auf keramischen Scherben haften und diese so abdichten, glätten und eventuell farbig gestalten.

– **Zusammensetzung**: Sie bestehen im Wesentlichen aus dem Glasbildner Quarz (SiO_2, Kieselsäure), verschiedenen Flussmitteln (Schwermetallverbindungen, insbes. Bleiverbindungen, die die hohe Schmelztemperatur des Quarzes entsprechend herabsetzen), Haftoxiden (zur besseren Haftung der Glasur auf dem Scherben) und gegebenenfalls Trübmitteln (für Mattglasuren) sowie Farboxiden (zur Einfärbung). Weitere technische Zusätze ermöglichen auch die Herstellung von Spezial- und Effektglasuren.

– **Glasurauftrag**: Glasuren sind meistens als Pulver im Handel und müssen dementsprechend erst angesetzt werden. Um Klumpenbildung zu vermeiden und eine gleichmäßig gute Durchfeuchtung zu erreichen, streut man das Pulver in das Wasser ein und lässt es gut durchziehen.

Dann streicht man die Masse am besten durch ein sog. Glasursieb (Holzrahmen mit Messing- oder Kunststoffmaschen, da Rostspuren die Farbe beeinträchtigen könnten) und rührt die Glasur gut auf. Für den Gebrauch soll sie von etwa suppenartiger Konsistenz sein. Da sie sich sehr schnell absetzt, muss sie immer wieder aufgerührt werden. Der Auftrag selbst erfolgt durch Eintauchen, Begießen, Spritzen oder auch Bemalen. Der poröse Scherben saugt den Glasurbrei an und die Glasur bleibt als mehlige Schicht auf der Oberfläche haften.

- **Glasurbrand**: Glasuren werden in der Regel in einem eigenen Brand (Glasurbrand oder Glattbrand) aufgeschmolzen. Die Höhe der Brenntemperatur entspricht also der Schmelztemperatur der jeweiligen Glasur. Bei der Ofenbeschickung ist zu beachten, dass sich die einzelnen Gegenstände nicht berühren und dass auch der Brennofen gegen ablaufende Glasuren geschützt werden muss (z. B. durch eingestreutes Schamottemehl, keramische Dreifüße u. dgl.).
Die Temperatur darf beim Brand nur langsam erhöht („Abkochen" der Glasurschicht) bzw. wieder herabgesetzt werden (Glasurrisse und Ofenschäden). Zu unterscheiden ist auch ein oxidierendes (unter Sauerstoffüberschuss) oder reduzierendes Brennen (unter Sauerstoffmangel) mit sich verschieden entwickelnden Glasurfarben.

- **Glasurgefahren**: Im Gegensatz zu den ungiftigen Glasurarten wie Feldspatglasuren (Porzellan), Lehmglasuren oder Salzglasuren (Steinzeug) sind vor allem die Silikatglasuren der Irdenware problematisch, da sie auch Schwermetallzusätze (Blei-, Kadmium-, Antimon-, Arsen- und Uranverbindungen) enthalten. Besonders die Bleiverbindungen (Bleiweiß, Bleimennige, Bleiglätte) werden häufig verwendet. Sie wirken als Flussmittel bei bereits relativ niedrigen Brenntemperaturen, lösen die Farboxide gut und sorgen für Brillanz und Transparenz des Glases. Andererseits sind sie gesundheitlich sehr bedenklich, wenn sie in den menschlichen Organismus gelangen (z. B. durch Glasurstäube und -dämpfe bei der Herstellung oder durch Herauslösen aus der aufgebrannten Glasurschicht beim Gebrauch, insbes. durch Säuren). Derartige Glasuren sind für den Lebensmittelbereich ungeeignet, da sie zu einer schleichenden Vergiftung führen können. Man verwendet in diesem Bereich deshalb sog. Fritten, d. h. Glasuren, bei denen diese Schwermetallverbindungen mit der Kieselsäure so verschmolzen werden, dass sie nicht oder nur in gesundheitlich unbedeutenden Mengen (vgl. deutsches Bleigesetz) abgegeben werden.

H

Halbzeug

Bei Metallen und Kunststoffen bedeutet dieser Fachbegriff maschinell gefertigte Zwischenprodukte, welche zum fertigen Werkstück erst noch weiter verarbeitet werden müssen.
Beim Metall sind dies z. B. Stäbe, Profile, Bleche, Rohre, Bänder, Drähte u. a., bei den Kunststoffen kennt man Schläuche, Rohre, Platten, Profile, Folien usw.
Eine etwas andere Bedeutung hat dieser Begriff bei den Papierwerkstoffen. Hier bezeichnet er das aufbereitete Fasermaterial.

Hiebe

Die Hiebe werden in den Feilenblatt-Rohling maschinell eingehauen (seltener eingefräst). Sie verrichten die spanabhebende Arbeit und sind somit die Schneiden der Feile. Man unterscheidet bei Feilen grundsätzlich zwei Hiebarten. Einhiebige Feilen gebraucht man bei Kunststoff, Holz, weichen Metallen und Leichtmetallen. Für härtere Stahlsorten und für Gusseisen verwendet man zweihiebige, auch kreuzhiebig genannte Feilen mit verschiedenem Ober- und Unterhieb. Grobe Feilen werden allgemein als Schroppfeilen, feine als Schlichtfeilen bezeichnet. Abhängig ist die Feinheit von der Größe der Hiebe. Sie wird durch die Hiebnummer gekennzeichnet (0 = Grob, 1 = Bastard, 2 = Halbschlicht, 3 = Schlicht, 4 = Doppelschlicht, 5 = Feinschlicht).

Holzschutz

Man unterscheidet grundsätzlich zwischen der bloßen Behandlung der Holzoberfläche, die den Werkstoff vor allem vor Verschmutzung, Feuchtigkeit und mechanischen Verletzungen

(Kratzer, Abnützung u. dgl.) schützen soll, und dem eigentlichen chemischen Holzschutz, der – entweder vorbeugend oder bekämpfend – bei Hölzern einen Pilz- oder Insektenbefall verhindern soll. Mittel für die Oberflächenbehandlung sind gesundheitlich teilweise völlig unbedenklich (z. B. Wachsen mit Bienenwachs-Terpentin-Gemisch oder Einlassen mit Leinöl), können aber auch bereits Stoffe enthalten, bei denen die entsprechende Vorsicht geboten ist (z. B. Lösungsmittel von Lacken, Mattinen und Grundierungen, Schwermetalle bei Farben und Lacken, Wirkstoffe gegen das natürliche Nachdunkeln bzw. Vergrauen im Außenbereich). Für den eigentlichen Holzschutz benutzt man in den sog. Imprägnierungen teilweise hochgiftige Insektizide und Fungizide. Stoffe wie PCP, Lindan und auch deren Ersatzstoffe sind ebenso für Menschen äußerst bedenklich. Auch Lasuren können derartige Bestandteile enthalten.

Alternative Holzschutzmittel („Biomittel") werden nicht synthetisch, sondern auf der Basis von Naturprodukten hergestellt (Boraximprägnierungen, Naturharzlasuren usw.). Im Vergleich zu den entsprechenden chemischen Mitteln sind sie meist teurer, weniger wirksam und haltbar, aber eben auch wesentlich ungiftiger.

Unbehandeltes Naturholz ist vielleicht der gesündeste Werkstoff überhaupt. Daher sollte man Holzflächen nur im notwendigen Ausmaß behandeln. Oft kann man auf irgendwelche Mittel vollständig verzichten oder auf unbedenkliche zurückgreifen. Ein besonders gutes Beispiel hierfür ist der sog. „konstruktive Holzschutz". Wenn Holz so verbaut wird, dass Frischluft zirkulieren kann, Regenwasser gut abläuft und sich keine Staunässe bildet und wenn zum Erdreich der notwendige Abstand gelassen wird, dann ist Naturholz auch im Außenbereich viele Jahre lang haltbar.

Holzstruktur

Naturholz besteht als gewachsener Werkstoff wie alle Pflanzen aus Zellen (Poren) und Fasern. Strukturunterschiede ergeben sich aus der Größe der Zellen/Poren (grobporig/locker – feinporig/dicht) sowie aus der Länge der Fasern (langfaserig – kurzfaserig).
Die Zellen des Holzes übernehmen verschiedene Aufgaben im Stamm. Stützzellen dienen der Stabilität, Leitzellen transportieren Wasser und Nährstoffe. Von besonderer Art sind die Markstrahlen (Bündel von Speicherzellen), die radial im Stamm verlaufen und bei manchen Holzarten (z. B. Eiche, Buche) als sog. „Spiegel" gut erkennbar sind.

Holzverbindungen

Man unterscheidet zwischen den klassischen/unmittelbaren und den modernen/mittelbaren Verbindungen.
Bei unmittelbaren Holzverbindungen wird das Holz selbst bearbeitet (z. B. werden Zinken angesägt und ausgestemmt, Nuten werden gefräst, Dübellöcher werden angerissen und gebohrt).
Bis auf die lösbaren Verbindungen (z. B. Dübel-Steckverbindungen, Zapfen und Keil) werden sie meist zusätzlich verleimt, um ihre Haltbarkeit zu erhöhen. Unmittelbare/klassische Holzverbindungen sind das Dübeln, das Nuten, das Graten, das Zapfen (Schlitz und Zapfen, Rundzapfenverbindung, Zapfen und Keil), das Falzen, das Zinken (gerade Zinkung/ Fingerzinkung, Schwalbenschwanzzinkung), die Überblattung u. a. Sie sind bündig abschließend und als Mittel- oder Endverbindung und z. T. auf Gehrung (im 45°-Winkel) gearbeitet. Als die „echten", alten Techniken sind sie handwerklich oft sehr anspruchsvoll, halten aber auch vielfach besser als die modernen/mittelbaren Verbindungen.
Bei diesen bleibt das Holz im Wesentlichen unbearbeitet (lediglich Vorbohrungen von Nagel- oder Schraubenlöchern). Die Verbindung wird allein durch einen Vermittler aus Fremdmaterial (Metall, Kunststoff) geschaffen. Moderne/mittelbare Verbindungen sind das Nageln, das Klammern, das Schrauben, das Leimen und das Kleben.

Holzwerkstoffe

Unter Holzwerkstoffen versteht man industriell hergestellte Holzfabrikate, die aus gewachsenen Naturholzteilen (Furnieren, Leisten, Spänen, Fasern) zusammengeleimt und maschinell zu Platten gepresst werden.
Da das Material keinen zusammenhängenden Faserverlauf aufweist und der Leim die Einzelteile fest zusammenhält, arbeiten Holzwerkstoffe kaum, verziehen sich nur bei Feuchtigkeit oder unsachgemäßer Lagerung und sind einfacher (d. h. ohne besonderes handwerkliches Können) zu verarbeiten. Sie können im Vergleich zum gewachsenen Naturholz auch in großen Plattenformaten hergestellt werden und sind oft preisgünstiger, da vor allem für die Mittelschichten auch minderwertigere Holzqualitäten (vgl. Sperrholz) oder gar Abfallholz (vgl. Spanplatte) verwendet wird.
Andererseits besitzen sie keine natürlichen Holzeigenschaften mehr (wie z. B. Härte, Elastizität oder Zähigkeit der verschiedenen Naturholzarten), die man gezielt für bestimmte Anforderungen einsetzen kann („totes" Holz). Mit Ausnahme hochwertiger Multiplexplatten sind Holzwerkstoffe auch nicht so stabil und tragfähig wie viele Naturhölzer, Spanplatten z. B. sind äußerst bruchanfällig. Weitere Nachteile sind ihre geringe Eignung für den Außenbereich, ihr im Vergleich zur Naturholzmaserung weniger schönes Aussehen sowie die möglichen Gesundheitsgefahren durch langzeitliches Ausgasen von Lösungsmitteln aus den verwendeten Kunstharzleimen (insbes. Formaldehyd).

Homogenisieren

Dieser Fachbegriff bedeutet das „Vereinheitlichen" einer keramischen Masse. In der gebrauchsfertige Masse müssen alle Bestandteile (Tonpartikel und Zusätze) sowie die Feuchtigkeit gleichmäßig verteilt sein, um die Schwindungsdiffernzen so gering wie möglich zu halten. Auch Lufteinschlüsse müssen beseitigt werden, da sie beim Brand unweigerlich zur Zerstörung des Gegenstandes führen würden. Homogene Massen erreicht man handwerklich durch ein entsprechendes Ansetzen der Masse (Tone und Zusätze trocken mischen und erst dann in das Wasser einstreuen) und durch Kneten und Schlagen bei der Aufbereitung. Maschinell erzeugt man Homogenität durch Rührwerke und Vakuumpressen.

Hydrolyse

Dieses Verfahren dient zum Recycling von Kunststoffabfällen. Mit ihm können jedoch nur bestimmte Sorten (Polyurethane, Polyamide und Polyester) unter Einwirkung von Wasserdampf, hohem Druck und hoher Temperatur wieder in ihre Ausgangsstoffe zerlegt werden.
Zum jetzigen Zeitpunkt ist die Hydrolyse zu teuer und daher unwirtschaftlich sowie technisch noch nicht ausgereift.

I

Irdenware (Hafnerware, Töpferware)

Hierbei handelt es sich um die zwar einfachste, aber auch ursprünglichste Art der Keramik überhaupt (vgl. jungsteinzeitliche Tonwaren). Man verwendet verschiedene hell- bis farbig brennende Naturtone oder Gemische aus ihnen, die je nach Bedarf auch zusätzlich mit Magerungsmitteln (z. B. Schamotte) versetzt werden können.
Die Tomasse wird meist handwerklich durch Modellieren, Abdrücken von Modeln, Aufbauen oder Freidrehen auf der Töpferscheibe zum Gegenstand geformt. Nach der Trocknung erfolgt der Glühbrand (auch: Schrühbrand) bei etwa 800–900 °C, durch den der poröse, aber wasserfeste Scherben entsteht. Manche Produkte wie Blumentöpfe, Flaschenkühler oder

Terrakottakübel bleiben in diesem Zustand. Dichtigkeit wird durch das Aufbringen von Glasuren (in der Regel Bleisilikatglasuren) erreicht, welche auf den Scherben in einem Glasurbrand (auch: Glattbrand) nachträglich aufgeschmolzen werden.
Aus Irdenware fertigt man vor allem Geschirr, kunsthandwerkliche Gegenstände und Ofenkacheln. Auch Majolika/Fayence zählt hierzu.

J

Jahresring

Ein Jahresring zeigt im Stammquerschnitt das Wachstum eines Baumes innerhalb eines Jahres. In unseren Breitengraden bildet sich Jahr für Jahr diese Wachstumszone als neue, äußerste Schicht des Splintholzes. Sie besteht aus zwei Teilen. Den helleren, inneren Teil bezeichnet man als Fühholz. Dieses ist im wasserreichen Frühjahr gewachsen und daher auch weicher und weitporiger. Der dunklere, äußere Teil ist das sog. Spätholz, welches sich im trockeneren Sommer und Frühherbst bildet. Es ist entsprechend engporiger und härter. Im Spätherbst stellt der Baum das Wachstum ein.
Breite Jahresringe deuten auf gute Wuchsbedingungen des jeweiligen Jahres hin, enge auf schlechtere. Andererseits ist die Qualität von feinjährigen Hölzern (viele enge Jahresringe, lange und langsam gewachsen) wesentlich besser als die von grobjährigen.
Die jährlich schwankende Breite der Jahresringe nutzt man für die vergleichende Altersbestimmung von Hölzern (z. B. in historischen Baudenkmälern) in der sog. Dendrochronologie.

K

Kambium

Das Kambium ist die äußerste Schicht des Splintholzes direkt unter der Innenrinde (Bast). Es ist die eigentliche Wachstumsschicht des Baumes, welche durch Zellteilung neues Splintholz erzeugt.

Keramik

Der Begriff stammt aus dem Altgriechischen und bedeutet Töpferware.
Heute definiert man Keramik als Gegenstände, welche aus Tonen bzw. Kaolinen geformt und anschließend gebrannt werden.
Man unterscheidet Grobkeramik (z. B. Ziegel, Klinker, Grobsteinzeug) und Feinkeramik (z. B. Geschirr, technisches Porzellan, sanitäres Steingut, Biokeramik).
Hinsichtlich der Ton- bzw. Massenzusammensetzung und der entsprechenden Brennverfahren unterscheidet man in Irdenware (auch Töpfer- oder Hafnerware), Steingut, Steinzeug und Porzellan (Weich- oder Hartporzellan).

Keramische Massen

(Naturtone, Steingutmassen, Steinzeugmassen, Porzellanmassen)
Man versteht darunter das gebrauchsfertige Gemenge aus Rohmaterialien, wobei die enthaltenen Tone/Kaoline Wasser aufnehmen, plastisch werden und so die Formgebung ermöglichen, die unplastischen Bestandteile hingegen der Magerung dienen (Schamotte), die Sinterung ermöglichen (Feldspat) oder beim Brand stabilisierend wirken (Quarz).
Die enthaltene Wassermenge ist der Verarbeitungstechnik entsprechend verschieden. Man unterscheidet Gießmassen (mit „Verflüssigern"), Drehmassen und Trockenmassen (Granulate).

Kerbschnitzen

Kerbschnitzen ist eine Technik der Holzoberflächengestaltung. Dabei werden mit sog. Kerbschnitzmessern Zierkerben in die Holzfläche geschnitten, deren Addition und Zuordnung reliefartige Ornamente und Muster ergeben.

Die Technik beruht auf drei Schnittarten: Beim Dreischnitt entstehen durch senkrechte Stechschnitte und schräg angesetzte Aushubschnitte dreieckige Kerben. Beim Bogenschnitt werden zwei Schnitte schräg bogenförmig gegeneinander geführt, es entstehen elliptische Aushebungen. Beim Linien- oder Schriftschnitt laufen Schnitt und Gegenschnitt schräg zueinander und bilden eine im Querschnitt v-förmige Linie.

Kernholz

Viele Baumarten (sog. Kernholzbäume wie Eiche, Buche, Kiefer, Lärche, Esche, Nußbaum u. a.) entwickeln im Laufe ihres Alterns in der Stammmitte ein Kernholz. Dieses ist dunkler abgesetzt und entsteht über physikalische und chemische Veränderungen aus dem Splintholz des Baumes. Kernholz ist mehr oder weniger abgestorben, nimmt nicht mehr an der Wasserversorgung des Baumes teil und enthält aufgrund der dadurch erfolgten Verhärtung seiner Zellwände die dauerhaftesten und wertvollsten Holzteile des Stammes.

Unter dem Begriff Reifholz versteht man ein zwar verhärtetes, aber nicht verfärbtes Mittelholz (Reifholzbäume werden auch „Bäume mit hellem Kernholz" genannt; z. B. Fichte, Linde, Tanne).

Klinker

Mit diesem Begriff bezeichnet man gesinterte, also dichtgebrannte und dadurch sehr harte Mauerziegel und Bodenplatten in meist dunklen Färbungen. Sie zählen zur Grobkeramik.

Korrosion

Unter Korrosion versteht man die Zersetzung eines Werkstoffes – insbesondere eines Metalls – an der Luft. Eisenwerkstoffe (Gusseisen und Stahl, mit Ausnahme der nicht rostenden Stähle) korrodieren, d.h. sie verbinden sich mit dem Sauerstoff der Luft zu Eisenoxid (Rost), wobei sie sich im Laufe der Zeit vollständig zersetzen. Um dies zu verhindern, müssen sie gegen Korrosion geschützt werden.

Dazu bestehen folgende Möglichkeiten: Maschinenteile und Werkzeuge werden meistens eingefettet oder eingeölt. Stahl- und Gusseisenerzeugnisse erhalten einen Überzug aus Rostschutzfarben und Kunstharzlacken. Auch Überzüge nichtrostender Metalle (Verzinken, Verzinnen, Verchromen) werden häufig angewendet.

Viele Metalle reagieren an der Luft durch Bildung einer Patina (Kupfer, Zinn, Zink, Aluminium, Blei u. a.). Diese Schicht schützt das Metall an der Oberfläche vor weiterer Lufteinwirkung. Patina wird – als natürlicher Alterungsprozess – oft als schön empfunden und lässt sich auch zur Oberflächengestaltung in kurzer Zeit künstlich erzeugen (Patinieren, z. B. Kupfer mit Schwefelleber).

L

Legierungen

Hinweis: An und für sich wird praktisch kein Metall in der Technik in chemisch reiner Form verwendet. Insofern könnte man also alle Metallwerkstoffe als Legierungen bezeichnen.

– **Der „klassische" Legierungsbegriff:** Er bedeutet die Verbindung von zwei oder mehreren Metallen zu einem „neuen" Metall, um dessen Eigenschaften durch gezielte Veränderungen im Kristallgitter zu beeinflussen.

Diese Verbindung erfolgt meistens im Schmelzfluss. Dabei können die Mischungsverhältnisse der Ausgangsmetalle recht unterschiedlich sein, sodass auch verschiedene Sorten der gleichen Legierung entstehen (vgl. Bronze- und Messingsorten). Auch mengenmäßig geringe Legierungszusätze können die Eigenschaften des Hauptbestandteils grundlegend beeinflussen (vgl. Aluminiumlegierungen).

– **Der „moderne" Legierungsbegriff:** Er umfasst auch Zusätze nichtmetallischer Stoffe. So wird z. B. Eisen mit Kohlenstoff legiert.

– **Legierungsterminologie:** Die Begriffe Messing (Ms), Bronze (Bz), Neusilber (Ns) und Rotguss (Rg) sind mittlerweile überholt. Zwischenzeitlich nannte man auch alle Kupferlegierungen (außer Ms, Ns und Rg) Bronzen, also z. B. Zinnbronzen (SnBz), Aluminiumbronzen (AlBz), Manganbronzen (MnBz).

Heute benennt man die Legierungen nach ihren Bestandteilen, also Kupfer-Zinn-Legierung (CuSn), Kupfer-Zink-Legierung (CuZn), Kupfer-Zinn-Zink-Legierung (CuSnZn), Kupfer-Zink-Nickel-Legierung (CuZnNi) usw. und gibt jeweils die entsprechenden enthaltenen Prozentzahlen an.

Beispiele:
CuZn37 (früher: Ms63): Knetlegierung (z. B. Bleche für das Tiefziehen)
CuSn6 (früher: SnBz6): Knetlegierung (z. B. für Federn oder Gleitorgane)
CuAl10Ni (früher: AlBz10Ni): hochfeste Knetlegierung (z. B. für Schrauben)
G-CuZn33Pb (früher: G-Ms65): Gusslegierung (z. B. für Armaturen und Gehäuse)
G-CuSn10Zn (früher: Rg10): Gusslegierung (z. B. für Schneckenräder)
Sog. Knetlegierungen werden plastisch durch Pressen, Walzen, Ziehen oder Schmieden verarbeitet, Gusslegierungen durch Gießen.

M

Magerung

Magerungsmittel (wie z. B. Schamotte) sind Zusätze für Tone, die im Gegensatz zu den Tonpartikeln kein Wasser aufnehmen und somit nicht plastisch werden. Je stärker eine Tonmasse daher gemagert ist, desto weniger Wasser enthält sie und desto geringer ist ihre Schwindung. Andererseits verliert sie entsprechend an Plastizität.

Majolika/Fayence

Diese keramische Ware ist als besondere Form der Irdenware einzuordnen und diente lange Zeit als Imitation des chinesischen Porzellans. Sie besteht aus einem ungesinterten, meist hellen Irdenwarescherben (z. B. aus Mergelton), der nach dem Glühbrand mit einer weißen, deckenden Zinnoxid-Glasur überzogen wird. Nach dem Auftrocknen der Glasurschicht wird der Dekor direkt in diese eingemalt und mit ihr zusammen bei Temperaturen von etwa 900 bis 1 000 °C aufgebrannt. Die Farben schwimmen dadurch in der Glasur. Ein Kennzeichen echter Majolika sind deshalb die leicht verschwommenen Dekorränder. Die Technik wurde im Vorderen Orient entwickelt, der bereits lange vor den Europäern enge Handelsbeziehungen zu China unterhielt. Hier versuchte man, chinesisches Porzellan nachzuahmen. Über Nordafrika und Spanien gelangte das Verfahren schließlich als maurische Keramik nach Italien. Dem Hauptumschlagplatz Mallorca entsprechend nannte man die Ware Majolika. Zum Zentrum der Majolikatechnik entwickelte sich die norditalienische Stadt Faenza, wo man den maurischen Stil bald zugunsten von Renaissance-Dekorformen veränderte. Aufgrund religiöser Konflikte der Reformationszeit wanderten viele italienische Töpfer nach Norden aus und verbreiteten somit die Technik in ganz Europa. Besonders in den Niederlanden, die durch ihre Ostindische Kompanie viel chinesisches Porzellan importierten, konzentrierte sich die Produktion. Man nannte die Ware Fayence, dem italienischen Herkunftsort Faenza entsprechend. Dem Zeitgeschmack zufolge übertrug man nun die chinesische Blaumalerei auf die Technik. Zum wichtigsten Zentrum der Niederlande entwickelte sich Delft. Delfter Fayencen waren sehr berühmt und wurden zum Vorbild für deutsche und englische Erzeugnisse.

Makromoleküle

Die Struktur von Kunststoffen ist makromolekular (von altgriech. makros = groß). Diese Riesenmoleküle entstehen entweder durch Synthese (chemische Verbindung von vielen Einzelmolekülbausteinen durch Polymerisation, Polykondensation oder Polyaddition) oder sind bei umgewandelten Naturprodukten (Kautschuk, Kasein, Holz, Baumwolle u. a.) bereits vorgegeben.
Mit Ausnahme der Silikone besteht das Grundgerüst aller Kunststoffe aus den Elementen Kohlenstoff und Wasserstoff. Kunststoffe sind also organisch-chemische Werkstoffe. Die darüber hinaus am häufigsten beteiligten Elemente sind Sauerstoff, Stickstoff und Schwefel. Da viele Kunststoffarten von Wärme, Licht und Luftsauerstoff angegriffen würden, erhalten sie zusätzlich sog. Stabilisatoren. Weichmacher ergeben bei an und für sich härteren und spröderen Kunststoffsorten weichere und zähere Abarten (wie z. B. Weich-PVC). Oft bilden diese und weitere Zusatzstoffe (wie Flammhemmer u. dgl.) die größte Gefahr für die Gesundheit.

Marmorgips

Alabaster oder besonders reiner Gipsstein wird zunächst wie Stuckgips gebrannt und anschließend mit Alaun getränkt. Danach erfolgt ein weiterer Brand. Die Gipssorte kann stark eingefärbt werden, ist sehr druckfest und polierbar. Vor allem im Zeitalter des Barock und des Rokoko diente dieser sog. Kunstmarmor als Imitat des echten Marmors (körnig dichter Kalkstein).

Maserung

Während auf der Hirnholzseite (Holzseite quer zur Wuchsrichtung) die Jahresringe in Ringform zu sehen sind, bilden sie sich in der Langholzseite (Holzseite in Wuchsrichtung) streifenförmig als sog. Maserung ab. Man unterscheidet eine „schlichte Maserung" (parallel senkrecht verlaufende Maserungslinien eines Mittelbrettes) und eine „Fladerung" (breite, tangential angeschnittene Jahresringe im Stammaußenbereich).

Metallstruktur

Reine Metalle sind – chemisch gesehen – Elemente, d. h. sie bestehen nur aus einem Stoff (Fe = Eisen, Ag = Silber, Sn = Zinn, Zn = Zink, Al = Aluminium, Pb = Blei usw.).
Die Atome dieser Stoffe bilden im kalten Zustand Kristalle, deren Form vom jeweiligen Metall abhängig ist. Die Gesetzmäßigkeit dieses Aufbaus und der Anlagerung der Kristalle aneinander wird als Kristallgitter bezeichnet.
Im kalten Zustand werden die Atome durch ihre Kohäsionskräfte im Kristall zusammengehalten. Je höher jedoch die Temperatur steigt, desto schwächer werden diese Anziehungskräfte, das Metall wird zunehmend weicher. Beim Schmelzpunkt haben sie sich völlig aufgelöst und das Metall wird flüssig (Schmelze). Beim Erstarren aus der Schmelze (z. B. nach dem Gießen) erfolgt der Vorgang umgekehrt, die Kohäsionskräfte bauen sich zunehmend auf.

Metallurgie

Unter diesem Fachbegriff versteht man die Lehre von der Gewinnung der Metalle aus den Erzen (Hüttenkunde) sowie die Lehre von der Struktur, den Eigenschaften und den damit verbundenen Verwendungs- und Verarbeitungsmöglichkeiten der Metalle und ihrer Legierungen (Metallkunde).

Modellgips

Er wird auch als Formengips bezeichnet und entspricht in der Herstellung dem Stuckgips. Er ist jedoch reiner und von höherer Qualität, da besseres Rohmaterial verwendet wird. Man gebraucht ihn in der keramischen Industrie (für Gießformen), im Kunstgewerbe und für medizinische sowie zahntechnische Zwecke.

N

NE-Metalle/Nichteisenmetalle

Unter diesem Fachbegriff versteht man alle Metallwerkstoffe, die nicht aus dem Element Eisen bestehen. Man unterscheidet:

– **Schwere Nutzmetalle** (z. B. Kupfer, Zinn, Zink, Blei, Nickel): Sie besitzen ein spezifisches Gewicht über 5 (also: 5 kg/dm^3). Unter ihnen befinden sich die am häufigsten verwendeten Nutzmetalle (außer Eisenwerkstoffen und Aluminium).

– **Leichtmetalle** (z. B. Aluminium, Magnesium, Titan): Ihr spezifisches Gewicht liegt unter 5. Aluminium und seine Legierungen sind im 20. Jh. nach den Eisenwerkstoffen zum zweitwichtigsten Gebrauchsmetall geworden. Aluminium lässt sich nicht im Hochofen, sondern nur durch Schmelzflusselektrolyse gewinnen.

– **Edelmetalle** (z. B. Gold, Silber, Platin): Gemeinsam ist diesen Metallen, dass sie sehr selten und entsprechend teuer sind, ihre chemischen Eigenschaften können recht verschieden sein. Allgemein sind sie sehr reaktionsträge.

– **Stahlveredelungsmetalle** (z. B. Chrom, Vanadium, Mangan): Sie dienen vorwiegend als Legierungszusätze für hochwertige Edelstähle wie z. B. rostfreie Stähle.

– **Sonstige Metalle** dienen allgemein als Legierungszusätze.

P

Porzellan

– **Einige geschichtliche Anmerkungen:** Porzellan lässt sich erstmals in China zur Zeit der Tang-Dynastie (7. Jh. n. Chr.) sicher nachweisen. Als Höhepunkt der chinesischen Porzellankunst gilt allgemein die Ming-Dynastie (bis 1650 n. Chr.) durch ihren reichhaltigen Dekor, insbesondere in der sog. Blaumalerei (Kobaltoxid-Unterglasurmalerei). Chinesisches Porzellan wurde angeblich erstmals von Marco Polo im 13. Jh. nach Europa gebracht. Marco Polo soll auch der Meinung gewesen sein, das Material werde aus der Schale der porcella (ital.), einer bestimmten Muschelart, gewonnen.
Im Mittelalter erfolgten Importe über die Araber, später durch die europäischen Handelsmächte selbst. Die Geheimhaltung des Herstellungsverfahrens und die strenge Reglementierung der Ausfuhr durch die chinesischen Herrscher führten dazu, dass das Porzellan in Europa ein außerordentlich kostbares Gut blieb, das an den Fürstenhöfen hochbegehrt war. Man versuchte Jahrhunderte lang erfolglos, dem Geheimnis der Herstellung auf die Spur zu kommen (siehe Majolika/Fayence), bis schließlich Johann Friedrich Böttger – eigentlich ein Apothekergehilfe und Alchimist – im Auftrag Augusts des Starken nach vielen Versuchen das europäische Hartporzellan neu erfand, indem er Kaolin als Bestandteil der Masse verwendete.
Die erste Manufaktur entstand 1709 in Meißen. Auch an anderen Fürstenhöfen waren die Versuche bereits weit fortgeschritten, sodass bald weitere Manufakturen errichtet wurden (z. B. Nymphenburg, Fürstenberg, Königlich Preußische Manufaktur Berlin u. a.).

Formgebung und Dekore imitierten zunächst die chinesisischen Vorbilder, wurden dann aber von Barock- und Rokokoformen abgelöst. Nach der industriellen Revolution (Arbeitsteilung und Maschineneinsatz) entstehen nach und nach die modernen Verfahren der Porzellan-Massenfabrikation.

– **Europäisches Hartporzellan**
Die Masse: Die Porzellanmasse besteht im Wesentlichen aus Kaolin (plastischer Tonbestandteil für die Formgebung), Feldspat (ermöglicht die Sinterung) und Quarz (zur Stabilisierung beim Brand).
Die Herstellung: Nach der Aufbereitung der Masse (Mischung der Bestandteile, Vortrocknung in der Filterpresse, Homogenisierung in der Vakuumpresse) werden die Porzellangegenstände in verschiedenen Drehverfahren geformt (Einformen und Überformen von Drehmassen), mit speziellen Gießmassen in Gipsformen vergossen (Hohlguss bzw. Vollguss/Flachguss) oder – im modernsten Verfahren – aus Trockenmassen (Granulaten mit nur etwa 4 % Feuchtigkeit) isostatisch gepresst. Nach der Trocknung unterzieht man die Ware einem Glühbrand (ca. 900 °C), damit ein poröser Scherben entsteht, der die Feldspatglasur ansaugt. Nach dem Glasurauftrag erfolgt der Glasurbrand (ca. 1 400 – 1 450 °C), bei dem gleichzeitig der Scherben sintert und die Glasur aufschmilzt.
Der Dekor: Nur Weniges wird aus Kostengründen noch wirklich von Hand bemalt. Die meisten Dekore werden im Siebdruckverfahren auf eine Trägerschicht gedruckt und wie Abziehbilder auf den Gegenstand aufgebracht. Man unterscheidet Unterglasurdekore (bes. Kobaltoxid; z. B. das sog. „Zwiebelmuster"), welche die Temperaturen des Glasurbrandes aushalten müssen, Aufglasurdekore (nach dem Glasurbrand bei niedrigeren Temperaturen aufgebrannt) und die modernen, spülmaschinenfesten Inglasurdekore (nachträglich in die Glasurschicht hineingeschmolzen). Alle derartigen Farben sind Metalloxidfarben, mit Bindemitteln und entsprechenden Zusätzen versehen.

Pyrolyse

Dieses Verfahren dient zum Recycling von Kunststoffabfällen. Es zerlegt die Einsatzstoffe in einem Wirbelschichtreaktor unter Luftabschluss in ein sog. Pyrolyse-Rohgas, aus dem in einer Destillationskolonne wiederverwertbare Produkte wie Benzin, Öle oder Bitumen gewonnen werden. Zum jetzigen Zeitpunkt ist die Pyrolyse jedoch zu teuer und daher unwirtschaftlich, technisch noch nicht ausgereift und umweltpolitisch sehr umstritten (Salzsäure und Blausäure im Pyrolysegas, Schwermetalle im Pyrolysekoks).

R

Roheisengewinnung

Roheisen wird im Hochofenprozess durch Reduktion oxidischer Eisenerze mittels Koks gewonnen. Dieser dient als Energieträger (Aufschmelzen der Einsatzstoffe durch Verbrennen) und als Reduktionsmittel (Auflösen der Eisen-Sauerstoff-Verbindung bei gleichzeitiger Bindung des Sauerstoffs an den Kohlenstoff). Die aufbereiteten Eisenerze (Mahlen, Sintern, Pelletieren, evtl. Anreichern und Mischen) werden im sog. Möllerbunker mit Zuschlägen gemischt, welche zur Verschlackung der Restbestandteile dienen. Dieser sog. Möller wird abwechselnd mit Koks von oben durch die Gicht in den Hochofen gegeben. Die Einsatzstoffe wandern schrittweise nach unten, wobei sie zunehmend erhitzt und schließlich aufgeschmolzen werden.
Die Reduktion selbst erfolgt in zwei Schritten. Durch das Verbrennen des Kokses entsteht in der Verbrennungszone Kohlenmonoxid, ein Gas, welches im Ofen hochsteigt, da es leichter ist als Luft. Es bindet im ersten Schritt Sauerstoff aus dem Eisenoxid und wird so zum Kohlendioxid (Gichtgas). Diese sog. indirekte Reduktion ist jedoch nicht vollständig. Erst in der

direkten Reduktion durch den Koks-Kohlenstoff selbst im unteren Teil des Hochofenschachtes wird der Sauerstoff völlig gebunden. Somit wird metallisches Eisen freigesetzt, welches als Roheisen bezeichnet wird. Dieses enthält etwa 4 % Kohlenstoff und wird zu den Eisenwerkstoffen weiterverarbeitet.

S

Schamotte

Schamotte sind feuerfeste, gebrannte und in verschiedenen Körnungen gemahlene Tone. Da sie kein Wasser aufnehmen und nicht plastisch verformbar werden, dienen sie als Magerungsmittel.

Schmieden

Schmieden gehört neben dem Walzen, dem Pressen und dem Ziehen zu den spanlosen Formungstechniken der Metallbearbeitung. Man unterscheidet Warmschmieden (Werkstoff im glühenden Zustand) und Kaltschmieden (ohne Materialerhitzung).
Beim Warmschmieden tritt keine Kristallzertrümmerung ein, da die Kristalle in der Glut verformbar sind. Man unterscheidet das Freiformschmieden (traditionelles Schmiedehandwerk mit Hammer und Amboss) und das Gesenkschmieden (maschinelles Schmieden in Schmiedeformen, sog. Gesenken).
Beim Kaltschmieden – man benötigt hierfür weiche und plastische Metalle – werden die Metallkristalle durch die Hammerschläge zerstört (Kristallzertrümmerung). Dadurch wird das Metall härter (Schlaghärtung), aber auch spröder und rissanfälliger und somit für die Technik immer ungeeigneter. Durch Ausglühen des Materials bauen sich die Kristalle wieder auf (Rekristallisation), das Metall wird wieder plastisch und kann weiterbearbeitet werden. Kaltschmiedetechniken sind z.T. einfache Biegetechniken (Richten, Abkanten, Runden, Falzen und Bördeln) oder andererseits typische, das Material stark beanspruchende Treibtechniken (Schweifen, Auftiefen, Aufziehen, Prellen, Sicken).

Schnittholz

Unter Schnittholz (auch: Massivholz) versteht man die Handelsformen des gewachsenen Naturholzes, zu denen die Baumstämme im Sägewerk aufgeschnitten (= aufgesägt) werden. Idealerweise sollte Naturholz im Winter geschlagen und nach dem Schneiden im Block- oder Kastenstapel langsam getrocknet und längere Zeit abgelagert werden, um ein gutes Stehvermögen zu gewährleisten (vgl. Arbeiten des Naturholzes). Wirtschaftliche Zwänge haben jedoch heute dazu geführt, dass Holz über das gesamt Jahr hinweg geschlagen wird. Derartiges Schnittholz wird anschließend in besonderen Trockenkammern künstlich getrocknet und für den Verkauf in Folien verschweißt.
Die wichtigsten Sorten sind Bretter und Bohlen (besäumt oder unbesäumt, sägerau oder gehobelt, z.T. auch profiliert), Balken und Kanthölzer (rechteckig oder quadratisch, sägerau oder gehobelt), Leisten (gehobelt oder gefräst, in verschiedensten Profilierungen) und Latten (meist sägerau, rechteckig), Rundholzstäbe und Furniere (Schäl-, Messer-, Säge- und Radialfurniere). Die Querschnitte und Längen sind in handelsüblichen Abmessungen erhältlich.

Schränkung

Dieser Begriff bezeichnet das wechselseitige Ausstellen der Sägezähne. Dadurch wird die Sägefuge breiter als das Sägeblatt und ein Klemmen der Säge bei richtiger Führung vermieden. Den gleichen Effekt erzielt man durch gewellte Sägeblätter (z.B. bei der Handbügelsäge im Metallbereich) und eingesetzte, breitere oder hinterschliffene Zähne bei Kreissägeblättern.

Schwindung

Bei der Aufnahme von Wasser quellen Tone/Kaoline auf. Beim Trocknen und Brennen geben sie Wasser ab und verringern dabei ihr Volumen. Diesen Vorgang nennt man Schwindung. Da Schwindungen jedoch niemals völlig gleichmäßig ablaufen, entstehen sog. Schwindungsdifferenzen, die – wenn sie zu groß werden – zu Rissen oder sogar zum Bruch des Gegenstandes führen. Je mehr Wasser eine keramische Masse also enthält, desto größer ist ihre Schwindung und desto höher werden damit die Schwindungsdifferenzen. Gießmassen benötigen daher spezielle Zusätze („Verflüssiger") wie z. B. Wasserglas, um Gießfähigkeit bei gleichzeitig geringerem Wasseranteil zu erreichen.

Segerkegel

Es handelt sich hierbei um kleine, pyramidenförmige Körper aus keramischen Massen mit ganz exakten Schmelzpunkten. Sie sind mit Nummern gekennzeichnet und dienen zur Messung und Kontrolle der Temperatur im Brennofen. Benannt sind sie nach ihrem Erfinder Prof. Hermann Seger (1839 – 1893).

Sinterung

Gesinterte Waren sind Steinzeug und Porzellan. Als Sinterungsmittel dient jeweils Feldspat. Er ist der Massebestandteil mit der niedrigsten Schmelztemperatur. Sintern bedeutet das Dichtbrennen des Scherbens selbst, wobei der Feldspat schmilzt, dabei auch andere Bestandteile mit anlöst und so die Poren verdichtet.

Splintholz

Splintholz ist das noch junge, Saft führende und daher hellere und weichere Holz eines Baumes, das durch Zellteilung des Kambiums gebildet wird. Manche Baumarten (sog. Splintholzbäume oder „Bäume mit verzögerter Kernholzbildung", z. B. Ahorn, Birke oder Hainbuche) bestehen nur aus Splintholz, bilden also kein Kernholz aus.
Bei Kernholzbaumarten wird das Kernholz (älteres, aus dem Splintholz entstandenes, dunkleres und härteres Mittelholz) vom Splintholz (jüngeres, noch lebendes Holz) im Stammaußenbereich umschlossen.

Steingut

Steingutmassen sind Gemische aus überwiegend weißbrennenden Tonen, Kaolinen, Quarz, Feldspat, Kalkspat, Marmor, Kreide u. a., welche einen weißbrennenden, aber porösen und nicht durchscheinenden Scherben ergeben. Dieser wird zusätzlich transparent glasiert und erweckt einen porzellanähnlichen, aber gröberen Eindruck (dickwandiger). Da die Steingutmasse plastischer als die Porzellanmasse ist, lassen sich vor allem großformatige Produkte der Sanitärkeramik (Waschbecken, Kloschüsseln) leichter aus ihr formen. Daneben verwendet man Steingut auch für Geschirre, Wandfliesen, kunsthandwerkliche Gegenstände und technische Artikel. Aufgrund der verschiedenen Massezusammensetzungen entstehen verschiedene Steingutsorten (Hartsteingut, Gemischtsteingut, Weichsteingut) mit recht unterschiedlichen Brenntemperaturen zwischen 975 und 1 330 °C.
Steingut wurde im 18. Jh. in England erfunden und vor allem von Wedgwood zur Porzellanähnlichkeit weiterentwickelt. Dank seiner niedrigeren Herstellungskosten und der dadurch möglichen Massenproduktion eroberte es sich einen großen Markt in Europa und Amerika.

Steinzeug

Steinzeugwaren zählen (mit Ausnahme des Grobsteinzeugs) zur dichtgesinterten Feinkeramik.
Der verwendete Ton verträgt hohe Temperaturen (1 200–1 300 °C) und erhält für die Sinterung Feldspatzusätze. Der entstehende Scherben ist hell- bis graubrennend und dicht.
Oft werden Steinzeugartikel im Einbrandverfahren hergestellt. Als Glasuren dienen meist Feldspat-, Lehm- und Salzglasuren. Bei letzteren wird in den glühenden Brennofen Kochsalz gegeben, welches sich bei 1 200 °C zersetzt. Das Natrium verbindet sich nun mit der Gefäßoberfläche zu einer dünnen und harten Glasurschicht.
Bekannte Beispiele für Steinzeuge sind vor allem das Westerwälder Steinzeug (mit Kobaltdekor und Salzglasur), die Bunzlauer Ware (mit Schwämmeldekor) sowie das rotbrennende, sog. Böttgersteinzeug, eine Vorstufe bei der Erfindung des Porzellans.
Aus Steinzeug stellt man neben Töpfen, Krügen und Flaschen auch Bodenfliesen und Sanitärwaren sowie technische Produkte her (Platten, Isolatoren, säurefeste Behälter).
Steinzeug wurde im Mittelalter entwickelt. Bereits im 13. Jh. kannte man „Lehm-Engoben" (flussmittelreiche Tonschlicker, welche beim Brennen auf die Tonoberfläche aufsinterten) und „Frühsteinzeug" (Oberflächenverdichtung des Scherbens durch Reduktionsbrände). Als durch das Aufblühen der Städte im Hochmittelalter und den damit beginnenden Wohlstand der Bürger sich eine neue Ess-und Trinkkultur entfaltete, entstanden auch neue und vielfältig geschmückte Geschirrformen. Ab dem 15. Jh. ist dichtgesintertes Steinzeug nachweisbar.
Neue Brenntechniken mit liegenden Öfen erzeugten die dafür nötigen höheren Temperaturen. Auch die Salzglasurtechnik (reduzierend gebrannt: graue Oberfläche; oxidierend gebrannt: braune Oberfläche) wurde in dieser Zeit entwickelt. Westerwälder Ware entwickelte sich im 16. und 17. Jh. zum Prunksteinzeug mit reichen Reliefdekoren.

Stuckgips

Als Stuckgips bezeichnet man den einfachen, „normalen" Gips, der zwischen 150 und 300 °C gebrannt und für einfache Abformungen, Putzarbeiten oder Gipsplatten gebraucht wird.

Syntheseverfahren

Bei der Synthese von Kunststoffen unterscheidet man drei Verfahren:

– **Polymerisation:** Sie ist das häufigste Verfahren zur Gewinnung vor allem der thermoplastischen Kunststoffe (Polyethylen/PE, Polypropylen/PP, Polyvinylchlorid/PVC, Polystyrol/PS, Polymethylmethacrylat/PMMA u. a.). Dabei werden immer gleiche Einzelmolekülbausteine (Monomere) miteinander verbunden, die ungesättigte Doppelbindungen zwischen Kohlenstoffatomen aufweisen. Unter dem Einfluss von Katalysatoren brechen diese Doppelbindungen auf, die Monomere werden reaktionsfähig und lagern sich in einer Kettenreaktion aneinander an, wobei keinerlei Nebenprodukte abgespalten werden.

– **Polykondensation:** Durch dieses Verfahren entstehen z. B. die Polyamide/PA, Polyesterharz/UP, Phenolharze/PF, Harnstoffharze/UF, Melaminharze/MF, Silikone/SI u. a. Dabei verbinden sich Molekülbausteine mit mindestens zwei verschiedenen reaktionsfähigen Endgruppen zu Makromolekülen, wobei Molekülbestandteile als Kondensate (Wasser, Chlorwasserstoffe, Ammoniak) abgeschieden werden.

– **Polyaddition:** Kunststoffe, die durch dieses Verfahren gewonnen werden, sind vor allem die Polyurethane/PU sowie die Epoxidharze/EP. Dabei verbinden sich – wie bei der Polykondensation – ebenfalls Einzelmoleküle mit mindestens zwei verschiedenen reaktionsfähigen Endgruppen. Hierbei entstehen jedoch – wie bei der Polymerisation – keinerlei Nebenprodukte.

Terra sigillata

Es handelt sich hierbei um die römische Massenware des Altertums, die durch Siegelung auf den Hersteller verwies (wörtlich: gesiegelte Erde). Die Gegenstände entstanden dadurch, dass der Ton in sog. Formschüsseln mit flachen figürlichen Negativreliefs ausgeformt wurde. Durch die Trockenschwindung löste er sich leicht. Die Oberfläche wurde im lederharten Zustand mit einer feinen, rotbrennenden Schmelzengobe überzogen. Terra nigra (wörtlich: schwarze Erde) bestand aus einem graufarbenen Ton, den man mit einer schwarz glänzenden Engobenschicht bedeckte.

Thermoplaste

Die meisten Kunststoffgegenstände des alltäglichen Gebrauchs bestehen aus Thermoplasten (von altgriech. thermos = warm; z. B. PE, PP, PVC, PMMA, PS). Diese Kunststoffe erweichen bei entsprechender Wärmeeinwirkung und werden so formbar. Man unterscheidet den thermoelastischen Zustand (Erweichung bis zur bloßen Umformbarkeit, z. B. für das Biegen oder Tiefziehen von Halbzeugen) und den thermoplastischen Zustand (vollständiges Schmelzen des Granulats oder Kunststoffartikels für das Spritzgießen, Extrudieren u. dgl. bzw. für das Recycling).
Die Struktur derartiger Kunststoffe ist eindimensional fadenförmig oder auch strauchförmig verzweigt. Bei den sog. Polyolefinen Polyethylen /PE und Polypropylen /PP ist sie zudem teilkristallin, d. h. die Molekülfäden verlaufen in Teilabschnitten parallel nebeneinander, bei anderen Thermoplasten (z. B. PS, PMMA) ist sie amorph, d. h. die Molekülfäden bilden ungeordnete Knäuel.
Werden thermoplastische Makromoleküle zusätzlich untereinander durch chemische Bindungen vernetzt (vgl. verschiedene PMMA /Acrylglas-Sorten), so verlieren derartige Kunststoffe an Verformbarkeit und nähern sich in ihren Eigenschaften immer mehr den Duroplasten / Duromeren an.

Tone

Tone sind – in chemisch reiner Form – Aluminiumsilikate ($Al_2O_3 \times 2\ SiO_2 \times 2\ H_2O$), die Kristallwasser chemisch gebunden enthalten und durch Umbildung aus Verwitterungsprodukten silikatischer Urgesteine (besonders des Feldspats) entstanden sind.
Kaoline (fast reine Tone) bleiben am Ort der Verwitterung (Primärtone). Naturtone dagegen entstehen aufgrund einer weiteren Verfrachtung und Ablagerung der Verwitterungsprodukte durch das Wasser (Regen, Bäche, Flüsse) in sog. Sekundärlagerstätten. Auf ihrem Weg dorthin werden manche Bestandteile (wie grobe Gesteinsreste) abgeschieden, andere dafür mit eingeschwemmt. Naturtone enthalten daher eine Reihe natürlicher Verunreinigungen mineralischer wie organischer Art (tierische und pflanzliche Reste aus den Gewässern).
Tonlager werden heute meist maschinell im Tagebau ausgebeutet. Der abgebaute Ton wird anschließend in Schlämmprozessen gereinigt und zu Tonmehl bzw. gebrauchsfertiger Tonmasse aufbereitet.
Charakteristisch an Tonen ist, dass sie bei Wasseraufnahme quellen und plastisch verformbar werden. In diesem Zustand können sie durch Kohäsionskräfte auch andere Mineralien binden (z. B. Magerungsmittel). Nach dem Trocknen behalten sie die Form bei und erhärten beim Brennen dadurch, dass das chemisch gebundene Wasser aus dem Aluminiumsilikat abgespalten wird. Der so entstandene Scherben ist steinähnlich hart und damit wesentlich bruchfester, er ist jedoch porös, nicht wasserdicht und saugt Wasser an. Auch kann sich seine Farbe durch den Brand verändern (evtl. enthaltene Metalloxide: eisenoxidhaltige Tone brennen z. B. rot).
Die Dichtigkeit eines Tonscherbens wird erreicht durch Glasuren oder Sintern.

U

Urformen – Umformen

Unter dem Begriff Urformen versteht man bei Kunststoffen das erstmalige Herstellen (Formen) eines Gegenstandes oder Halbzeugs aus den Formmassen (Granulate, Pulver, Harze, Lösungen). Dieses Verfahren ist bei allen Kunststoffen möglich (bei Thermoplasten, Duroplasten/Duromeren, Elastomeren) und erfolgt in der Regel durch Extrudieren, Spritzgießen, Kalandrieren, Pressen, Schäumen, Gießen, Laminieren, Rotationsformen u. a.
Für das Umformen (sowohl im thermoelastischen wie auch im thermoplastischen Zustand) eignen sich nur Thermoplaste. Einerseits können Halbzeuge derartiger Kunststoffe (Platten, Rohre u. dgl.) durch Erwärmung verformt (auch verschweißt) und so zu Werkstücken verarbeitet werden, andererseits besteht auch die Möglichkeit, Thermoplaste durch Einschmelzen zu neuen Kunststoffartikeln umzuformen und so wiederzuverwerten (Recycling). Da hierbei jedoch ein deutlicher Qualitätsverlust hinzunehmen ist („Down-cycling"), kann das Verfahren nicht beliebig oft wiederholt werden.

W

Wachsausschmelzverfahren

Dieses Verfahren ist eine der ältesten Gusstechniken und war bereits in der Bronzezeit bekannt. Man fertigt den zu gießenden Gegenstand zunächst als Wachsmodell mit Angusstrichter und Pfeifen (Luftabzugskanäle der Gussform) in Originalgröße.
Als Formmaterial dienen meist Sand oder Ton, in die das Wachsmodell eingebettet wird. Die Form wird anschließend ausgeglüht, wobei das Wachs schmilzt und aus der Form herausfließt.
Nun kann das Metall in den verbliebenen Hohlraum eingegossen werden. Da zur Entnahme des Werkstücks die Form nach dem Erkalten des Gusses zerstört werden muss und deshalb nur einmal verwendet werden kann, spricht man beim Wachsausschmelzverfahren von einem „Guss in verlorener Form".

Z

Zahnbrust

Die Zahnbrust/Brustkante ist die geschärfte Kante des Sägezahns. Dessen ungeschärfte Kante heißt Zahnrücken. Für die Feinheit eines Sägeschnitts ist neben der Zahngröße und der Schränkung auch der Schnittwinkel von großer Bedeutung. Dies ist der Winkel von der Brustkante über den Zahrücken bis zur Zahnspitzenlinie und unterteilt sich in den Keilwinkel (= Winkel des Sägezahns selbst) und den Freiwinkel (= Restwinkel). Liegt der Schnittwinkel unter 90°, so stehen die Zähne keilförmig nach vorne („stark auf Stoß") und die Säge arbeitet grob. Bei einem Schnittwinkel über 90° („schwach auf Stoß") gleiten die Zähne teilweise über das Material und der Schnitt wird feiner.

Prüfungsaufgaben

1   Bedeutung des Werkstoffs

Holz ist ein unverzichtbarer Bestandteil menschlicher Kultur und zählt, bedingt durch die rasante technische Entwicklung der Fertigungsmethoden, auch heute zu den modernsten und vielseitigsten Materialien überhaupt.

1.1   Nennen Sie vier Bereiche, in denen Massivholz in der heutigen Zeit verwendet wird, und jeweils zwei Beispiele.

Bereich	Beispiele (2)

1.2   Das Handwerk allein kann den enormen Bedarf an Holzprodukten heute nicht mehr decken. Stellen Sie ausgehend von einem selbst gewählten Beispiel die Vorzüge und möglichen Nachteile eines industriell gefertigten Produktes dar.

1.3   Bei der industriellen Massenproduktion werden aus Kostengründen häufig Kunststoffe anstatt Holz verwendet. Dieser Materialwechsel bringt jedoch Umweltprobleme mit sich. Erläutern Sie diese.

2   Werkstoffkunde und Arbeitsverfahren

2.1   Vergleichen Sie zwei heimische Holzarten hinsichtlich der angegebenen Kriterien. Führen Sie die jeweils in Klammern angegebene Anzahl an Kriterien an.

Holzart		
Aussehen (2)		
Eigenschaften (3)		
Verwendungen (2)		

2.2   Das Dickenwachstum eines Baumes innerhalb eines Jahres erfolgt in zwei Phasen. Erklären Sie dies unter Verwendung entsprechender Fachbegriffe.

2.3   Nachdem ein Holzstamm im Sägewerk zu Brettern aufgeschnitten wurde, müssen diese zum Trocknen fachgerecht gelagert werden. Erläutern Sie vier Regeln für die fachgerechte Lagerung.

2.4 Nennen Sie drei klassische Holzverbindungen und stellen Sie die Einzelteile vor dem Zusammenfügen zeichnerisch anschaulich dar.

2.5 In der industriellen Produktion werden die Arbeitsgänge mittels der CNC-Fertigung (computerisierte numerische Steuerung) rationalisiert. Führen Sie zwei Vorteile dieser Technik an.

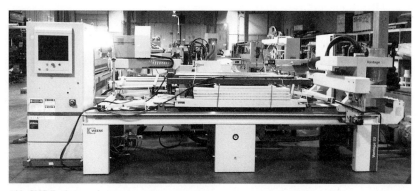

Abb. CNC-Fertigungsanlage

- _____
  _____

- _____
  _____

3 Fachgerechte und gestaltende Verarbeitung

Sie haben die Aufgabe, in subtraktiver Arbeitsweise aus einer geeigneten Holzart einen Gebrauchsgegenstand (z. B. Salatbesteck, Schale oder ähnliches) anzufertigen.

3.1 Wählen Sie eine geeignete Holzart aus und begründen Sie Ihre Wahl.

3.2 Fertigen Sie Skizzen, die das Werkstück sowohl in der Draufsicht als auch in der Seitenansicht zeigen.

3.3 Erstellen Sie einen tabellarischen Arbeitsplan (Arbeitsschritte in richtiger Reihenfolge, verwendete Werkzeuge und Werkhilfsmittel). Gehen Sie auch darauf ein, worauf besonders zu achten ist.

4 Gesundheits- und Umweltschutz

4.1 Stellen Sie vier Regeln auf, die zur Unfallvermeidung bei der Herstellung des in Aufgabe 3 beschriebenen Werkstücks beitragen.

4.2 Das in Aufgabe 3 gefertigte Werkstück soll einen Oberflächenschutz erhalten.
Stellen Sie Vor- und Nachteile der folgenden Möglichkeiten gegenüber und berücksichtigen Sie dabei auch Aspekte des Gesundheits- und Umweltschutzes.

	Vorteile	Nachteile
Wachsen		
Lackieren		

5   Werkbetrachtung

Formulieren Sie Leitfragen zur konkreten Beurteilung Ihres Werkstückes.

	Leitfragen
Verarbeitung	
Funktion	
Gestaltung	

Lösungsvorschläge

1 Bedeutung des Werkstoffs

1.1

Bereich	Beispiele
Konstruktionsmaterial im Baubereich	Dachstühle, Fachwerk, Wandkonstruktionen, Balkonbau, Baufertigteile
Innenausbau	Fußböden, Zimmerdecken, Treppen, Wandverkleidungen, Innentüren
Möbelbau	Tische, Bänke, Stühle, Schränke
Instrumentenbau	Klangkörper (Geige, Gitarre, Kontrabass), Holzblasinstrumente (Blockflöte, Oboe)

1.2 Möbelbau aus Handwerk und Industrie im Vergleich:

a) Vorteile eines industriell gefertigten Produkts
 – Die maschinelle Massenproduktion erfolgt in wesentlich kürzeren Zeiteinheiten mit sehr hohen Stückzahlen. Alle Produkte werden daher deutlich kostengünstiger.
 – Durch die maschinelle, oft CNC-gesteuerte Normfertigung ergeben sich absolut identische, fehlerlose und maßgenaue Produkte, welche in Modulsystemen leicht und vielfach kombinierbar verbaut werden können.
 – Die Massenfertigung beeinflusst den Kostenfaktor ebenfalls günstig durch den hohen Bedarf an standardisierten Materialien (insbes. Holzwerkstoffe, Beschläge, Oberflächen-Beschichtungen u. dgl.).
 – Die industrielle Produktion entwickelt zuerst die verschiedenen Möbelkombinationen und bietet sie dann dem Kunden an. Dieser findet in großen Möbelhäusern eine reiche Auswahl unterschiedlichster Angebote in Qualität, Preis und Optik.

b) Nachteile eines industriell gefertigten Produkts
 – Genormte Massenfabrikation bedeutet einen Verzicht auf individuelle Gestaltung. Das Handwerk kann dagegen auf die jeweils persönlichen Vorstellungen und Wünsche der Kunden gezielt eingehen.
 – Sonderanfertigungen sind oft nicht möglich oder mit hohen Zusatzkosten verbunden, da sie eine Umrüstung der Maschinenanlage voraussetzen. Ungewöhnliche Raumgrößen oder -zuschnitte können daher ein Problem darstellen.
 – Billige Fabrikate werden oft aus minderwertigeren Materialien hergestellt, enthalten teilweise Schadstoffe (z. B. durch Kunststoffbestandteile) und sind nicht sehr dauerhaft. Ein wiederholter Auf- und Abbau ist daher unter Umständen mit größeren Schäden verbunden. Die geringere Qualität erkennt man oft bereits an der Oberflächenbeschaffenheit (z. B. Folierung).
 – Spezielle Möbelkonstruktionen, welche bestimmte Wuchsformen einbeziehen (z. B. Wurzelstockteile oder besondere Stammformen) sind industriell gar nicht herstellbar, sondern müssen als Einzelstücke von Hand angefertigt werden.

1.3
Kunststoffe werden heute zum größten Teil aus Erdöl hergestellt. Dessen Gewinnung und Transport bedeuten für die Umwelt ebenso ein Problem wie der Verlust fossiler Energiestoffe an sich. Erdölvorkommen sind nicht unbegrenzt, sodass die Kunststoffproduktion in Konkurrenz zu anderen Energiebereichen (produzierende Wirtschaft, Verkehr) steht.

Auch bei der Herstellung von Kunststoffen wird die Umwelt durch Abgase und giftige Schadstoffe sowie die bereits hierbei entstehenden Abfälle belastet, ein Problem, das durch die Massenfabrikation billiger und z. T. kurzlebiger Kunststoffartikel noch verstärkt wird.

Kunststoffe sind in chemischen Prozessen erzeugte Werkstoffe, welche im Gegensatz zum Massivholz von der Natur nicht abgebaut und in den natürlichen Stoffkreislauf eingegliedert werden können. Ihre Wiederverwendung ist nur zum Teil möglich, ihre Entsorgung durch Deponie oder Verbrennung bedeutet einen Verlust an sich wertvoller Rohstoffe bzw. ein Freisetzen gefährlicher Substanzen.

2 Werkstoffkunde und Arbeitsverfahren

2.1

Holzart	Buche (Rotbuche)	Fichte
Aussehen	helles Holz	Reifholzbaum ohne Kernholz
	im Alter zunehmend rotkernig	hell, weiß bis gelblich
Eigenschaften	hart	weich
	schwindet und arbeitet stark	gute Elastizität
	nur gering witterungsbeständig	leicht spaltbar
Verwendung	Möbelbau	Konstruktionsholz
	Sperrholzherstellung	Zellstoffgewinnung

2.2 In unseren Breitengraden wächst ein Baum nicht kontinuierlich, sondern in jährlichen Wachstumszonen, welche sich als **Jahresringe** im Stamm abzeichnen.

Das Wachstum beginnt durch die einsetzende Zellteilung des Kambiums im zeitigen Frühjahr nach der Schneeschmelze, wenn reichlich Wasser zur Verfügung steht. Das Holz dieser Phase bezeichnen wir daher als **Frühholz**. Dieses ist (im Vergleich zum Spätholz) heller und weicher, seine Zellen sind größer und die Zellwände dünner. In den meisten Fällen ist der Frühholzring auch breiter.

Im trockeneren Sommer und Herbst bildet sich das **Spätholz**, ein im Vergleich zum Frühholz dunklerer und härterer, meist schmälerer Ring, dessen Zellen engporiger und dickwandiger sind.

Im Spätherbst stellt der Baum das Wachstum ein, da er im Winter durch den gefrorenen Boden kaum Wasser ziehen könnte und auch durch Frost, Schnee und Eis Schaden erleiden würde.

2.3 Neben der technischen Holztrocknung in Trockenkammern, die heute vor allem aus wirtschaftlichen Gründen einen zunehmend breiteren Raum einnimmt, wird Massivholz immer noch in der traditionellen Freilufttrocknung getrocknet.

Hierzu werden die Bretter im Freien oder in offenen, überdachten Schuppen aufgeschichtet.

Der Lagerabfolge entsprechend unterscheidet man zwischen dem **Blockstapel** (Stapeln der Bretter in der Stammabfolge für unbesäumte Ware mit meist höherer Wertigkeit, z. B. Edelhölzer) und dem **Kastenstapel** (Stapeln von besäumter Ware in rechteckiger Kastenform).

Für beide Stapelarten benötigt man einen geeigneten Stapelunterbau mit dem notwendigen Abstand zum Boden. Stapelleisten werden rechtwinklig, gleichmäßig und in genügender Anzahl zwischen die einzelnen Lagen gelegt, um eine gute Durchlüftung zu gewährleisten. Sie müssen zudem exakt senkrecht übereinanderliegen, denn nur so wird ein Durchbiegen des Materials vermieden. Die obersten Lagen müssen im Freien durch eine Abdeckung gegen Sonneneinstrahlung und Regen geschützt werden. Hirnholzkanten reißen während der Lagerung durch ihre höhere Wasserabgabe leicht ein. Zumindest bei wertvollen Holzarten kann dies durch eine Wachsschicht oder einen Farbanstrich unterbunden werden.

2.4

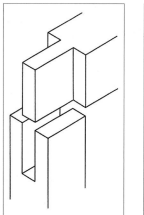 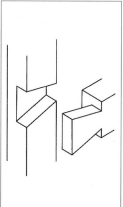

Schlitz und Zapfen Schwalbenschwanzeinblattung Graten

2.5

- Der automatisierte, gesteuerte Fertigungsablauf sorgt für eine exakte Ausführung der Arbeitsgänge in einer Genauigkeit von Millimeterbruchteilen.
- Äußerst schnelle Fertigung in großer Stückzahl mit großer Zeitersparnis und geringem Bedarf an Fachpersonal.

3 Fachgerechte und gestaltende Verarbeitung

3.1 Zur Herstellung einer **Schale aus Massivholz** eignen sich vor allem etwas härtere und feinporige Holzarten mit schönen Zeichnungen (Maserungen) und Färbungen, z. B. Birne, Kirsche, Walnuss.

Linde wäre leichter zu bearbeiten, ist aber für den Gebrauch unseres Werkstücks etwas zu weich. Grobporige Holzarten (wie die meisten Nadelhölzer) setzen eventuell zu leicht Schmutz an.

3.2

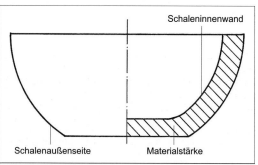 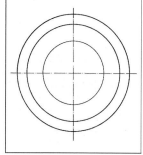

Schale: Seitenansicht   Schale: Draufsicht

Arbeitsschritte	Werkzeuge und Werkhilfs-mittel	Besonders zu beachten ist:
Aufzeichnen der Form (Schalenöffnung oben, Standfläche unten sowie Konturen an den Seitenflächen) und Einspannen des Holzzuschnitts	Bleistift, Zirkel, evtl. Kartonschablonen, Bankzange und/oder Bankhaken	genaue Vorzeichnung, auf Symmetrie achten, keine Tusche- oder Tintenstifte verwenden, Holzblock sicher aufspannen
Ausarbeiten der Innenwand	Hohlbeitel in entsprechenden Größen und Stichen (evtl. gekröpft), Klüpfel, Schleifpapiere (in unterschiedlicher Körnung)	Höhlung von innen schrittweise nach außen herausarbeiten, gröbere Schnittspuren fein nacharbeiten, nicht zu tief einstechen, Innenwand abschließend mit zunehmend feineren Schleifpapieren sauber glätten
Umspannen des Werkstücks und Grobbearbeitung der Außenform	Bankzange, Bankhaken und/oder Schraubzwingen, Fuchsschwanz oder japanische Zugsäge	Sägeschnitte jeweils vorher schrittweise anzeichnen, Werkstück gut aufspannen
Überarbeitung der Außenwand und vollständige Glättung	Stechbeitel, Klüpfel, Raspel, Feilen, Schleifpapiere (in unterschiedlicher Körnung), Schleifklotz, Spannvorrichtungen (siehe oben), Bürste	Werkstück immer wieder fest einspannen, Faserverlauf berücksichtigen (insbes. beim Stemmen und Raspeln), auf möglichst gleichmäßige Wandstärke achten, Schleifen in mehreren Schritten von grob nach fein, Schleifstaub gründlich entfernen

4 Gesundheits- und Umweltschutz

4.1 – Arbeite nur mit intaktem und funktionstüchtigem Werkzeug. Die Stechbeitel sollten gut geschärft sein und ihre Hefte dürfen keine Risse aufweisen.
– Spanne das Werkstück immer fest und sicher ein, sodass beide Hände für die Arbeit frei bleiben oder ein Abgleiten des Werkzeugs verhindert wird.
– Arbeite mit dem Stechbeitel immer vom Körper weg, damit auch bei einem unvorhergesehenen und ungewollten Abgleiten keine Verletzungsgefahr besteht.
– Ordnung am Arbeitsplatz hilft immer, Unfälle zu vermeiden. Ein Stechbeitel im Spanhaufen z. B. wird leicht übersehen und somit zur latenten Unfallquelle.

4.2

	Vorteile	Nachteile
Wachsen	Viele Wachsarten, v. a. Bienenwachs, sind gesundheitlich völlig unbedenklich.	kaum Härtung der Oberfläche (z. B. gegen Kratzer, Abdrücke).
	leichter Auftrag ohne besondere Anforderungen (Pinsel, Lappen, evtl. Bürste zur Nachbehandlung)	nur bedingt wasserfest (verträgt keine Dauerbewässerung)
	angenehmer Geruch und Intensivierung der Holzwirkung (Holzfarbe, Maserung)	nicht besonders dauerhaft (kann aber leicht nachbehandelt werden)
	für den Innenbereich zum Schutz vor Raumfeuchtigkeit und Verschmutzung zumindest bei Möbeln oder Holzdecken völlig ausreichend	
Lackieren	zusätzliche Härtung der Oberfläche (z. B. durch spezielle Hartlacke)	höherer Arbeitsaufwand durch notwendige Grundierungen und Zwischenschliffe
	geschlossene, porenfreie Oberfläche mit hoher Glätte (dadurch hygienisch und leicht sauber zu halten)	Lacke bestehen aus Kunststoffen mit allen ihren Nachteilen für Umwelt und Gesundheit (vgl. 1.3).
	hohe Widerstandsfähigkeit gegen Feuchtigkeit	Lackschäden sind oft nur schwer zu beheben.

5 Werkbetrachtung

	Leitfragen
Verarbeitung	Wurde der Werkstoff allgemein fachgerecht bearbeitet?
	Sind noch Bearbeitungsspuren erkennbar bzw. ist die Wandung sauber geglättet?
	Ist die Wandstärke einheitlich ausgearbeitet?
Funktion	Besitzt die Schale im Vergleich zur Größe ein gutes Fassungsvermögen?
	Weist sie einen sicheren Stand auf?
	Wurde die Größe der Schale sinnvoll gewählt (vgl. geplanter Inhalt)?
Gestaltung	Ist die Form der Schale exakt rotationssymmetrisch?
	Ist die Wandstärke des Werkstücks zu dick oder wirkt sie leicht und elegant?
	Wurde durch die Wahl einer geeigneten Holzart die Form optisch bereichert (Farbe, Maserung etc.)?

1   Bedeutung des Werkstoffs

Abb. Stahlarbeiter

Die kulturelle Entwicklung der Menschen ist eng verknüpft mit der Verarbeitung von Metallen.

1.1   Informieren Sie stichpunktartig über die Bedeutung eines Metalls in der Frühgeschichte.

1.2   Seit dem Ende des 19. Jahrhunderts haben sich durch die Stahlgewinnung für das Bauwesen grundlegende technische Neuerungen ergeben, die bis heute Anwendung finden. Erklären Sie zwei dieser Neuerungen und erläutern Sie dabei deren Vorteile.

2   Werkstoffkunde, Arbeitsverfahren und Werkzeuge

2.1   Nennen und beschreiben Sie ein Verfahren zur Herstellung von Stahl aus Roheisen.

2.2   Definieren Sie den Begriff „Legierung".

2.3   Führen Sie zwei Ihnen bekannte Legierungen auf und ergänzen Sie die Tabelle.

Legierung		
Ausgangsstoffe		
Eigenschaften (je 2)		
Verwendungen (je 2)		

2.4 Beschreiben Sie das Arbeitsverfahren des Gewindeschneidens (Innen- oder Außengewinde).

2.5 Metalle werden durch verschiedene Verfahren und jeweils unterschiedliche Werkzeuge getrennt. Vervollständigen Sie die Übersicht.

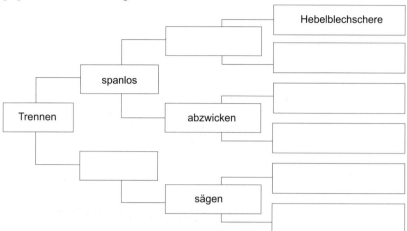

2.6 Zeichnen und beschriften Sie eine Metallsäge.

3 Fachgerechte und gestaltende Verarbeitung

Sie haben die Aufgabe, einen individuell gestalteten Flaschenöffner aus Metall (Messingflachband, 3 mm) herzustellen. Für die Form des Hebelmauls (Öffnung, die den Kronkorken abhebt) kann der abgebildete industriell hergestellte Rohling als Vorbild dienen.

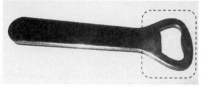

3.1 Fertigen Sie eine Zeichnung Ihres Werkstücks, aus der Funktion und individuelle Gestaltung deutlich hervorgehen.

3.2 Erstellen Sie einen tabellarischen Arbeitsplan zur Herstellung Ihres Werkstücks.
Dieser soll alle nötigen Arbeitsschritte sowie Hinweise dazu enthalten, was bei den einzelnen Arbeitsschritten besonders zu beachten ist.

3.3 Der Flaschenöffner soll auf beiden Seiten eine Griffauflage erhalten. Als Material hierfür stehen Holz oder Acrylglas zur Auswahl.
Stellen Sie die Vorzüge und Nachteile der beiden Materialien im Hinblick auf die Werkaufgabe gegenüber.

3.4 Beschreiben Sie für die Griffauflage aus Acrylglas eine Verbindungstechnik mit dem Metallgriff. Stellen Sie im Anschluss daran eine andere Verbindungstechnik für die Griffauflage aus Holz dar.

4   Gesundheitsschutz

Zeigen Sie drei mögliche Unfallgefahren beim Trennen von Metall auf. Nennen Sie dazu auch geeignete Schutzmaßnahmen.

Unfallgefahr	Schutzmaßnahme
1.	
2.	
3.	

5   Werkbetrachtung

Vergleichen Sie Ihr unter Aufgabe 3 gefertigtes Werkstück mit einem Industrieprodukt.

Selbst gefertigtes Werkstück:

Industrieprodukt:

1 Bedeutung des Werkstoffs

Kunststoffe gehören aufgrund ihrer vielseitigen und maßgeschneiderten Eigenschaften zu den wichtigsten Werkstoffen unserer Zeit.

1.1 Der Amerikaner Charles Goodyear gilt als Pionier der Kunststoffherstellung. Erläutern Sie diese Aussage.

1.2 Berichten Sie über zwei weitere wichtige Stationen aus der Entwicklungsgeschichte der Kunststoffe.

1.3 Heutzutage sind Herstellung und Nutzung von Kunststoffen nicht unumstritten. Erläutern Sie Probleme, die damit einhergehen, und beziehen Sie sich dabei auch auf die Grafiken.

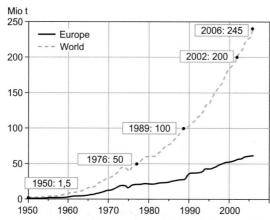

Abb. 1: Entwicklung der globalen Kunststoffproduktion

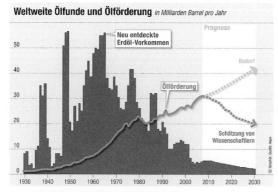

Abb. 2: Weltweite Ölfunde und Ölförderung

1.4 In manchen Bereichen findet eine Rückbesinnung auf traditionelle Werkstoffe statt, z. B. auf Holz. Belegen Sie diese Aussage anhand von zwei Bereichen mit jeweils einem konkreten Beispiel. Begründen Sie jeweils den Einsatz des traditionellen Werkstoffs.

2 Werkstoffkunde und Arbeitsverfahren

2.1 Kunststoffe zeichnen sich durch vorteilhafte Eigenschaften aus. Zählen Sie vier dieser Eigenschaften auf und ordnen Sie jeweils ein konkretes Anwendungsbeispiel zu.

Eigenschaft	Anwendungsbeispiel

2.2 Kunststoffe lassen sich anhand ihrer thermischen Eigenschaften bzw. ihrer inneren Struktur in drei Gruppen einteilen.
Ordnen Sie den Kunststoff Acrylglas einer Gruppe zu und beschreiben Sie diese unter Verwendung einer Schemadarstellung genauer.

2.3 Nennen Sie die beiden weiteren Kunststoffgruppen und jeweils eine konkrete Kunststoffbezeichnung.

2.4 Kunststoffprodukte werden durch industrielle Formungsverfahren hergestellt.
Benennen Sie die beiden abgebildeten Verfahren (Schemadarstellungen) und vergleichen Sie diese stichpunktartig hinsichtlich ihrer Gemeinsamkeiten und Unterschiede.
Führen Sie jeweils drei typische Produkte an.

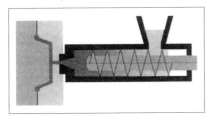 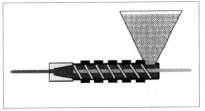

Abb. 1   Abb. 2

3 Fachgerechte und gestaltende Verarbeitung

Sie haben die Aufgabe, ein Werkstück zu fertigen, bei dem Acrylglasplatten mechanisch bearbeitet, thermisch umgeformt und gefügt werden

3.1 Zeichnen Sie Ihr Werkstück in einer räumlichen Darstellung.

3.2 Stellen Sie in einer Tabelle die einzelnen Arbeitsschritte und die jeweils benötigten Werkzeuge/Werkhilfsmittel zusammen. Führen Sie gegebenenfalls wichtige Arbeitshinweise an.

3.3 Beschreiben Sie Vor- und Nachteile zweier Techniken zum Fügen von Acrylglas.

4   Gesundheitsschutz

Zeigen Sie je eine Gesundheitsgefahr auf, die bei den in Frage 3.3 genannten Füge-
techniken auftreten kann, und nennen Sie eine geeignete Schutzmaßnahme.

Fügetechnik 1	
Gesundheitsgefahr	
Schutzmaßnahme	

Fügetechnik 2	
Gesundheitsgefahr	
Schutzmaßnahme	

5   Werkbetrachtung

Neben Funktionalität und Design kann Ihr Arbeitsergebnis von Aufgabe 3 auch hinsichtlich der handwerklichen Verarbeitung bewertet werden. Stellen Sie dar, welche
Kriterien bei der Beurteilung der handwerklichen Verarbeitung eine Rolle spielen.

Lösungsvorschläge

1 Bedeutung des Werkstoffs

1.1 1839 gelingt Charles Nelson Goodyear ein Verfahren, um aus der klebrigen, instabilen Masse des Naturkautschuks durch engere Verknüpfung über Schwefelbrücken **Gummi** herzustellen, ein Material, welches bei Hitze nicht klebt und bei Kälte nicht versprödet. Er nennt dieses Verfahren **Vulkanisierung**, da er hierzu Schwefel und Kohlenstoff (Ruß) unter Einwirkung von Hitze verwendete. Goodyear stellte daraus Gummibekleidung, Zelte und weitere Produkte her. Ein höherer Schwefelzusatz führte später zu einer starken Verhärtung des Materials (Hartgummi/Ebonit). Dieses eignete sich nunmehr für Mundstücke von Musikinstrumenten, Tabakpfeifen oder Füllfederhaltern.

1.2 **Bakelit**
Den ersten vollsynthetischen Kunststoff entwickelte der Belgier Leo Hendrik Baekeland, als er 1907 die Phenolharz-Pressmassen erfand. Hierbei handelte es sich um ein Kunstharz aus Phenol und Formaldehyd mit Zuschlagstoffen (Holz- und Gesteinsmehl, Textilfasern).
1910 gründete Baekeland zusammen mit den Rütgerswerken (Herstellung von Steinkohleteerölen mit Phenol als Abfallprodukt) die Bakelite GmbH, im gleichen Jahr in den USA die General Bakelite Company. Somit begann die großindustrielle Produktion dieser vollsynthetischen Kunststoffe.
Bakelit isoliert hervorragend den elektrischen Strom und brennt nicht. Man verwendete es für Gehäuse (Radioempfänger, Telefone, Küchengeräte), Lichtschalter, Steckdosen, Büroartikel, Griffe, Billardbälle u. v. m.

Acrylglas/Plexiglas (PMMA)
Der Chemiker Otto Röhm gründete 1907 eine Firma für Lederbeizen und Waschmittel. Durch den wirtschaftlichen Erfolg wurde es möglich, ein Forschungsteam für die Synthese und Polymerisation von Acrylsäure zusammenzustellen.
1927 verwendete man erstmals einen glasklaren Acryl-Kunststoff als Dichtmasse zwischen Glasscheiben und entwickelte so das erste Verbundsicherheitsglas. Durch weitere Versuche einer Polymerisation von Methylmethacrylsäuren gelang in der Folge die Entdeckung des Acrylglases. Den Namen „Plexiglas" erhielt das Material, da Röhm über die Erfindung „perplex" gewesen sein soll. Plexiglas gelangte sehr schnell zur Verwendung im Fahrzeugbau sowie für Gegenstände des täglichen Gebrauchs: Lineale, Salatbestecke, Schmuck, sogar für durchsichtige Streichinstrumente.
Eine große Produktionssteigerung erfolgte durch die anlaufende Kriegsindustrie, insbesondere im Flugzeugbau. Die wichtigsten Einsatzbereiche heute sind das Verkehrswesen, die Bau- und Leuchtenindustrie, die Büro- und Medizintechnik, die Optik, Elektronik sowie die Kommunikationsbranche.

1.3 Moderne Kunststoffartikel können mit relativ geringem Aufwand an Energie und Arbeitstechnik und somit sehr preiswert hergestellt werden. Auf dieser Grundlage hat sich in der heutigen Zeit eine Kunststoff-Massenproduktion entwickelt (vgl. Grafik: Entwicklung der globalen Kunststoffproduktion), die andererseits neue, materialbedingte Probleme mit sich bringt.
Kunststoffe werden nahezu ausschließlich aus **nicht erneuerbaren Ressourcen/Rohstoffen** (v. a. Erdöl, Erdgas und Kohle) gewonnen. Wenn auch der Anteil am Gesamterdölverbrauch nach Angaben der Kunststoff erzeugenden Industrie relativ gering ist, so sollten dennoch diese Vorräte im Hinblick auf die Bedürfnisse zukünftiger Generationen so wenig wie möglich angegriffen werden (vgl. Grafik: weltweite Ölfunde und Ölförderung).

Auch die **Massenproduktion** selbst bringt Probleme für die Umwelt mit sich, da es sich hierbei um chemisch-technische Verfahren mit z. T. **giftigen Substanzen** handelt, die besonders bei Betriebsunfällen in die Luft, den Boden oder das Grundwasser gelangen können. Die bei der Produktion anfallenden Abfallmengen sind ebenfalls nicht unerheblich und müssen irgendwie entsorgt werden.

Das größte Problem allerdings bildet die Beseitigung des **Kunststoffmülls**. Die allseitige Verfügbarkeit und Billigkeit dieses Werkstoffs sowie seine häufige Verwendung führen insbesondere im Verpackungsbereich zu einer „Ex-und-hopp"-Mentalität in der Bevölkerung und damit zu immer größer werdenden Kunststoffmüllbergen, zudem lassen sich künstliche Stoffe nicht einfach in den Stoffkreislauf der Natur eingliedern. Die herkömmlichen Verfahren der Abfallwirtschaft (z. B. für Glas, Papier oder Metallschrott) können nicht auf Kunststoffe übertragen werden. Nach dem heutigen Stand der Technik bieten sich zur „Entsorgung" nur folgende Verfahren an:

Deponierung: Der weitaus größte Teil der Kunststoffabfälle wird noch immer deponiert, da besonders der Hausmüll ein Gemisch der verschiedensten Abfallstoffe darstellt und außerdem Kunststoffabfälle so sehr verschmutzt sind (Außenverschmutzung und Inhaltsreste), dass eine Wiederaufarbeitung nicht infrage kommt. Verbundstoffe (z. B. Getränkekartons mit Papier oder Aluminium) lassen sich ohnehin nur schwer voneinander trennen. Bei immer knapper werdenden Deponieräumen schaffen wir so Altlasten von morgen, mit allen möglichen Gefahren für die Umwelt, die heute noch gar nicht abzuschätzen sind.

Verbrennung: Ein großer Teil der Kunststoffabfälle wird in Müllheizkraftwerken „energetisch verwertet" bzw. „thermisch entsorgt". Kunststoffe enthalten wie andere organische Stoffe (Holz, Kohle, Erdöl) gespeicherte Energie, die zur Wärme- oder Stromerzeugung verwertet werden kann. Andererseits wird jedoch bei der Verbrennung auch eine Reihe hochgiftiger Substanzen (z. B. Kohlenstoffmonoxid, Chlorgase und Schwermetalle) freigesetzt, die durch eine entsprechende Abgasfilterung zwar nicht in die Luft gelangen, aber als sog. Filterstäube im Filter verbleiben. Dieser muss mit besonderer Sorgfalt wiederum deponiert werden.

Als Wertstoffe sind Kunststoffe sowohl bei der Deponierung als auch bei der Verbrennung verloren.

Recyclingverfahren: „Recycling" bedeutet „Wiedereingliederung in den Stoffkreislauf". Dies ist bei Kunststoffen aus verschiedenen Gründen nur bedingt möglich. Zum einen sind viele Verfahren technisch noch nicht ausgereift, umweltproblematisch oder unwirtschaftlich, da die Herstellung von Neukunststoffen oft billiger ist. Zum anderen fehlt häufig die notwendige Sortenreinheit im Kunststoffabfall. Undefinierte Kunststoffe und Kunststoffmischungen ergeben nur Erzeugnisse von geringerer Qualität und sind auf dem Markt schwer absetzbar. Müllsortierung ist durch den hohen Arbeitsaufwand meist ebenso wenig rentabel wie das Waschen und anschließende Trocknen verschmutzter Teile (Abwasser- und Energiekosten). Auch das getrennte Sammeln von Kunststoffabfällen in eigenen Containern hat sich wegen des geringen Raumgewichts (wenig Material bei hohem Volumen) als unwirtschaftlich erwiesen.

Allen genannten Schwierigkeiten zum Trotz kann die Lösung dieses Problems nicht in der Deponierung oder Verbrennung, sondern nur in einer möglichst umweltschonenden Wiederaufbereitung des Materials liegen. Sicherlich müssen dazu erst entsprechende neue Techniken entwickelt und die heute bestehenden wirtschaftlich und ökologisch voll nutzbar gemacht werden. Hier wären folgende Verfahren anzuführen:

– Die **Schmelze:** Das Wiedereinschmelzen von Kunststoffabfällen ist nur bei Thermoplasten möglich. Aus dem so gewonnenen Re-Granulat können neue Produkte hergestellt werden. Für die Qualität dieser Artikel ist jedoch die Sortenreinheit von entscheidender Bedeutung. Sortenreine, saubere Abfälle (z. B. aus der Produktion) ergeben die beste Qualität (z. B. für Bau- und Landwirtschaftsfolien, Flaschenkästen), undefinierte Kunststoffe ohne eindeutige Eigenschaften eignen sich nur noch für wenig anspruchsvolle Erzeugnisse wie Blumentöpfe und Leitpfosten. Aus Kunststoffmischungen mit z. B. Metallbestandteilen lassen sich nur noch Einfriedungen oder Rasenkantensteine fertigen. Ein weiteres Problem ist der Umstand, dass das Wiedereinschmelzen immer eine generelle Qualitätsverschlechterung mit sich bringt und daher nicht beliebig wiederholbar ist. Man spricht auch von „Downcycling", von einer produktmäßig eingeschobenen Zwischenlagerung vor der endgültigen Deponierung.

– Die **Pyrolyse:** Dieses Verfahren zerlegt in einem Wirbelschichtreaktor die Kunststoffabfälle unter Luftabschluss in ein sog. Pyrolyse-Rohgas, aus dem in einer Destillationskolonne wiederverwertbare Produkte wie Benzine, Öle oder Bitumen gewonnen werden. Es ist jedoch technisch noch nicht ausgereift und wirtschaftlich noch nicht sinnvoll. Außerdem bestehen Umweltprobleme durch giftige Anteile im Pyrolysegas (z. B. Salzsäure, Blausäure) und durch den anfallenden und stark mit Schwermetallen belasteten Pyrolysekoks.

– Die **Hydrolyse:** Auch dieses Verfahren ist noch nicht ausgereift und wirtschaftlich einsetzbar. Mit ihm können nur bestimmte Kunststoffe (Polyurethane, Polyamide, Polyester) unter Einwirkung von Wasserdampf, hohem Druck und hoher Temperatur wieder in ihre Ausgangsstoffe zerlegt werden.

Bei allen „Entsorgungsverfahren" sind vor allem die giftigen Bestandteile der Kunststoffe problematisch, da sie in den Boden, in die Luft und in das Grundwasser gelangen können und somit auch für den Menschen auf direktem oder indirektem Weg zur Gefahr werden. Hier wären neben den Schwermetallen (in Farben und Stabilisatoren) auch Weichmacher (z. B. DEHP im PVC), Bindemittel (z. B. Formaldehyd in Klebern) und Lösungsmittel (z. B. Xylol in Farben und Lacken) zu nennen, die zu Hautreizungen und Allergien führen und als krebserregend gelten. Selbst bei Einhaltung aller entsprechenden Sicherheitsvorschriften kann es in der Massenproduktion zu Arbeitsunfällen, Fehlern in technischen Anlagen und Bränden kommen, bei denen Schadstoffe in großer Menge austreten.

1.4 Die Rückbesinnung auf traditionelle Werkstoffe führt auch zum Ersatz von Kunststoffen durch z. B. den Werkstoff Holz.

Holz ist ein nachwachsender Werkstoff, der nicht die Schadstoff- und Umweltproblematik der Kunststoffe aufweist (vgl. 1.3). Auch wenn die Holzverarbeitung einen höheren Aufwand erforderlich macht, so wirken ihre Ergebnisse im Allgemeinen hochwertiger, eleganter und gediegener (vgl. Maserungen und Farbtöne verschiedener Holzarten). Besonders deutlich wird dies bei der Verwendung edler Hölzer in der Innenausstattung höherklassiger **Fahrzeuge** und **Boote** (Armaturenbretter, Verkleidungen usw.).

Auch beim **Innenausbau** von Räumen ersetzt man z. B. Fußböden aus PVC-Belägen durch Parkett bzw. Fertigparkett. Neben den optischen Vorteilen, dem Gesundheitsaspekt und der höheren Wertigkeit entsteht bei Holzfußböden auch keine elektrische Aufladung.

2 **Werkstoffkunde und Arbeitsverfahren**

2.1

Eigenschaft	Anwendungsbeispiel
leichte Formbarkeit	Behälter, Kanister, Autotanks, Möbel
hohe Verschleißfestigkeit	Getränkekästen, Seile, Schutzkleidung, glasfaser- bzw. kohlefaserverstärkte Formteile

geringes Gewicht	Flugzeugbauteile, Verglasungen, Leucht-reklame, Verpackungen
Beständigkeit gegen Korrosion und Fäulnis	Lacke, Karosserien, Folien

2.2 Acrylglas/Polymethylmethacrylat/PMMA gehört im Allgemeinen zu den **Thermoplasten** (kann aber durch zunehmend stärkere Vernetzung auch immer härter, spröder und damit „duroplastischer" werden).
Diese Thermoplaste (von altgriech. *thermos* = warm) erweichen bei entsprechender Wärmeeinwirkung und werden so formbar. Man unterscheidet den thermoelastischen Zustand, in dem sich der betreffende Kunststoff plastisch umformen lässt (z. B. für das Biegen oder Tiefziehen von Halbzeugen) und den thermoplastischen Zustand, in dem der Kunststoff vollständig geschmolzen wird (z. B. zum erneuten Urformen durch Extrudieren, Spritzgießen bzw. für das Recycling).
Die Struktur derartiger Kunststoffe ist eindimensional fadenförmig oder auch strauchförmig verzweigt. Bei den sog. Polyolefinen Polyethylen/PE und Polypropylen/PP ist sie zudem teilkristallin, d. h., die Molekülfäden verlaufen in Teilabschnitten parallel nebeneinander. Bei anderen Thermoplasten (z. B. Polystyrol/PS oder Polymethylmethacrylat/PMMA) ist sie amorph, d. h., die Molekülfäden bilden ungeordnete Knäuel.
Werden thermoplastische Makromoleküle zusätzlich untereinander durch chemische Bindungen stärker vernetzt, so verlieren derartige Kunststoffe an Formbarkeit und nähern sich in ihren Eigenschaften immer mehr den Duroplasten/Duromeren an.

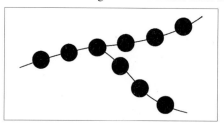

Schemadarstellung

2.3 Die beiden weiteren Kunststoffgruppen werden als **Duroplaste/Duromere** (z. B. Polyesterharze, Epoxidharze) bzw. als **Elastomere** (z. B. Silikonkautschuk, vulkanisierter Kautschuk) bezeichnet.

2.4 Abbildung 1 zeigt das Grundschema eines **Spritzgusses**, Abbildung 2 das **Extrudieren**.
Gemeinsam ist beiden Verfahren die Verwendung eines Extruders. Dieser besteht aus einem Gehäuse mit beheizter Schnecke, welche das durch den Trichter eingefüllte Granulat aufschmilzt („plastifiziert"), durchmischt („homogenisiert"), nochmals verdichtet, nach vorne befördert und ausstößt.
Unterschiede bestehen darin, dass beim Extrudieren ein kontinuierlicher Produktionsablauf erfolgt, bei dem durch ein vorgesetztes, Form gebendes Werkzeug ein Endlosprodukt entsteht, welches in entsprechende Längen unterteilt wird (Halbzeuge wie Rohre, Schläuche, Profile, Platten usw.).
Durch Spritzgießen werden hingegen in Einzelschritten Fertigteile erzeugt, die dadurch entstehen, dass über ein Anguss-System der plastische Werkstoff in eine Form (Werkzeug) gepresst wird und dort aushärtet. Das Werkzeug befindet sich daher in der sog. Schließeinheit, die es bei Bedarf öffnet und wieder schließt. Der Extruder der Spritzeinheit enthält aus diesem Grund eine bewegliche Schnecke, welche nur die jeweils für das betreffende Werkstück (Getränkekasten, Schutzhelm, Fahrzeugteil usw.) benötigte Materialmenge aufbereitet und ausstößt.

3   Fachgerechte und gestaltende Verarbeitung

3.1   Wir fertigen ein zweiteiliges **Schreibtischset** aus Acrylglas.
Teil 1 besteht aus einer Briefablage mit integrierter Schale für diverse Kleinteile,
Teil 2 ist eine Stifthalterung.

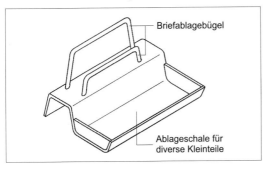

Teil 1: Briefablage

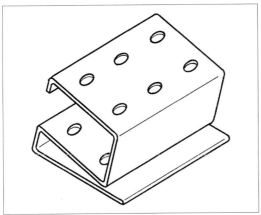

Teil 2: Stifthalterung

3.2

Arbeitsschritte	Werkzeuge / Werkhilfsmittel	Arbeitshinweise
Vorarbeit: Herstellung passender Biegehilfen aus verleimtem Massivholz oder Multiplexplatten	Sägen, Feilen, Schleifpapiere; Einspannhilfen (Bankzange, Schraubzwingen)	exakte Abmessungen unter Berücksichtigung der Materialstärke
Herstellung Teil 1		
Zuschneiden der Acrylglasplatte auf die benötigte Größe	Bandsäge, Stichsäge, Zugsäge oder Laubsäge; alternativ: Ritzbrechen: Ritzmesser, Anschlag, Einspannhilfen	Schutzfolie nicht entfernen, Unfallgefahren beachten

Anzeichnen der Biege-kanten	wasserlöslicher, feiner Filzstift	Folie vorher entfernen
Erwärmen des Materials an den Biegekanten, schrittweise in der jeweiligen Biegezone biegen	Heizstab, Heißluftgerät, Biegehilfen, evtl. Fixier-hilfen (wie Schraubzwin-gen, Klammern, Beilege-hölzer)	Material keinesfalls über-hitzen, evtl. beidseitig erwärmen, sicheres Fixieren bis zum Erkal-ten, Verbrennungs-gefahren beachten
Aufzeichnen und Aus-sägen der Seitenwände (neues Material)	wasserlöslicher Filzstift, Maßstab, Anschlagwin-kel, Laubsäge, Laubsäge-brettchen	Passgenauigkeit beach-ten, anschließend Folie entfernen
Schleifen und Polieren aller Teile auf Hochglanz	feines Nassschliffpapier, Polierwachs/Polierpaste, Schwabbelscheibe (in Bohrmaschine oder Winkelschleifer)	Arbeitsspuren gründlich beseitigen
Ablängen eines Acryl-glasstabes auf die erfor-derlichen Bügellängen	Feinsäge, Bandsäge, Zugsäge	vorher exakte Längen ermitteln, evtl. eingefärb-tes Material verwenden
Anzeichnen der Biegezo-nen, Erwärmen des Mate-rials in den Biegezonen, Rundungen schrittweise biegen	wasserlöslicher Filzstift, Heizstab, Heißluftgerät, evtl. Biegehilfe verwen-den	exakte Rundungen, bis zum Erkalten fixie-ren, Verbrennungs-gefahren beachten
Schleifen und Polieren beider Bügel	feines Nassschliffpapier, Polierwachs/Polierpaste, Schwabbelscheibe	Arbeitsspuren gründlich beseitigen
Verkleben aller Einzel-teile	Acrylglaskleber, Kapil-larkleber, Hilfsmittel zur Fixierung (Schraub-zwingen, Klebebänder, Klammern)	auf Sauberkeit der Ver-klebung achten, sichere Fixierung der Einzelteile, für Kapillar-kleber Pinsel verwenden
Herstellung Teil 2		
Zuschneiden der Acryl-glasplatte auf die benö-tigte Größe (ermittelt durch ein Faltmodell aus Pappe)	Bandsäge, Stichsäge, Zugsäge oder Laubsäge, bzw.: Ritzbrechen: Ritz-messer, Anschlag, Ein-spannhilfen	Schutzfolie nicht entfer-nen, Unfallgefahren be-achten
Festlegen der Bohrungs-mittelpunkte auf der Oberseite des Werk-stücks	wasserlöslicher Filzstift, Maßstab, Anschlagwin-kel, evtl. Körner	exakte Verteilung mit Beachtung der Stiftgrö-ßen, Vorsicht beim An-körnen

Bohren der oberen Stiftlöcher	Tischbohrmaschine, Maschinenschraubstock, Unterlegholz, HSS-Bohrer (mit angespitzter Seele) oder Stufenbohrer	dosierter Vorschub, sicheres Aufspannen
Einspannen des gebohrten Zuschnitts über die obere Biegehilfe und Durchbohren der Biegehilfe (als spätere Führung beim Bohren der unteren Stiftlöcher) durch die vorgebohrten oberen Stiftlöcher	Maschinenschraubstock, Tischbohrmaschine, Holzspiralbohrer	Verletzungen des Acrylglases unbedingt vermeiden, sicheres Aufspannen
Anzeichnen der Biegekanten	wasserlöslicher Filzstift	Folie vorher entfernen
Erwärmen des Materials an den Biegekanten, schrittweise in der jeweiligen Biegezone biegen	Heizstab, Heißluftgerät, Biegehilfen, evtl. Fixierhilfen (wie Teil 1)	Material nicht überhitzen, evtl. beidseitig erwärmen, sicheres Fixieren bis zum Erkalten, Verbrennungsgefahren beachten
Bohren der unteren Stiftlöcher (bei eingelegten Biegehilfen)	Biegehilfen, Tischbohrmaschine, Maschinenschraubstock, HSS-Bohrer (mit angespitzter Seele)	Bohrlöcher exakt deckungsgleich einpassen, sicheres Aufspannen, dosierter Vorschub, Verletzungen des Materials vermeiden
Schleifen und Polieren des gesamten Teiles	feines Nassschliffpapier, Polierwachs / Polierpaste Schwabbelscheibe	alle Arbeitsspuren gründlich beseitigen .

3.3 Neben dem **Kleben** könnten Acrylglasteile auch durch **Verschrauben** miteinander verbunden werden. Beide Verbindungstechniken haben Vor- und Nachteile.

Kleben	
Vorteile	Die Verbindungsstellen sind bei fachgerechter Ausführung kaum sichtbar.
	Moderne Kleber sind ebenfalls Kunststoffe, man arbeitet daher mit einem einheitlichen Werkstoff (Materialgerechtheit).
	Kleben ist eine einfache und schnelle, jedoch auch gut haltbare Verbindungstechnik.

Nachteile	Verklebungsfehler sind praktisch irreparabel und fallen sofort nachteilig auf.
	Viele Klebstoffe enthalten Lösungsmittel oder benötigen Härter. Die damit verbundenen gesundheitlichen Gefahren sind nicht zu unterschätzen und erfordern eine besondere Sorgfalt bei der Verwendung.

Schrauben	
Vorteile	Schraubverbindungen sind wieder lösbare Verbindungen. Dies bedeutet insbesondere bei Reparaturen bzw. Auswechslungen von Teilen einen erheblichen Vorteil.
	Durch den deutlichen Materialmix (Kunststoffe/Metalle) lassen sich optische Effekte und damit eine Aufwertung des Gegenstandes erzielen.
Nachteile	Beim Schrauben wird zusätzliches Fremdmaterial nötig.
	Der Arbeitsaufwand (z. B. durch Bohren, Anfasen, ggf. Gewindeschneiden) wird wesentlich erhöht.
	Durch die erforderliche mechanische Bearbeitung entsteht eine zusätzliche Gefahr der Materialbeschädigung.

4 Gesundheitsschutz

Fügetechnik 1	Kleben
Gesundheitsgefahr	gesundheitsschädliche Substanzen durch Lösungsmittel, Härter etc.
	Gefahr von Hautverklebungen
Schutzmaßnahmen	Ordnung am Arbeitsplatz, Konzentration und Vorsicht, gute Durchlüftung des Arbeitsraumes
Fügetechnik 2	Schrauben
Gesundheitsgefahr	Schnittverletzungen durch scharfe Kanten
	Absplitterungen bei härteren Acrylglassorten
Schutzmaßnahmen	Werkstück sicher aufspannen (Maschinenschraubstock)
	ggf. Schutzbrille tragen

5 Werkbetrachtung

Für die Beurteilung unseres Werkstücks sind mehrere Kriterien technischer Art anzuführen. Zunächst müssen die Acrylglasplatten sauber und formgenau gebogen sein, ohne dass irgendwelche Blasen auf eine zu hohe Arbeitstemperatur schließen lassen. Die Kanten sollten gut verschliffen und wie die gesamte Oberfläche auf Hochglanz poliert sein. Die Bohrungen müssen exakt passen, damit alle Stifte im gleichen Winkel und parallel schräg stehen. Absplitterungen an den Lochrändern wären ein grober Fehler. Auch die Qualität der Verklebungen (möglichst wenig sichtbare Klebefugen ohne Kleberreste) ist ein wichtiger Beurteilungspunkt.

1 Bedeutung des Werkstoffs

Das Bedürfnis und die Notwendigkeit sich mitzuteilen sind so alt wie die Menschheit selbst und erfordern seit jeher ein geeignetes Material zur Fixierung. Papier ist ein vielseitiger Werkstoff, der vor allem als Informationsträger unentbehrlich geworden ist.

1.1 Erläutern Sie, warum Papier sich als Informationsträger gegenüber den historischen Beschreibstoffen Papyrus und Pergament durchgesetzt hat.

1.2 Heute finden Papierwerkstoffe nicht nur in der Informationsvermittlung Verwendung. Nennen Sie drei weitere Bereiche und je zwei Anwendungsbeispiele.

Bereich	Anwendungsbeispiele

1.3 Papierwerkstoffe werden häufig auch durch Kunststoffe ersetzt. Begründen Sie diesen Materialwechsel anhand von zwei treffenden Beispielen.

2 Werkstoffkunde, Arbeitsverfahren, Werkzeuge

2.1 Holzschliff und Zellstoff sind wichtige Ausgangsstoffe für die heutige Papierproduktion. Beschreiben Sie die Herstellung dieser beiden Faserstoffe.

2.2 Geben Sie einen stichpunktartigen Überblick über den Produktionsablauf bei der Herstellung von Papier in der Langsiebpapiermaschine.

Abb. Langsiebpapiermaschine

2.3 Papierwerkstoffe können nach ihrem Gewicht klassifiziert werden. Ergänzen Sie die Tabelle.

Papierwerkstoff / Bezeichnung	Gewicht

2.4 Das Trennen der verschiedenen Papierwerkstoffe erfordert den Einsatz unterschiedlicher Werkzeuge. Ordnen Sie drei Trennwerkzeugen jeweils einen entsprechenden Einsatzbereich zu.

Trennwerkzeug	Einsatzbereich

3 Fachgerechte und gestaltende Verarbeitung

Sie haben die Aufgabe, eine Buchbindearbeit (z. B. Mappe, Buch, Schachtel) herzustellen. Dabei soll Buchbinderleinen zur Verstärkung der Ecken verwendet werden.

3.1 Entscheiden Sie sich für eine Buchbindearbeit, nennen Sie diese und zählen Sie die zur Herstellung nötigen Materialien, Werkzeuge und Hilfsmittel auf.

Buchbindearbeit:		
Materialien	**Werkzeuge**	**Hilfsmittel**

3.2 Beschreiben Sie mit Hilfe erklärender Skizzen die Verstärkung der Ecken mit Buchbinderleinen.

3.3 Die Buchbindearbeit soll mit einem Schmuckpapier bezogen werden. Dabei ist es notwendig, die Lauf- und Dehnrichtung festzustellen. Begründen Sie dies.

3.4 Nennen Sie drei geeignete Proben zur Feststellung der Laufrichtung und beschreiben Sie eine Möglichkeit unter Verwendung einer Skizze näher.

4 Gesundheitsschutz, Umweltschutz

4.1 Erläutern Sie drei Gefahren und Schutzmaßnahmen bei der Arbeit mit Papierwerkstoffen und den verwendeten Werkzeugen.

4.2 Massenhafter Papierverbrauch belastet die Umwelt. Erläutern Sie diese Aussage.

4.3 Formulieren Sie Maßnahmen, wie an Ihrer Schule diesem Problem (siehe 4.2) umweltbewusst begegnet werden kann.

5 Werkbetrachtung

Vervollständigen Sie die folgende Tabelle zur Beurteilung Ihres in Aufgabe 3 hergestellten Werkstückes.

●	●	● Gestaltung
Gerade Schnittkanten		

Lösungsvorschläge

1 Bedeutung des Werkstoffs

1.1 Papyrus und Pergament bedeuteten als Vorläufer des Papiers in der Entwicklung der Menschheitsgeschichte zwar jeweils einen enormen Fortschritt (z. B. als leichter Beschreibstoff für die Verwaltung oder für religiöse Texte auf den sog. Totenbüchern im alten Ägypten; Entstehen der heute noch üblichen Buchform), die Erfindung des echten Papiers brachte jedoch weitere Fortschritte mit sich. Hierzu gehört vor allem die Entwicklung der **Drucktechnik**, die auf Papyrus oder Pergament kaum möglich war. Als in der Zeit der Gotik Ulman Stromer 1390 in Nürnberg die erste deutsche Papiermanufaktur gründete, dauerte es nicht lange, bis der Holzschnitt in Gebrauch war. Man übertrug die Technik des Stoffdrucks mit Holzmodeln auf das neue Material. So entstanden zunächst Einblattdrucke (Andachtsbilder, Spielkarten), dann die sog. Blockbücher (z. B. „Das Narrenschiff" von Sebastian Brant), bis schließlich um 1450 durch Gutenberg die Erfindung des Buchdrucks gelang.

Papier als heutiger Beschreibstoff hat im Vergleich zu beiden Vorgängern weiterhin den Vorteil, dass es ein billiges und maschinell einfach herzustellendes Massenfabrikat ist, zu dessen Entstehen im Wesentlichen Holzfasern verwendet werden.

Darüber hinaus bietet der Handel Papiere in den unterschiedlichsten Qualitäten, Stärken, Größen und Oberflächenbeschaffenheiten an, welche bei Papyrus oder Pergament noch undenkbar waren. Die Menge der heutzutage benötigten Papiere (Zeitungen, Zeitschriften, Plakate, Werbungen sowie sonstige Druck- und Schreiberzeugnisse) könnte mit den Vorgängermaterialien nicht im Ansatz erzeugt werden.

1.2

Bereich	Anwendungsbeispiele
Verpackung	Kartons, Schachteln
	Einwickelpapiere, Geschenkpapiere
Kunst	Aquarellpapiere, Malkartons
	Kupferdruckkarton
Hygiene	Küchenrollen-Papiere, Servietten
	Toilettenpapiere, Papiertaschentücher

1.3 **Tragetaschen** werden heute vor allem aus Kunststoffen angeboten. Im Vergleich zu den früheren Papiertaschen sind diese wesentlich reißfester und dauerhafter, dazu wasserbeständig. Durch auffällige Aufdrucke dienen sie auch der optischen Werbung.

Verpackungen aus Kunststoffen können für das Produkt mit einfachen Formungstechniken (Vakuum-Tiefziehen, Extrusionsblasformen) absolut maßgetreu angefertigt werden. In Formen geschäumte Verpackungsschalen sind zudem extrem leicht, sehr stoßsicher und gut isolierend. Mit Kunststofffolien können Lebensmittel hygienisch einwandfrei verpackt werden. Ohne sie wären Selbstbedienungsmärkte kaum denkbar.

2 Werkstoffkunde, Arbeitsverfahren, Werkzeuge

2.1 **Holzschliff**
Dieses Verfahren wurde 1844 von Friedrich Gottlob Keller erfunden. Der in der industriellen Revolution gestiegene Papierbedarf (Pressewesen, Verpackungen etc.) konnte mit Textilfasern allein nicht mehr gedeckt werden. Noch heute besteht der Großteil der Papierprodukte aus diesem Material.

Zu seiner Herstellung werden entrindete Baumstämme in großen Maschinen durch schnell rotierende Schleifsteinwalzen unter Zusatz von Wasser mechanisch zerfasert. Das so entstandene Fasermaterial ist kurz und spröde, da es noch alle Bestandteile des Naturholzes enthält. Eine besondere Rolle spielt hierbei das Lignin, welches für den Faserzusammenhalt im Holz sorgt und in dessen Zellwände eingelagert ist. Dieser Stoff ist die Ursache dafür, dass Holzschliff enthaltende Papiersorten (z. B. Zeitungspapier) vergilben und somit zu den „mittelfeinen" Papieren gezählt werden. Die kurze, spröde Holzschlifffaser verfilzt zudem weniger gut, derartige Papiere sind daher von geringerer Festigkeit und benötigen Zusätze von Zellulose.

Holzschliff aus hellfarbigen Hölzern bezeichnet man als „Weißschliff", Holzschliff aus dunkleren Holzarten als „Braunschliff".

Zellstoff (Cellulose / Zellulose)

Zellulose ist der Hauptbestandteil der pflanzlichen Zellwände. In der zweiten Hälfte des 19. Jahrhunderts wurden in den USA Verfahren entwickelt, mit denen man auf chemischem Wege die reine Holzfaser erhalten konnte.

Zur Zellstofferzeugung verwendet man heute Hackschnitzel, welche durch mechanische Zerkleinerung des Holzes in möglichst gleichmäßigen Größen hergestellt werden. In sog. Zellstoffkochern erfolgt anschließend mittels Chemikalien und Hitze die chemische Aufschließung der Fasern, wobei alle Nicht-Zellulose-Anteile entfernt werden, insbesondere das Lignin. Die beiden wichtigsten Verfahren hierzu sind – je nach verwendeten chemischen Mitteln – das Sulfat- und das Sulfitverfahren. Zellstoff für die Papierfabrikation erfordert in der Regel eine zusätzliche Bleiche.

Die gereinigte Zellstofffaser ist länger, geschmeidiger und verfilzt wesentlich besser als die Holzschlifffaser. Sog. „holzfreie" Papiere sind daher wesentlich fester und vergilben nicht.

2.2   Der Großteil der modernen Papierfabrikation erfolgt in der **Langsiebmaschine**, deren erste Ausführung 1799 von Louis Robert entwickelt wurde. Auch sie war eine wesentliche Voraussetzung für die einsetzende Massenfabrikation. Der Produktionsablauf gliedert sich im Wesentlichen in folgende Schritte:

Produktionsschritte	Produktionsablauf
Aufbereitung der Papiermasse / Faserstoffsuspension („Stoff")	Aufbereitung des Fasermaterials („Halbzeug") durch Zerfaserung und Reinigung der Ausgangsstoffe (z. B. im Mischholländer, Pulper, Knotenfang) Vermengung mit allen weiteren Zusatzstoffen (wie Füllstoffe, Leime, Farbstoffe und Wasser: die Papiermasse besteht aus 99 % Wasser) zum „Ganzzeug"
Aufbringen des Stoffes auf das Sieb	gleichmäßiger Auftrag der Papiermasse auf das Sieb in voller Breite durch den Stoffauflauf
Siebpartie	Endlossieb aus feinsten Bronze- oder Kunststofffäden Wasserentzug durch Rütteln des Siebes, Abtropfen und Absaugen (Saugkästen) gleichzeitige Verfilzung der Fasern Einprägen echter Wasserzeichen und seitliches Beschneiden der Bahn durch Wasserstrahlen Abnahme der Bahn aus der Siebpartie durch die Gautschpresse
Presspartie	Nasspressen und Endlosfilzbänder trocknen das Papier weiter.

Trockenpartie	Erwärmung der Papierbahn durch beheizte Trockenzylinder Verdampfen von enthaltenem Wasser Schmelzen von zugegebenen Harzleimen endgültige Trocknung auf über 90 °C Abkühlung auf Normaltemperatur durch Kühlzylinder
(evtl.) Kalander	zusätzliche Glättung satinierter Papiersorten in Rollenkalandern
Abrollung/Zuschnitte	Aufrollen der Bahn auf Wickelstangen (Rollenpapier) maschineller Zuschnitt auf Normgrößen

2.3

Papierwerkstoff/Bezeichnung	Gewicht
Papier	bis ca. 200 g/m^2
Karton	200–600 g/m^2
Pappe	über 600 g/m^2

2.4

Trennwerkzeug	Einsatzbereich
Buchbindemesser	Auftrennen gefalzter Bögen
	exaktes Zuschneiden von z. B. Bezugspapieren
Pappritzer	Trennen dickerer Pappen
	Anritzen dickerer Pappen zum Biegen
Schlagschere	rechtwinkliger Zuschnitt größerer Formate
	Schneiden von Papierpaketen

3 Fachgerechte und gestaltende Verarbeitung

3.1 Wir fertigen eine **Mappe**, die wir mit einem Bezugspapier (z. B. „Elefantenhaut") gestalten.
Den Rücken sowie die vorderen Ecken verstärken wir mit einem farbig abgestimmten Gewebe (Buchbinderleinen oder Kaliko).
Unser Werkstück lässt sich mit zwei eingearbeiteten Bändern gut verschließen.

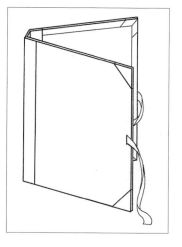

Buchbindearbeit		
Materialien	**Werkzeuge**	**Hilfsmittel**
Graupappe	Pappritzer oder Schlagschere	Schneideunterlage
Buchbinderleinen/Kaliko	Anschlagschiene	Makulatur
Vorsatzpapiere	Leimpinsel	Bleistift
Bezugspapiere	Papierschere	Lineal
farbige Bänder	Cuttermesser	Flachwinkel
Kleister	Falzbein	
Buchbinderleim	Stechbeitel und Klüpfel	
	Stockpresse	

3.2 Da sich die Ecken einer Mappe am meisten abnützen, verstärken wir sie durch einen Gewebeeinschlag. Hierzu verwenden wir natürlich das gleiche Material wie für den Rücken.

Nachdem wir die beiden Eckstücke auf jeder Deckelaußenseite im 45°-Winkel angezeichnet haben, schneiden wir uns die maßgenau passenden Geweberechtecke zu. Wir leimen sie auf der Rückseite ein, legen sie an der angezeichneten Linie an und reiben sie gut fest. Die überflüssigen Teile schneiden wir dann mit der Schere parallel zu den Deckelkanten ab (vgl. Abb.).

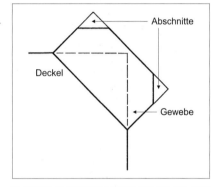

Anschließend wenden wir unser Werkstück wieder und biegen die Einschläge straff um die Kante nach innen, wobei wir die jeweils entstehende Spitze mit dem Daumennagel einkneifen (vgl. Abb.). Abschließend reiben wir das Gewebe mit einem Falzbein nochmals gut fest.

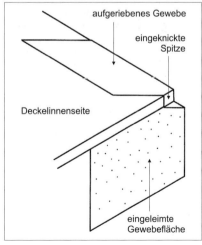

3.3 Lauf- und Dehnrichtung entstehen bei der Fabrikation in der Langsiebmaschine. Die Richtung, in der die Papierbahn durch die Walzen gezogen wird (Längsrichtung), bezeichnet man als **Laufrichtung**. In dieser werden die Fasern in der Maschine stärker ausgerichtet und vorgestreckt. Bei der Einwirkung von Feuchtigkeit (z. B. beim Leimen) dehnt sich das Papier daher in der Laufrichtung weniger stark als quer zu ihr. Die Querrichtung nennt man **Dehnrichtung**, da sich das Papier hier stärker ausdehnt. Beim Trocknen zieht sich das Material in der Folge auch unterschiedlich stark zusammen: in der Dehnrichtung stärker, in der Laufrichtung weniger.

Bei der Verleimung von Papierwerkstoffen muss also immer darauf geachtet werden, dass diese Richtungen jeweils übereinstimmen, da sich das Werkstück sonst durch die unterschiedliche Zugwirkung wölben könnte. Zudem muss bei „stehenden Werkstücken" (z. B. Büchern, Mappen, Karteikarten usw.) die Laufrichtung immer senkrecht liegen.

3.4 Da aufgrund der verschiedenen Papierzuschnitte (Langbahn oder Breitbahn) die Lauf- bzw. Dehnrichtung nicht unbedingt klar ist, muss sie im Bedarfsfall durch Proben ermittelt werden.

Hierzu eignen sich die Fingernagelprobe, die Reißprobe und die Nassprobe (bei stärkeren Kartons und Pappen auch die Biege- und Knickprobe).

Bei der **Reißprobe** reißen wir ein Blatt jeweils in Längs- und Querrichtung ein. In der Dehnrichtung verläuft der Riss sehr breit und unregelmäßig und schwenkt allmählich in die Laufrichtung ein. In dieser verläuft er ziemlich geradlinig.

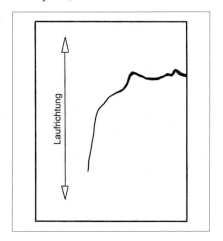

4 Gesundheitsschutz, Umweltschutz

4.1 **Kanten von Papieren** können messerscharf sein, sodass man sich leicht an ihnen verletzen kann. Als Schutzmaßnahme hilft hier nur, Ordnung am Arbeitsplatz zu halten und die nötige Vorsicht walten zu lassen.

Schnittgefahren sind zudem durch **scharfe Werkzeuge** gegeben. Offene Cuttermesser oder Pappritzer unter Abfallpapieren bilden ebenso eine latente Gefahrenquelle wie das Ausgleiten beim Schneiden stärkerer Materialien durch zu hohen Druck. Ratsam sind daher Führungsschnitte mit wiederholten Vertiefungsschnitten, Konzentration auf die Arbeit und das sichere Ablegen scharfer Werkzeuge, damit ein unbeabsichtigtes Hineingreifen vermieden wird.

Viele Kontaktklebstoffe enthalten **Lösungsmittel**, welche beim Abbinden giftige Dämpfe freisetzen. Diese sollten nach Möglichkeit nicht eingeatmet werden. Hilfreich wäre es auch, den Arbeitsraum entsprechend häufig zu lüften oder ungefährliche Klebstoffe wie Kleister oder Leime zu verwenden.

4.2   Massenhafter Verbrauch von Papier bedeutet weltweit auch einen massenhaften **Verbrauch von Naturholz**. Den weitaus größten Anteil der Ausgangsstoffe bilden heute die Holzfasern, welche durch Holzschliff oder im Zellstoffkocher gewonnen werden. Über 40 % des weltweiten kommerziellen Einschlags gehen – nach Informationen von Greenpeace – in die Papierproduktion. Die dabei entstehenden Kahlschläge von Urwaldgebieten verstärken den Treibhauseffekt und somit den Klimawandel. So hoch wie in kaum einem anderen Industriezweig ist der **Verbrauch von Wasser**, ebenso bedeutend der **Verbrauch von Energie**. Umweltbelastungen entstehen darüber hinaus durch die Emissionen. Hier ist besonders die **Verschmutzung von Gewässern** zu nennen, da v. a. in der sog. Dritten Welt verwendete Chemikalien (wie Bleich- und Entfärbungsmittel) oft ungeklärt in das Abwasser gelangen. Diese ökologischen Belastungen sind zwar geringer bei der Produktion, aber besonders hoch bei der Rohstoffgewinnung, und der weitaus größte Teil des Zellstoffs wird importiert. Weitere Emissionsbeispiele sind **Stickoxide** und **Schwefeldioxid**, die bei der Papierherstellung entstehen. Das Recycling von Altpapier vermindert diese Probleme (z. B. keine Rohstoffherstellung aus Holz), dennoch muss auch hierbei Altmaterial mit viel Wasser aufbereitet, entfärbt und ggf. gebleicht werden. Abschließend ist noch anzumerken, dass der Papierverbrauch weltweit stetig zunimmt, insbesondere durch die Entwicklung in den sog. Schwellenländern.

4.3   Im Schulbereich sollte der Papierverschleiß aus den oben genannten Gründen ebenfalls möglichst gering gehalten werden. Teilweise kann hier der Verbrauch vermindert werden, indem man auf moderne IT-Alternativen (Arbeiten im Internet, E-Mails zur Verbreitung von Informationen etc.) zurückgreift. In verschiedenen Fachbereichen und in der Verwaltung kann man zudem bewusst sparsam mit dem Material umgehen, wobei man z. B. Papier beidseitig verwendet (Rückseite als Konzeptpapier, Kopien auf beiden Seiten). Auf Verpackungen wie Getränkekartons kann man zugunsten von Mehrwegflaschen gut verzichten und bei schulischen Veranstaltungen Wegwerfgeschirr aus Papierwerkstoffen vermeiden. Materialien für den Unterricht und die Verwaltung (Hefte, Kopierpapiere, Formulare, Toilettenpapiere usw.) sollten aus Recyclingpapieren bestehen, da deren Herstellung weniger problematisch ist. Andererseits muss Papierabfall natürlich in allen Schulräumen auch getrennt gesammelt und dem Recycling-Kreislauf wieder zugeführt werden. Im Fachbereich Werken ist es vor allem wichtig, zunächst ein Bewusstsein für die gesamte Problematik zu vermitteln (Werkstoffkunde). Darüber hinaus sollte man möglichst Material sparend arbeiten, indem man z. B. Zuschnitte optimal plant oder auch Reste aufbewahrt, die man später für kleinere Arbeiten, Details usw. wiederverwenden kann. Größere, eventuell nicht mehr ganz saubere Flächen eignen sich auch als Unterlegpapiere für den Leim- und Kleisterauftrag.

Qualität der Verarbeitung	Funktion	Gestaltung
gerade Schnittkanten	Passgenauigkeit der Mappendeckel übereinander	schöne Maßverhältnisse der Einzelteile (Deckel, Rücken, Eckenbezüge)
ebene Flächen durch übereinstimmende Lauf- und Dehnrichtungen	gute Beweglichkeit der Gewebescharniere	Symmetrie der Einzelteile (Eckenbezüge, Ränder, Bezugspapiere)
exaktes Aufliegen der Bezugspapiere und Gewebe (keine Falten)	auf Normgröße (z. B. DIN-A4) angepasste Mappengröße	farbige Abstimmung der Materialien (Bezugspapiere, Gewebe, Bänder)
keine Verleimungsfehler (z. B. Leimrückstände)	gute Verschließbarkeit durch ein angepasstes Band	Qualität der Bezugspapiere (z. B. Elefantenhaut, Marmorierpapiere usw.)

1 Bedeutung des Werkstoffs

Keramik ist ein wichtiger Bestandteil menschlicher Kultur und zählt bedingt durch die technische Entwicklung auch heute zu den modernsten und vielseitigsten Werkstoffen überhaupt.

1.1 Keramische Erzeugnisse gelten als die ältesten Kulturgüter. Beschreiben Sie drei Bereiche, in denen Keramik früher eine bedeutende Rolle spielte.

1.2 In unserer Zeit hat sich der Einsatz der Keramik ausgeweitet. Die sogenannte technische Keramik gewinnt aufgrund ihrer besonderen Eigenschaften immer mehr an Bedeutung. Nennen Sie Anwendungsbereiche mit jeweils einem Beispiel und ordnen Sie eine entsprechende Materialeigenschaft zu.

Anwendungsbereich Technische Keramik	Beispiel	Besondere Material- eigenschaft

2 Werkstoffkunde und Arbeitsverfahren

2.1 Erklären Sie die Entstehung von Ton in der Natur und gehen Sie dabei auch auf die unterschiedlichen Tonlager ein.

Abb.: Tonabbau im Tagebau

2.2 Beschreiben Sie die Aufbereitung von Naturton zur fertigen keramischen Masse.

2.3 Keramische Massen werden aufgrund ihrer Zusammensetzung in Gruppen eingeteilt. Ergänzen Sie die Grafik.

```
┌──────────────┐              ┌──────────────┐
│              │              │              │
└──────────────┘              └──────────────┘
          ╲              ╱
┌──────────────┐  ┌──────────────────┐  ┌──────────────┐
│              │──│ Keramische Massen │──│              │
└──────────────┘  └──────────────────┘  └──────────────┘
          ╱              ╲
┌──────────────┐              ┌──────────────┐
│              │              │  Technische   │
└──────────────┘              │ Sondermassen  │
                              └──────────────┘
```

2.4 Bei der Verarbeitung von Ton sind drei Trockenstufen von Bedeutung. Nennen Sie diese und dazu den entsprechenden Zeitraum der Trocknung.
Ordnen Sie zwei mögliche Dekortechniken der entsprechenden Trockenstufe zu.

Trockenstufe	Zeitraum	Dekortechnik

2.5 Beschreiben Sie eine der oben genannten Dekortechniken genauer.

_____

_____

_____

_____

_____

_____

_____

_____

_____

_____

2.6 In der keramischen Industrie werden Gegenstände in großer Stückzahl unter Verwendung des Gießverfahrens hergestellt. Beschreiben Sie das Gießverfahren ausgehend von einer fertigen Gussform.

2.7 Auch in der Kunststoffindustrie gibt es Formungsverfahren, bei denen eine plastische Masse zu seriellen Produkten verarbeitet wird. Nennen Sie drei dieser Verfahren.

3 Fachgerechte und gestaltende Verarbeitung
Sie haben die Aufgabe, eine eckige Dose mit gut schließendem Deckel herzustellen.

3.1 Fertigen Sie eine aussagekräftige Zeichnung Ihrer Dose mit Deckel an. Zeichnen Sie zusätzlich eine Detailansicht, welche die Passung des Deckels verdeutlicht.

3.2 Benennen und begründen Sie eine geeignete Aufbautechnik für Ihr Werkstück.

3.3 Erstellen Sie einen tabellarischen Arbeitsplan, der über die nötigen Arbeitsschritte sowie Werkzeuge und Hilfsmittel informiert.

4 Gesundheits- und Umweltschutz, Umgang mit Arbeitsmitteln
In einer Werkstattordnung soll grundsätzlich der Umgang mit den Werkzeugen und dem Material geregelt werden.
Formulieren Sie sechs entsprechende Arbeitsregeln für den Werkstoff Ton.

5   Werkbetrachtung

Bei der Herstellung von keramischen Gebrauchsgegenständen ist es besonders wichtig, dass der
Zusammenhang von Form und Funktion beachtet
wird – gemäß dem Grundsatz „form follows func-
tion".
Erläutern Sie, inwiefern dieser Grundsatz bei dem
abgebildeten Krug seine Anwendung fand.

Lösungsvorschläge

1 Bedeutung des Werkstoffs

1.1 Keramik spielte eine unverzichtbare Rolle in der **Architektur** Mesopotamiens. Neben luftgetrockneten Tonziegeln verwendete man z. B. für Außenverkleidungen von Stadtmauern bereits gebrannte Ziegel. Besonders berühmt wurden die Prozessionsstraße und das Ischtar-Tor Babylons, welche aus farbig glasierten Reliefziegeln bestanden, die Stiere und Fabelwesen darstellten.

Ton diente auch als erstes Beschreibmaterial bei der Erfindung der **Keilschrift**. Dabei wurden die Schriftzeichen mit einem scharfkantigen Holzstäbchen in den feuchten Ton gedrückt und ergaben so keilartige Abdrücke. Die zunächst noch bildhaften Formen wurden im Laufe der Zeit immer abstrakter. Die Keilschrift diente den alten Kulturvölkern des Vorderen Orients als Grundlage für die Verwaltung, die Rechtsprechung sowie für die internationale Korrespondenz mit anderen Völkern. Die beschrifteten Tontafeln wurden meist nur getrocknet, teilweise durch Brennen aber auch haltbarer gemacht.

Mit der beginnenden Sesshaftigkeit in den jungsteinzeitlichen Bauernkulturen spielte Ton eine wichtige Rolle zur Herstellung der **Gefäßkeramik** (Töpfe, Becher, Urnen usw.). Eine besondere Blüte erreichte sie im antiken Griechenland. Diese hochentwickelte Töpferkunst brachte Gefäße unterschiedlichster Art in großer Perfektion zustande. Besonders zu erwähnen ist hierbei die Technik des schwarzfigurigen, später rotfigurigen Stils, bei dem sich der schwarze „Firnis"-Dekor durch oxidierendes, reduzierendes und schließlich reoxidierendes Brennen vom roten Trägerton abhob.

Die Verwendung von Tonen zur figürlichen Gestaltung ist ebenfalls bereits in der Jungsteinzeit bei den sogenannten Idolen nachweisbar. Für den Bereich der **künstlerischen Plastik** war dieses Material aufgrund seiner leichten Formbarkeit in den verschiedensten geschichtlichen Epochen von wichtiger Bedeutung. Als herausragendes Beispiel sollen hier die Majolika-Büsten und glasierten Tonreliefs der italienischen Renaissance angeführt werden, wie sie vor allem von der florentinischen Bildhauerfamilie della Robbia geschaffen wurden.

1.2

Anwendungsbereich Technische Keramik	Beispiel	Besondere Materialeigenschaft
Biokeramik	Gelenkimplantate, Herzklappen, Zahnersatz	hohe Körperverträglichkeit
Elektrotechnik	Isolatoren und Isolierkörper in verschiedensten Geräten	nicht Strom leitender Werkstoff
Schneidkeramik	keramische Einsätze für Drehmeißel, Messer	extreme Härte; ermöglicht hohe Zerspanungsgeschwindigkeiten
Geräte- und Maschinenbau	Düsen in der Brennertechnik	hohe Temperaturbeständigkeit

2 Werkstoffkunde und Arbeitsverfahren

2.1 Tonmineralien, z. B. Kaolinit ($Al_2O_3 \cdot 2SiO_2 \cdot 2H_2O$), bestehen hauptsächlich aus Aluminiumsilikaten, welche chemisch gebundenes Wasser enthalten. Sie entstehen durch Verwitterung von Gesteinen mit Feldspat-Anteilen wie Granit oder Gneis. Durch die Naturkräfte werden die Gesteine zerkleinert und abgerieben. Im Laufe langer Zeiträume setzen sich dann die Feldspatanteile chemisch zu Tonpartikeln um. Nur in wenigen Fällen verbleiben die Zerfallsprodukte am ursprünglichen Entstehungsort. Derartige Tone bezeichnet man als Primärtone. Es sind die Roh-Kaoline, welche den höchsten Reinheitsgrad aufweisen, da sie außer den beigemischten Gesteinsresten (meist Quarz) kaum weitere Verunreinigungen enthalten. Sie bilden nach der Aufbereitung als Feinkaoline den Grundstoff für Porzellan, das hochwertigste keramische Erzeugnis.

Meistens werden die Zerfallsprodukte jedoch vom Wasser (Regen, Bäche, Flüsse) fortgetragen, bis sie sich schließlich an fließruhigen Stellen absetzen. Sie bilden Tonlager, die im Laufe der Zeit austrocknen und im Tagebau abgebaut werden. Während der Verfrachtung und der Ablagerung können weitere, fremde Bestandteile eingelagert werden, die man als natürliche Verunreinigungen bezeichnet und die die Eigenschaften dieser Sekundärtone bzw. Naturtone wesentlich beeinflussen können.

Natürliche Verunreinigungen sind Mineralien (aus dem verwitterten Gestein, bei der Verfrachtung eingeschwemmt oder während der Lagerung durch chemische Umsetzung entstanden) und organische Reste (von Pflanzen, Algen oder Tieren).

2.2 Aufgrund ihrer Verunreinigungen sind Tone im natürlichen Zustand kaum verwendbar und müssen entsprechend aufbereitet werden. Gröbere Verunreinigungen (Steine, Holz usw.) müssen ebenso beseitigt werden wie Bestandteile, die Tone beim Brennen unansehnlich machen oder gar zerstören würden (z. B. Pyrit/Eisenkies oder gröbere Kalkbrocken). Zunächst wird der Ton in Schlämmprozessen gereinigt. Dabei wird er mit Wasser aufgeschwemmt. Die Bestandteile entmischen sich dadurch entsprechend ihrem unterschiedlichen Gewicht. Der Ton selbst setzt sich in einer eigenen Schicht ab. Der geschlämmte Ton wird anschließend maschinell zur verarbeitungsfähigen Tonmasse aufbereitet. Hierzu wird er zunächst nass gemahlen, dann nass gesiebt, in der Filterpresse auf die richtige Feuchtigkeit vorgetrocknet und in der Vakuumpresse homogenisiert. Der entstehende Strang wird in abgewogene Stücke („Hubel") unterteilt und kommt in Kunststofffolie luftdicht verpackt in den Handel.

2.3

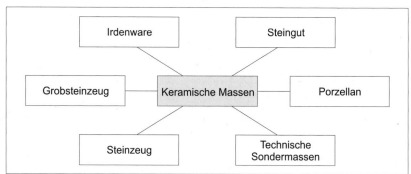

Trockenstufe	Zeitraum	Dekortechnik
feuchthart	nach Beendigung der Formgebung	Eindrücke Auflagen
lederhart	leicht angetrocknet, ledrige Konsistenz	Engoben Durchbrüche
hart	vollständig lufttrocken	(evtl. Überarbeitung mit Schleifpapieren)

2.5 Engoben zählen zu den ältesten Gestaltungstechniken und wurden bereits in der Jungsteinzeit verwendet. Man gebraucht hierzu einen fein geschlämmten Tonschlicker (am besten weiß brennende Gießmasse), der mit verschiedenen Metalloxiden eingefärbt werden kann. Die flüssige Engobe wird im lederharten Zustand des Tonwerkstücks aufgetragen, damit sie sich mit dem Untergrund gut verbindet und nicht durch unterschiedliche Schwindung wieder abplatzt.
Der Engobenauftrag erfolgt durch Eintauchen oder Begießen des Gegenstandes, durch Spritzen oder Bemalen.
Gestaltungstechniken sind der vollständige Engobenüberzug (mit einer schöner brennenden Tonschicht), das Engobensgraffito (die zuvor aufgetragene Engobenschicht wird teilweise ausgekratzt, sodass der Trägerton hier wieder zum Vorschein kommt) und die Engobenmalerei (Aufmalen der Engobe mit Pinsel, Malhorn oder Spritzbällchen).

2.6 Für die Gießtechnik benötigt man spezielle Gießtone bzw. Gießmassen in flüssiger Konsistenz. Sie enthalten sogenannte Verflüssiger, also technische Zusätze (z. B. Wasserglas), welche die Fließbarkeit erhöhen, ohne dass zu viel Wasser beigemengt werden muss. So bleibt die Gießmasse homogen und die Schwindung wird verringert.
Man unterscheidet zwei Verfahren, bei denen jeweils Gipsformen benötigt werden:

A: Der Hohlguss
Man verwendet hierzu eine mehrteilige (in der Regel dreiteilige) hohle Gipsform, die mit Gummibändern zusammengehalten wird. In diese wird Gießmasse eingegossen, bis sie vollständig gefüllt ist. In der keramischen Industrie steht die Form zudem auf einer langsam rotierenden Scheibe, sodass die Masse gut an die Forminnenseite gedrückt wird. Der Gips entzieht der Masse Wasser, wodurch allmählich eine festere Schicht entsteht. Sobald die gewünschte Schichtstärke erreicht ist, wird der überschüssige Schlicker abgegossen. Nach einiger Zeit der Antrocknung, sobald sich der Ton von der Form gelöst hat, kann diese geöffnet und der Gegenstand vollständig getrocknet werden. Gussnähte und überflüssige Teile werden im lederharten Zustand „verputzt".
Der Hohlguss ermöglicht die Herstellung auch nicht rotationssymmetrischer Stücke, wobei sogar Bestandteile wie Schnaupen, Tüllen, Henkel oder plastische Dekore in einem Zug mitgegossen werden können. Die Technik eignet sich sowohl für den handwerklichen wie auch für den industriellen Bereich. Für die Massenproduktion in der Industrie verwendet man heute wegen der Arbeitserleichterung spezielle Massezuführungssysteme.

B: Der Flachguss
Hierbei wird der Zwischenraum zwischen den Gipsformhälften über ein Anguss-System voll ausgegossen, das Produkt entspricht also dem Hohlraum der verwendeten Form. Diese Technik wird oft zum Gießen von Deckeln oder Henkeln verwendet.

2.7 Das **Extrudieren** dient zur Herstellung von Rohren, Schläuchen und Halbzeugen. Dabei wird meist Granulat im Extruder plastifiziert, verdichtet und homogenisiert. Durch ein vorgeschaltetes Werkzeug erhält der plastische Kunststoff seine Form.

Beim **Spritzgießen** erzeugt man Einzelteile von hoher Präzision, z.b. Flaschenkästen, Gerätegehäuse und Eimer. Die von der Spritzeinheit erzeugte plastische Kunststoffmenge wird über ein Anguss-System in das Werkzeug der Schließeinheit gepresst, wo es seine Form erhält und abkühlt.

Durch **Extrusionsblasformen** erhält man verschiedenste Hohlkörper (Flaschen, Kanister, Tanks). Dabei wird ein von einem Extruder erzeugter plastischer Kunststoffschlauch durch ein zweiteiliges Hohlwerkzeug luftdicht abgequetscht und anschließend mit Druckluft aufgeblasen, sodass er dessen Innenform annimmt und an der Werkzeugwand abkühlt.

3   Fachgerechte und gestaltende Verarbeitung

3.1

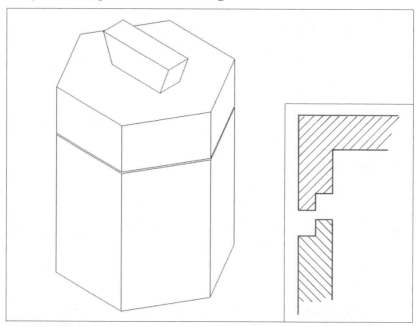

Gesamtansicht Dose   Detail Passung

3.2   Zur Herstellung der Dose verwendet man die **Plattentechnik**. Hierzu wären folgende Gründe anzuführen:
Die Form des Werkstücks erfordert lediglich ebene Flächen, welche mit dieser Technik am schnellsten und einfachsten herzustellen sind.
Da beim Zusammenbau auch keine besonders große Plastizität der Masse erforderlich ist, kann man eine stark gemagerte Tonsorte wählen und so deren Vorteil (geringere Schwindung und damit geringere Rissgefahr beim Trocknen und Brennen) nutzen.

Tonplatten lassen sich durch Walzen über zwei gleich starken Leisten auch leicht in einheitlichen Stärken herstellen, wodurch sich Schwindungsdifferenzen vermeiden lassen.
Der Zusammenbau der Platten (anrauen, andrücken und gut verstreichen; evtl. unter Zuhilfenahme von Schlicker) erfordert zudem einen relativ geringen Zeit- und Arbeitsaufwand.

3.3

Arbeitsschritte	Werkzeuge und Hilfsmittel
Formen eines rechteckigen Tonklotzes durch Schlagen	kunststoffbeschichtete Tischplatte
Abschneiden einer Platte (größere Materialstärke als spätere Wandstärke der Dose)	gleich starke Leisten Tonschneider
Auswalzen der Platten auf die richtige Wandstärke	gleich starke Leisten Rundholzstab/Nudelwalze
Zuschneiden der Platten auf die jeweils erforderliche Form und Größe	Holzleiste als Anschlag Messer
Zusammenbau des Gesamtkörpers (Dose und Deckel) durch Anrauen, Andrücken und gutes Verstreichen	Messer evtl. Schlicker oder zusätzliche Tonwülste von innen
Anfertigung und Anbau des Deckelgriffs	Holzleiste Messer
Antrocknen bis zum lederharten Zustand	evtl. leichte Abdeckung durch Folien
Deckelteil im lederharten Zustand sauber abtrennen	Holzleiste Messer
Falze im Deckel- und Dosenunterteil einschneiden und überschüssiges Material entfernen	Holzleiste Messer
gegebenenfalls Flächen überarbeiten	Holzleisten Messer und andere Hilfsmittel

4 Gesundheits- und Umweltschutz, Umgang mit Arbeitsmitteln

– Zum Arbeiten mit Ton ist eine geeignete Arbeitsfläche erforderlich, an der das Material wenig festklebt und die leicht zu reinigen ist. Geeignet sind vor allem kunststoffbeschichtete Tischplatten.
– Die Reinigung des Arbeitsplatzes und der Werkzeuge erfolgt unmittelbar nach Beendigung der Arbeit, damit sich beim nächsten Werkvorgang nicht angetrocknete Tonreste in das frische Material mischen können.
– Arbeitsflächen sollten feucht gereinigt werden, um unnötige Staubentwicklung zu vermeiden.
– Werkzeuge müssen nach der Reinigung gut getrocknet werden, damit Holzteile nicht zu sehr aufquellen bzw. Metallteile nicht zu rosten beginnen.
– Kleinere Tonabschnitte, die während der Verarbeitung anfallen, fügt man sofort zu größeren Einheiten zusammen, damit kein zu großer Feuchtigkeitsverlust im Material entsteht.
– Restliche Tonvorräte, die gerade nicht zur Arbeit verwendet werden, sollten z. B. in Folien verpackt und so vor Austrocknung geschützt werden.

5   Werkbetrachtung

Kriterium	Umsetzung beim abgebildeten Werkstück
Fassungsvermögen	Grundsätzlich bietet die Kugelform im Verhältnis zur Oberfläche das größte Volumen. Aus optischen Gründen ist die Grundform hier etwas „deformiert", um eine schöne Konturspannung zu erreichen.
Standfestigkeit	Die Standfläche des Kruges ist groß genug und verhindert so, dass das Gefäß leicht umkippt.
Ausgusseigenschaften	Die passend ausgeformte Schnaupe ermöglicht ein tropffreies Ausgießen des Inhalts. Der Henkel ist so geformt und angesetzt, dass der Krug gut angefasst und bequem in die Schräglage versetzt werden kann.

1   Bedeutung des Werkstoffs

Mit dem Material Holz verbindet der Mensch ein Gefühl von Natürlichkeit und Wärme. Dieses Empfinden und viele weitere positive Eigenschaften machen es seit jeher zu einem begehrten Werkstoff in vielen Bereichen unseres Lebens, wie beispielsweise im Hausbau und im Innenausbau.

1.1   Nennen Sie vier weitere traditionelle Bereiche, in denen Holz verwendet wird. Fügen Sie je ein Beispiel mit einer jeweils anderen vorteilhaften Werkstoffeigenschaft hinzu.

1.2   Im Haus- und Innenausbau wird der Werkstoff Holz häufig auch durch andere Materialien ersetzt.
Finden Sie für die folgenden Anwendungsbeispiele einen geeigneten Ersatzwerkstoff und begründen Sie dessen Verwendung anhand zweier Vorzüge.

Beispiel	Ersatzmaterial	Begründung / Vorzüge
Fensterrahmen		
Fußbodenbelag		
Balkongeländer		
Treppen		

2   Werkstoffkunde und Werkzeuge

2.1   Beschriften Sie den Stammquerschnitt eines Baumes.

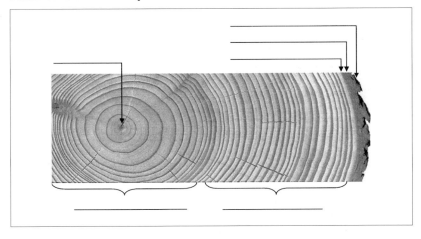

2.2 Die abgebildete Baumscheibe zeigt eine typische Erscheinung während des Trocknens. Erklären Sie die sichtbaren Veränderungen.

2.3 Im Sägewerk wird der Baumstamm zu seinen Handelsformen aufgetrennt.
Benennen Sie die Bretter nach ihrer Lage im Baumstamm.
Beschreiben Sie deren unterschiedliches Schwundverhalten und unterstützen Sie Ihre Aussage durch Schemazeichnungen.

Abb.: Baumstamm in der Gattersäge

2.4 Begründen Sie anhand von vier Aspekten, warum im Möbelbau Massivholz häufig durch Holzwerkstoffe ersetzt wird.

2.5 Beschreiben Sie den Aufbau einer Furnierplatte (Sperrholzplatte) und fertigen Sie dazu eine aussagekräftige Zeichnung.

2.6 a) Eine der gebräuchlichsten Sägen im Werkunterricht ist die Feinsäge.
Beschriften Sie die abgebildete Feinsäge und erläutern Sie, für welche Zwecke sie verwendet wird.

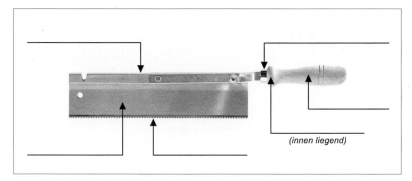

(innen liegend)

Verwendung:

_____

_____

_____

b) Erklären Sie die Fachbegriffe „auf Stoß" und „Schränkung".
Veranschaulichen Sie Ihre Ausführungen durch Detailzeichnungen.

3   Fachgerechte und gestaltende Verarbeitung
Sie haben die Aufgabe, in einer Materialkombination aus Ahornholzleisten, einer Holzwerkstoffplatte und Acrylglas ein Tablett herzustellen.

3.1   Wählen Sie eine geeignete klassische Holzverbindung, um die Rahmenteile sicher und fest miteinander zu verbinden. Zeichnen Sie eine räumliche Darstellung der Eckverbindung vor dem Zusammenfügen.

3.2   Für die Anfertigung der Griffe steht Ihnen eine Acrylglasplatte zur Verfügung. Der Kunststoff soll dabei auch thermisch verformt werden. Die Griffe sind mittels Verschraubung mit dem Rahmen zu verbinden.
Beachten Sie bei Ihrem Entwurf die Funktion ebenso wie eine ansprechende, zum Tablett passende Griffform. Stellen Sie Ihre Lösung zeichnerisch anschaulich dar.

3.3   Erstellen Sie eine Übersicht über die einzelnen Arbeitsschritte zur Herstellung der Griffe aus Acrylglas. Nennen Sie dabei auch die benötigten Werkzeuge und Werkhilfsmittel.

4   Gesundheitsschutz
Führen Sie Schutzmaßnahmen an, die Sie vor Verletzungen bei der Herstellung Ihres Werkstücks schützen.

Arbeitsverfahren	Schutzmaßnahmen
beim Stemmen	
beim Sägen	
beim thermischen Umformen	
beim Bohren	

5 Werkbetrachtung

Beurteilen Sie die handwerkliche Verarbeitung der in 3.1 gewählten Holzeckverbindung sowie der Kunststoffgriffe Ihres Werkstückes.

_____

_____

_____

_____

_____

_____

_____

_____

Lösungsvorschläge

1 Bedeutung des Werkstoffs

1.1

Bereich	Beispiel	Eigenschaften
Instrumentenbau	Gitarre	gute Klangeigenschaften diverser Holzarten (sog. Klanghölzer)
Möbelbau	Schränke	schönes Aussehen (Farben, Maserungen)
Spielzeuge	Spielzeugauto	keine Schadstoffe
Kunst	Skulpturen	leichte Bearbeitung

1.2

Beispiel	Ersatzmaterial	Begründung / Vorzüge
Fensterrahmen	Kunststoff	verwitterungsbeständig
		wartungsfrei
Fußbodenbelag	Keramik	hohe Abriebhärte
		für Fußbodenheizung gut geeignet
Balkongeländer	Stahl	hohe Stabilität
		vielfältige Formbarkeit
Treppen	Stein	hohe Oberflächenhärte
		hohe Belastbarkeit

2   Werkstoffkunde und Werkzeugpflege

2.1

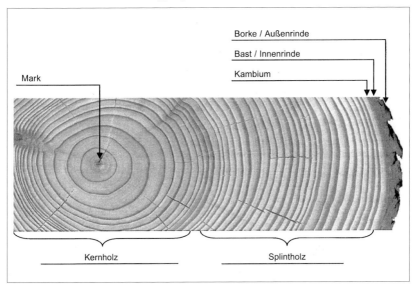

2.2   In der Abbildung erkennen wir den Scheibenabschnitt eines Kernholzbaumes (bestehend aus Kern- und Splintholz).
Das Splintholz im Außenbereich des Stammes führt wesentlich mehr Wasser als das Kernholz in der Stammmitte. Bei der Trocknung gibt es daher entsprechend mehr Wasser ab und schwindet somit stärker. Die dadurch entstehenden Spannungen im Holz entladen sich in Rissen, die bis in den Kern reichen können.

2.3

Benennung	Schwundverhalten	Skizze
Kernbrett (Herzbrett)	Kernbretter besitzen zwei linke (stammäußere) Seiten. Sie werfen sich daher nicht, sondern schwinden nur an den Rindenkanten außen stärker als in der Mitte.	
Mittelbrett	Mittelbretter enthalten viel Mittelholz mit sog. stehenden Jahresringen. Da sie dadurch weniger Wasser enthalten, schwinden und werfen sie sich nicht so stark wie die Seitenbretter.	
Seitenbrett	Seitenbretter enthalten viel Außenholz mit sog. liegenden Jahresringen. Da sie sehr viel Wasser enthalten, schwinden und werfen sie sich wesentlich stärker als die Mittelbretter.	

2.4 – Holzwerkstoffe arbeiten nicht. Sie verziehen sich dadurch nicht und können so wesentlich einfacher verarbeitet werden. Eine Rahmen-Füllung-Konstruktion z. B. ist bei ihnen daher nicht nötig.
– Bei richtiger Behandlung quellen und schwinden Holzwerkstoffe nicht. Sie sind deshalb immer maßhaltig, eine Vorbedingung, die vor allem bei Einbaumöbeln sehr wichtig ist.
– Holzwerkstoffe können in großen Plattenformaten hergestellt werden.
– Zur Herstellung von Holzwerkstoffen können teilweise auch Abfallholz oder mindere Qualitäten für Innenschichten verwendet werden. Viele Holzwerkstoffe sind daher deutlich preisgünstiger als vergleichbares Massivholz.

2.5 Die Furnierplatte (Sperrholzplatte) besteht aus einer ungeraden Anzahl von Furnieren, welche immer im rechten Winkel zueinander verleimt werden. Damit heben sich die Zugwirkungen der Verleimung gegenseitig auf und die Maserungen beider Außenseiten verlaufen in gleicher Richtung.
Da sich die Wurfrichtungen überkreuzen, ist die Platte auch gegen das Verziehen „gesperrt".
Sperrhölzer gibt es in den verschiedensten Qualitäten, Plattenstärken und Verleimungen sowie in unterschiedlichen Holzarten.
Besonders starke und somit sehr verwindungssteife Furnierplatten werden auch als Multiplexplatten bezeichnet. Sie sind sehr hochwertig.

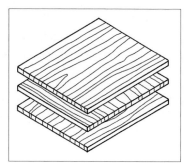

2.6 a)

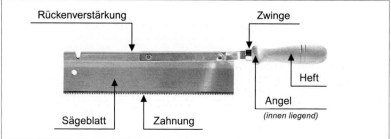

Verwendung: Die Feinsäge verwendet man für feinere, gerade Schnitte in nicht zu starkem Material, da durch die Rückenverstärkung die Schnitttiefe recht begrenzt ist.

b)

Begriffe	Erklärung	Skizze
auf Stoß	Das Werkzeug verrichtet den Arbeitsgang belastet vom Körper weg und wird entlastet zurückgezogen. Bei Sägen, die auf Stoß arbeiten, liegt die Zahnbrust (geschärfte Kante) vorn, der Zahnrücken (ungeschärfte Kante) hinten.	

Schränkung	Die Sägezähne werden abwechselnd nach außen gestellt, damit die Sägefuge knapp breiter wird als das Sägeblatt. Damit wird vermieden, dass dieses im Schnitt klemmt.	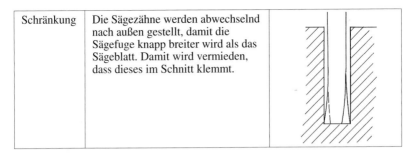

3 Fachgerechte und gestaltende Verarbeitung

3.1 Eine geeignete, klassische und gut haltbare Holzverbindung ist die gerade Zinkung (auch Fingerzinkung genannt).

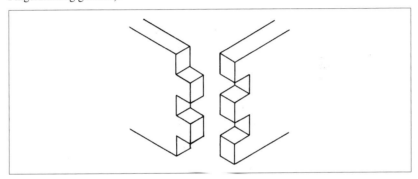

3.2

Abb.: Griffinnenseite

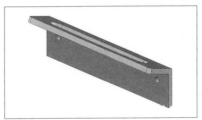

Abb.: Griffaußenseite

Darstellung linear

Arbeitsschritte	Werkzeuge und Hilfsmittel
Herstellen einer Schablone (in Form einer Abwicklung) aus Karton mit Kennzeichnung der Bohrungsmittelpunkte	Bleistift Lineal/Geodreieck Schere oder Cuttermesser
Zurichten der Ausgangsflächen für die beiden Griffe in den entsprechenden Abmessungen, z. B. durch Sägen oder Ritzbrechen	Laubsäge und Laubsägetisch Kunststoffritzmesser Stabmaß als Anschlag
Anzeichnen der Bohrungsmittelpunkte und Bohren der Schraublöcher sowie der Außenbohrungen für das Langloch	wasserfester Filzstift Anschlagwinkel Tischbohrmaschine HSS-Bohrer, Stufenbohrer Bohrunterlage aus Holz
vollständiges Aussägen des Langlochs (Seiten)	Laubsäge und Laubsägetisch
Ansenken der Schraublöcher	Kegelsenker Tischbohrmaschine
Abrunden der oberen äußeren Griffkanten	Schraubstock mit weicher Beilage einhiebige Werkstattfeile
Abziehen der Schutzfolie und thermische Verformung in der Biegezone (ggf. auch beidseitig erhitzen)	Heizstab oder Heißluftgerät evtl. Abdeckungen zur Eingrenzung der Biegezonen
Überarbeitung der Kanten und Oberflächen	feine Nassschleifpapiere Polierpaste und Schwabbelscheibe (aufgespannt im Winkelschleifer oder der Tischbohrmaschine)

4 Gesundheitsschutz

Arbeitsverfahren	Schutzmaßnahmen
beim Stemmen	stets scharfe Stechbeitel benutzen Werkstück sicher einspannen vom Körper weg arbeiten
beim Sägen	Vorsicht beim Ansetzen der Säge Werkstück gut einspannen Werkzeug nicht durch zu hohen Druck verkanten
beim thermischen Umformen	auf heiße Werkzeuge und erhitzte Werkstoffe achten (hierzu auch Ordnung am Arbeitsplatz halten) für gute Lüftung sorgen (damit entstehende Dämpfe sich verflüchtigen können)
beim Bohren	nur scharfe und geeignete Bohrer verwenden Bohrer exakt senkrecht und fest einspannen Werkstoff beim Bohren gut festhalten oder aufspannen eng anliegende, aber bewegungsfreundliche Kleidung tragen, lange Haare zusammenbinden, Schmuckstücke wie Ketten ablegen

Holz-Eckverbindung	allgemeine Qualität der Holzbearbeitung (Sauberkeit der ausgeführten Arbeitsgänge, keine sichtbaren Bearbeitungsspuren usw.)
	Passgenauigkeit der Zinken (einheitliche Zinkenmaße, keine Lücken oder Überstände)
	fehlerlose Verleimung (kaum sichtbare Leimfugen, keine abgelaufenen Leimreste)
	exakter rechter Winkel
	saubere Überarbeitung der Oberfläche
Kunststoffgriffe	technische Qualität der spanenden Bearbeitung (Außenform, Griff- und Bohrlöcher)
	Qualität der thermischen Umformung (gleiche Winkel, Symmetrie)
	saubere Überarbeitung der Kanten und Oberflächen

1 Bedeutung des Werkstoffs

Kunststoffe sind Werkstoffe nach Maß und haben in verschiedenen Bereichen traditionelle Werkstoffe ersetzt.

1.1 Stellen Sie anhand von vier Bereichen mit konkreten Beispielen dar, welche verschiedenen Vorzüge die Kunststoffe jeweils aufweisen.

a) Bereich b) Gegenstandsbeispiel	Traditioneller Werkstoff	Vorzüge des Kunststoffes (je 2)
1 a)		
1 b)		
2 a)		
2 b)		
3 a)		
3 b)		
4 a)		
4 b)		

1.2 Kunststoffe eignen sich für eine Massenproduktion in besonderer Weise. Erläutern Sie die Notwendigkeit, Vorteile und Probleme der Massenproduktion.

Abb.: serielle Kunststoff-Massenprodukte

2 Werkstoffkunde und Arbeitsverfahren

2.1 Nennen Sie Ausgangsstoffe für die Kunststoffherstellung. Unterscheiden Sie dabei halbsynthetische Kunststoffe (aus Umwandlung von Naturstoffen) und vollsynthetische Kunststoffe.

	Ausgangsstoffe		
Halbsynthetische Kunststoffe			
Vollsynthetische Kunststoffe			

2.2 Bei der chemischen Synthese werden drei Herstellungsverfahren unterschieden. Benennen Sie diese und beschreiben Sie eines davon genauer.

2.3 Das abgebildete Kunststofferzeugnis wurde durch ein industrielles Formungsverfahren produziert. Benennen Sie dieses und beschreiben Sie den Formungsprozess.

_____

_____

_____

_____

_____

_____

_____

2.4 Die dargestellten Schemazeichnungen zeigen weitere Formungsverfahren. Benennen Sie diese und führen Sie jeweils ein typisches Produkt an.

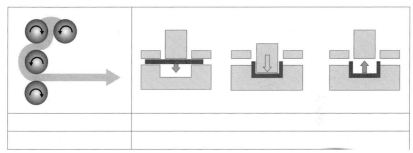

2.5 Acrylglas ist aufgrund seiner vorteilhaften Eigenschaften ein häufig verwendeter Kunststoff. Führen Sie vier Eigenschaften an und ergänzen Sie jeweils eine entsprechende Anwendungsmöglichkeit.

Eigenschaft	Anwendungsmöglichkeit

2.6 Sie sollen eine 3 mm starke Acrylglasplatte entlang einer geraden Linie trennen. Neben dem Sägen haben Sie ein weiteres Trennverfahren kennengelernt. Benennen und beschreiben Sie dieses unter Zuhilfenahme einer Skizze.

3 Fachgerechte und gestaltende Verarbeitung
Sie haben die Aufgabe, im Rahmen eines Design-Wettbewerbs den Prototyp eines Eierbechers bzw. Eierhalters aus Acrylglas zu entwerfen. Das Werkstück soll aus einem Stück bestehen (nicht gefügt). Die zur Verfügung stehende Acrylglasplatte ist sowohl mechanisch zu bearbeiten als auch thermisch zu verformen.

3.1 Veranschaulichen Sie Ihre Designidee in einer aussagekräftigen räumlichen Darstellung und einer maßstabsgetreuen Abwicklung. Der Durchmesser für die Öffnung, in der das Ei Halt findet, soll 4 cm betragen.

3.2 Erstellen Sie einen tabellarischen Arbeitsplan, der alle Arbeitsschritte sowie Werkzeuge und Hilfsmittel berücksichtigt. Ergänzen Sie gegebenenfalls wichtige Arbeitshinweise.

4 Gesundheits- und Umweltschutz

4.1 Führen Sie je drei Maßnahmen auf, die zur Vermeidung von Gesundheitsgefahren beim Warmverformen und beim Bohren von Kunststoffen getroffen werden müssen.

Warmverformen von Kunststoffen:
Bohren von Kunststoffen:

4.2 Das wichtigste Ausgangsmaterial für die Kunststoffherstellung ist Erdöl, ein nicht nachwachsender Rohstoff. Diese begrenzte Ressource erfordert ein Umdenken beim Verbraucher. Erläutern Sie, wie Sie sich in diesem Zusammenhang umweltbewusst verhalten können.

5 Werkbetrachtung
Nennen Sie drei übergeordnete Kriterien, nach denen die Jury des Design-Wettbewerbs Ihr Werkstück aus Aufgabe 3 beurteilen könnte, und führen Sie hierzu jeweils einzelne Aspekte an.

1   Bedeutung des Werkstoffs

Die Bedeutung von Metall als Werkstoff lässt sich daran bemessen, dass man sogar Zeitalter danach benannte.

1.1   Nennen Sie ein solches Zeitalter und erläutern Sie die Bedeutung des Metalls für diese Epoche. Geben Sie dabei auch Beispiele für die Verwendung an.

1.2   Unsere heutige Zeit könnte man als „Kunststoffzeitalter" bezeichnen. Belegen Sie diese Aussage anhand von zwei Bereichen, in denen Kunststoffe teilweise den Werkstoff Metall verdrängt haben.

Bereich	Beispiel	Vorteilhafte Eigenschaften der Kunststoffe (je 2)

2   Werkstoffkunde, Arbeitsverfahren und Werkzeuge

2.1   Beschreiben Sie den Hochofenprozess zur Herstellung von Roheisen aus Eisenerz.

2.2   Roheisen wird in der Regel zu Stahl weiterverarbeitet. Erklären Sie kurz den chemischen Vorgang bei der Stahlgewinnung.
Stellen Sie drei vorteilhafte Eigenschaften von Stahl gegenüber Eisen dar.

Abb.: Beim Stahlgewinnungsprozess

2.3 Metalle lassen sich in Eisenmetalle und Nichteisenmetalle einteilen. Ergänzen Sie die nachfolgende Übersicht.

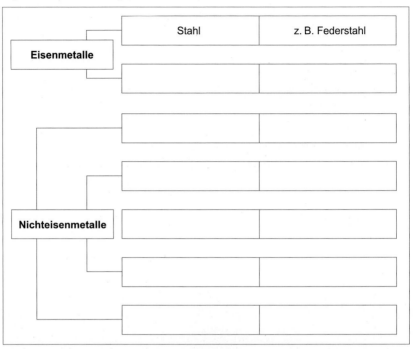

| Stahl | z. B. Federstahl |

Eisenmetalle

Nichteisenmetalle

2.4 Wählen Sie aus den konkreten Beispielen der Nichteisenmetalle (Frage 2.3) drei aus und ordnen Sie diesen jeweils zwei besondere Eigenschaften und dazu passende Verwendungsmöglichkeiten zu.

Nichteisenmetall	Besondere Eigenschaft	Entsprechende Verwendungsmöglichkeit

2.5 Die Bearbeitung von Metallen erfordert den fachgerechten Einsatz von Metallwerkzeugen. Geben Sie den jeweiligen Verwendungszweck der folgenden Werkzeuge an.

Werkzeug	Werkvorgang/Verwendung
Reißnadel	
Körner	
Schneideisen	
Kunststoffhammer	
Seitenschneider	
Punze	

2.6 Zeichnen und beschriften Sie einen Seitenschneider.

2.7 Das Bohren in Metall unterscheidet sich vom Bohren in Holz. Stellen Sie vier Aspekte gegenüber.

3 Umweltschutz

Metalle sind wertvolle Rohstoffe, die nur in begrenzten Mengen vorkommen (siehe Grafik). Erläutern Sie vier Grundsätze für einen umweltbewussten Umgang mit Metallwerkstoffen und -produkten.

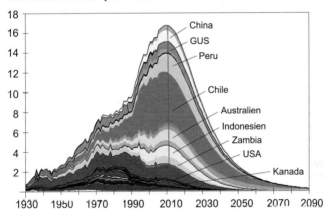

Grafik:
Fördermengen von Kupfer (Mio T pro Jahr), 1930–2100.
Kupfer ist das in der Industrie am meisten verarbeitete Metall.

4 Fachgerechte und gestaltende Verarbeitung, Gesundheitsschutz

Anlässlich einer Landesgartenschau soll eine Fußgängerbrücke aus Metall in Skelett-bauweise errichtet werden. Hierzu findet eine Wettbewerbsausschreibung statt. Sie haben die Aufgabe, dafür einen eigenen Entwurf als Drahtgittermodell anzufertigen, bei dem die Strebekonstruktion in der Technik des Weichlötens ausgeführt wird.

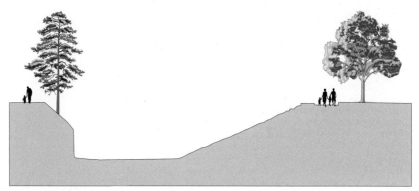

Abb.: Schnittdarstellung der Geländesituation

4.1 Stellen Sie Ihren Entwurf, der die Auflage-, Geländer- und eventuelle Stützenkonstruktion zeigt, in einer Hauptansicht zeichnerisch dar. (Zeichnung auf Extrablatt!)

4.2 Informieren Sie über die Arbeitsschritte, die beim Weichlöten auszuführen sind, um eine haltbare Lötverbindung zu gewährleisten.

4.3 Stellen Sie drei möglichen Unfallgefahren beim Löten entsprechende Schutzmaßnahmen gegenüber.

Unfallgefahr	Schutzmaßnahme
•	•
•	•
•	•

5 Werkbetrachtung

Nennen Sie Kriterien, die Ihr Brückenmodell erfüllen muss, um die Wettbewerbs-Jury zu überzeugen.

Lösungsvorschläge

1 Bedeutung des Werkstoffs

1.1 Kupfer war zwar das erste Metall, das der Mensch aus Erzen durch einen metallurgischen Prozess gewann (Kupfersteinzeit), seine Nachteile, z. B. die geringe Härte und die relativ schlechte Gießbarkeit (Neigung zur Lunkerbildung) führten jedoch gegen Ende des 3. Jahrtausends v. Chr. zur Entwicklung der Bronze als echter Werkstoffalternative zum Stein. Entsprechend wird die gesamte Epoche technisch als Bronzezeit bezeichnet. Die Legierung des Kupfers mit Zinn ergab ein Metall, das wesentlich härter sowie besser gießbar war und das zudem einen niedrigeren Schmelzpunkt aufwies. Dadurch war es vielseitig einsetzbar für Waffen (Rundschilde, Schwerter, Lanzen, Dolche, Pfeilspitzen, Äxte) und Rüstungen (Helme, Brustpanzer, Beinschienen), Werkzeuge (Hämmer, Meißel), Gefäße (Kessel) und Schmuck (Ketten, Armreife, Ringe, Fibeln). Auch im kultischen Bereich fand es Verwendung.

Da der Besitz von Metall mit hohem Prestige, Reichtum und Macht verbunden war, erfolgte eine zunehmende soziale Differenzierung der Gesellschaften nach innen (Entstehen einer reichen Oberschicht) sowie nach außen in der Überlegenheit gegenüber anderen Gruppen.

Der Drang nach dem neuen, begehrten Material begünstigte auch einen rasch einsetzenden Handel mit Grundmetallen und Fertigprodukten. Während es Kupferlagerstätten häufiger gab, konnten Zinnvorkommen nur an wenigen Orten aufgefunden werden. Dazu entstanden neue Metallberufe, wie diejenigen der Bergleute, Schmelzmeister und Bronzegießer. Als Techniken kannte man bereits den offenen und verdeckten Herdguss, das Wachsausschmelzverfahren sowie das Treiben von Bronzeblechen mit zwischenzeitlichem Ausglühen.

1.2

Bereich	Beispiel	Kunststoffeigenschaften
Automobilherstellung	Stoßstangen	höhere Elastizität geringes Gewicht hohe Korrosionsbeständigkeit
Herstellung von Hohlkörpern	Kanister Flaschen Tanks	leichte Formbarkeit billige Herstellung geringes Gewicht

2 Werkstoffkunde, Arbeitsverfahren und Werkzeuge

2.1 Im Hochofen erfolgt neben dem Aufschmelzen des Materials auch eine Reduktion der Eisenoxid-Verbindungen.

Folgende Einsatzstoffe werden durch den Glockenmechanismus der Gicht von oben abwechselnd eingefüllt:

A: Der **Möller**
Er besteht aus einem Gemisch von aufbereiteten Eisenerzen und sog. Zuschlägen (z. B. Dolomit oder Kalkstein), welche die Aufgabe haben, die restliche Gangart in der Schlacke zu binden.

B: Der **Koks**
Er entsteht durch die Verkokung von Steinkohle und besteht daher aus fast reinem Kohlenstoff. Dieser dient einerseits als Energielieferant, andererseits als Reduktionsmittel, indem er den Sauerstoff aus dem Eisenoxid an sich bindet.

Die Reduktion selbst erfolgt in zwei Schritten:

A: Die **indirekte Reduktion**

In der Verbrennungszone vor den Windformen entsteht durch die Verbrennung von Koks Kohlenstoffmonoxid, ein heißes Gas, welches leichter ist als Luft und daher im Schacht aufsteigt. Bereits hier bindet es aufgrund seiner höheren Affinität jeweils ein Sauerstoffatom aus dem Eisenoxid an sich, wird so zu Kohlenstoffdioxid und heißem Gichtgas.

Dieses heizt – gereinigt und entstaubt – die eingeleitete Kaltluft in den Winderhitzern auf. Der auf diese Weise erzeugte Heißwind wird über die Ringleitung und die Windformen in den Hochofen gepresst und ermöglicht so die Verbrennung ohne zu hohe Energieverluste.

Diese indirekte Reduktion ist jedoch noch nicht vollständig.

B: Die **direkte Reduktion**

Sie erfolgt im unteren Teil des Hochofens durch den heißen Koks-Kohlenstoff selbst. Nunmehr ist das Eisenoxid vollständig zu metallischem Eisen reduziert.

Beim Durchlaufen der Kokssäule nimmt das flüssige **Roheisen** bis zu 4 % Kohlenstoff auf. Die geschmolzene Schlacke ist leichter, sie schwimmt daher als flüssige Schicht über dem Roheisen und schützt es dabei vor erneuter Oxidation.

Nach dem Abstich werden beide Schmelzen zu Gusseisen oder Stahl bzw. zu Baustoffen weiterverarbeitet.

2.2   Die Stahlerzeugung verfolgt folgende Ziele:
- Senkung des Kohlenstoffgehalts auf unter 2 %
- Entfernung unerwünschter Begleitelemente
- Zugabe von Legierungsmitteln

Roheisen enthält bis zu 4 % Kohlenstoff sowie weitere oft unerwünschte Begleitelemente (z. B. Phosphor oder Schwefel), wodurch es für eine spanlose Umformung durch Schmieden, Walzen, Pressen oder Ziehen nicht geeignet wäre. Durch das Einblasen von reinem Sauerstoff bei den Oxygen-Blasverfahren wird ein Teil des Kohlenstoffs gebunden und sein Gehalt somit vermindert. Durch Zuschläge werden unerwünschte Begleitelemente verschlackt, die jeweils für die gewünschte Stahlsorte erforderlichen Legierungszusätze werden anschließend zugegeben.

Stähle sind demzufolge spanlos umformbar, besitzen im Vergleich zu Gusseisen allgemein eine höhere Zugfestigkeit und können durch die entsprechenden Legierungszusätze in ihren Eigenschaften gemäß ihrem Verwendungszweck optimiert werden (vgl. verschiedene Stahlsorten mit den unterschiedlichsten Eigenschaften wie weich-plastisch, hart-elastisch, nicht rostend usw.).

2.3

| Eisenwerkstoffe | Stahl | z. B. Federstahl |
| | Eisen-Gusswerkstoffe | Grauguss |

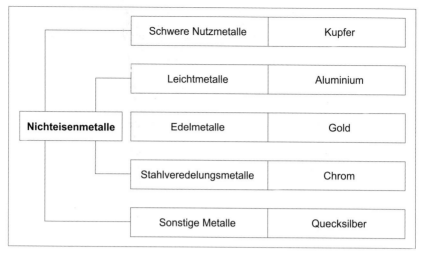

	Schwere Nutzmetalle	Kupfer
	Leichtmetalle	Aluminium
Nichteisenmetalle	Edelmetalle	Gold
	Stahlveredelungsmetalle	Chrom
	Sonstige Metalle	Quecksilber

2.4

Nichteisenmetall	besondere Eigenschaft	Verwendung
Kupfer	korrosionsbeständig (bildet Patina)	Dacheinblechungen
	emaillierbar	Emailschmuck
Silber	keimabtötend	chirurgische Bestecke
	vielseitig legierbar	Schmuck, Münzmetall
Aluminium	leicht	Flugzeugbau
	plastisch-weich (sofern nicht legiert)	Alufolien

2.5

Werkzeug	Werkvorgang / Verwendung
Reißnadel	Anreißen von Linien auf Metallflächen
Körner	Ankörnen von Punkten auf Metallflächen, z. B. Bohrungsmittelpunkte, Kontrollpunkte
Schneideisen	Schneiden von Außengewinden / Bolzengewinden
Kunststoffhammer	Verformen von weichen Metallen ohne Verletzung der Oberflächen (z. B. Richten, Runden, Abkanten)
Seitenschneider	Ablängen von dünneren Drähten
Punze	Punzieren von Oberflächen (gehärtete Punzenprofile werden mittels Hammerschlägen als Vertiefung in die Metalloberfläche geschlagen; Muster oder Ornamente durch Aneinanderreihung)

2.6

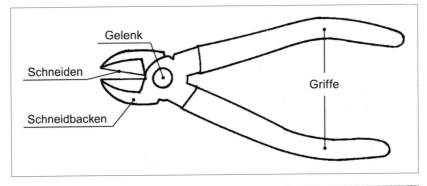

Labels: Gelenk, Schneiden, Schneidbacken, Griffe

2.7

Bohrungen in Holz	Bohrungen in Metall
ungehärtete Bohrer (Holzspiralbohrer, Forstnerbohrer, Schlangenbohrer u. a.)	durchgehärtete Bohrer (HSS-Bohrer)
Bohrungsmittelpunkt wird nur angerissen (Bohrer besitzt Ansatzspitze)	Bohrungsmittelpunkt wird angekörnt (HSS-Bohrer mit Querschneide)
Material kann in der Regel mit der Hand gehalten werden	Material muss grundsätzlich im Maschinenschraubstock aufgespannt werden
Kühlmittel nicht nötig	Kühlung durch Wasser, Öl oder Bohremulsionen

3   **Umweltschutz**
   – Abfallmetalle sammeln und dem Recycling zuführen!
   Metalle sind wertvolle Rohstoffe und werden oft nur mit hohem Aufwand an Technik und Energie gewonnen. Eine Wiederaufbereitung schont die natürlichen Ressourcen und spart Energie.
   – Möglichst wenig Abfall erzeugen!
   Durch geschickte Planung und Vermeidung eines unnötigen Verbrauchs kann allgemein Material gespart werden.
   – Metalle und Metallprodukte mehrmals verwenden!
   Reste können aufbewahrt und für spätere kleinere Arbeiten genutzt werden. Alufolien, Nägel oder Schrauben können oft auch mehrmals Verwendung finden.
   – Sinnvolle Alternativwerkstoffe verwenden!

4   **Fachgerechte und gestaltende Verarbeitung, Gesundheitsschutz**

4.1   Die Brücke wird in das Gelände eingespannt. Die Auflage erfolgt in Betonfundamenten, welche in den Boden eingelassen und somit kaum sichtbar werden. Die Bogenkonstruktion des Bauwerks ergibt eine erhöhte Tragfähigkeit trotz der filigranen Strebekonstruktion.

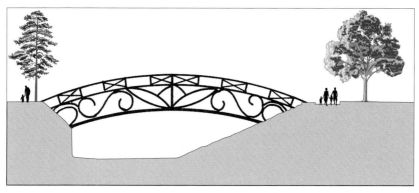

4.2 **Arbeitsschritte:**

1 Die Lötstelle muss von Fetten/Ölen, Schmutz und Oxidschichten gereinigt werden, damit das Lot in den Werkstoff eindringen kann. Dessen Oberfläche muss metallisch rein sein.

2 Dann werden Löt- und Flussmittel (Lötfett oder Lötwasser) aufgetragen, damit die Lötstelle beim Erhitzen nicht wieder oxidiert.

3 Anschließend werden die zu verlötenden Werkstoffteile gut zusammengespannt, damit ein enger Lötspalt entsteht, in den das Lot verschießt.

4 Das Material wird nunmehr bis zur Arbeitstemperatur erhitzt.

5 Das Lot (Zinnlot) wird an der heißen Lötstelle angesetzt und schmilzt an dieser ab. Es verschießt in die Lötfuge.

6 Die Lötung muss jetzt erschütterungsfrei abkühlen.

7 Abschließend wird die Lötstelle mit Seifenwasser und Stahlwolle gereinigt.

4.3

Unfallgefahr	Schutzmaßnahme
Verbrennungsgefahren durch heiße Lötwerkzeuge (Lötkolben, Gasbrenner) sowie durch heiße Werkstücke	• Konzentration bei der Arbeit • Ordnung am Arbeitsplatz • Lötwerkzeuge niemals im möglicherweise heißen Bereich anfassen • Werkstücke erschütterungsfrei und vollständig auskühlen lassen
schädliche Dämpfe der Flussmittel und Lote	Werkraum gut durchlüften
schadhafte oder defekte Lötwerkzeuge (z. B. Kabelschäden bei Lötkolben, defekte Gaszufuhr bei Gasbrennern)	derartige Lötwerkzeuge nicht verwenden, sondern durch intakte ersetzen

5 Werkbetrachtung

Um eine Wettbewerbs-Jury zu überzeugen, müssten folgende Kriterien eingehalten werden:

technische Kriterien	handwerklich qualitätsvolle Ausführung des Modellentwurfs (exakte Maße der Einzelteile, saubere Verlötung) materialsparende Konstruktion
funktionale Kriterien	stabile Konstruktion der Brücke durch gezielt eingesetzte Verstrebungen (damit eine sichere Begehung auch durch viele Besucher ermöglicht wird)
formale Kriterien	elegante Linienführung und Formgebung Einpassung in die Geländeform formal gelungene Einbindung in das Thema der Veranstaltung (Gartenschau)

1   Bedeutung des Werkstoffs
Kunststoffe gehören schon seit langem zu unserem
Alltag und sind heute wichtige, oftmals geradezu
unverzichtbare Werkstoffe.

1.1   Hermann Staudinger gilt als Pionier in der Entwicklungsgeschichte der Kunststoffe. Berichten Sie über
seine Verdienste.

1.2   Kunststoffe sind heute in vielen Bereichen traditionellen Werkstoffen überlegen. Zeigen Sie dies
anhand von konkreten Beispielen.

Abb.: Hermann Staudinger

Produktbeispiel	traditioneller Werkstoff	Vorteil von Kunststoff
	Metall	
	Holz	
	Glas	
	Ton	

1.3   Kunststoffe sind im Lebensmittelhandel heute als Verpackungsmaterial unverzichtbar.
Erläutern Sie die Notwendigkeit, die Vorzüge und die Problematik von Kunststoffverpackungen in diesem Bereich.

2   Werkstoffkunde und Arbeitsverfahren

2.1   Ein Syntheseverfahren in der Kunststoffproduktion ist die Polykondensation. Erklären
Sie diese und ordnen Sie zwei Kunststoffarten zu.

2.2   Kunststoffe lassen sich aufgrund ihres Verhaltens bei Wärmezufuhr bzw. ihrer molekularen Struktur in drei Gruppen einteilen – eine davon sind die Thermoplaste. Nennen
und beschreiben Sie die anderen beiden Gruppen hinsichtlich der genannten Merkma-
le.

Gruppe	
Molekulare Struktur	
Verhalten bei Wärmezufuhr	

Gruppe	
Molekulare Struktur	
Verhalten bei Wärmezufuhr	

2.3 Die abgebildete Schemadarstellung zeigt ein industrielles Formungsverfahren zur Herstellung von Hohlkörpern. Benennen Sie dieses Verfahren und beschreiben Sie den Vorgang.

2.4 Entscheiden Sie, ob die folgenden Aussagen zu weiteren industriellen Formungsverfahren zutreffen.

	ja	nein
Folien können sowohl durch Extrudieren als auch durch Kalandrieren hergestellt werden.	☐	☐
Hohlkörper sind typische Produkte des Spritzgussverfahrens.	☐	☐
Endlos lange Hohlprofile werden kalandriert.	☐	☐
Sowohl beim Spritzgießen als auch beim Extrudieren kommt eine Förderschnecke zum Einsatz.	☐	☐
Beim Tiefziehen kann sich die Wandstärke des Produkts verringern.	☐	☐
Bei der Herstellung von Styropor werden Treibmittel verwendet.	☐	☐

2.5 Bei der thermischen Bearbeitung von Kunststoffen im Werkunterricht stehen verschiedene Spezialwerkzeuge zur Verfügung. Nennen Sie diese und ordnen Sie jeweils einen entsprechenden Verwendungszweck zu.

Werkzeug	Verwendungszweck

3   Fachgerechte und gestaltende Verarbeitung
Sie haben die Aufgabe, für eine Wandleuchte einen einteiligen Schirm aus Acrylglas
zu fertigen. Dieser soll an der abgebildeten Halterung aus Metall zu befestigen sein.
Die zur Verfügung stehende Acrylglasplatte ist sowohl mechanisch zu bearbeiten als
auch thermisch zu verformen.

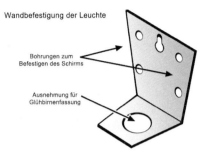

Wandbefestigung der Leuchte

Bohrungen zum
Befestigen des Schirms

Ausnehmung für
Glühbirnenfassung

3.1   Stellen Sie Ihre Idee anschaulich zeichnerisch dar.

3.2   Erstellen Sie einen tabellarischen Arbeitsplan, der alle Arbeitsschritte sowie Werkzeuge und Hilfsmittel berücksichtigt.

4   Gesundheits- und Umweltschutz

4.1   Nennen Sie vier Gefahren, die bei der Herstellung Ihres Werkstücks aus Aufgabe 3
auftreten können und führen Sie jeweils die entsprechenden Schutzmaßnahmen an.

4.2   Formulieren Sie zwei Maßnahmen, wie Sie bei der Herstellung Ihres Werkstücks umweltbewusst vorgehen.

5   Werkbetrachtung
Die Qualität Ihres Werkstücks kann durch Bearbeitungsfehler herabgesetzt werden.
Führen Sie mögliche Fehler bei der Bearbeitung von Acrylglas sowie geeignete Maß-
nahmen zu deren Vermeidung an. Entwickeln Sie hierzu eine Tabelle nach folgendem
Schema (auf dem Extrablatt).

	Mögliche Fehler	**Maßnahmen zur Fehler-vermeidung**
Einspannen		
Sägen		
Bohren		
Thermisches Umformen		

Lösungsvorschläge

1 Bedeutung des Werkstoffs

1.1 Hermann Staudinger (1881–1965)

war Professor für Chemie an mehreren technischen Hochschulen und gilt als einer der wichtigsten Begründer der Polymerchemie.

Er erforschte den Aufbau hochmolekularer Stoffe und ermöglichte durch seine Vorarbeit die technische Entwicklung wichtiger Kunststoffe, z. B. die des synthetischen Kautschuks.

Nachdem er erkannt hatte, dass Riesenmoleküle kettenförmig aus einzelnen Bausteinen durch Atombindung aufgebaut sind, prägte er 1922 den noch heute gebräuchlichen Begriff der „Makromoleküle".

1953 erhielt er den Chemie-Nobelpreis für das Verständnis der Makromoleküle.

1.2

Produktbeispiel	traditioneller Werkstoff	Vorteil von Kunststoff
Kraftstofftanks von Fahrzeugen	Metall	• korrosionsbeständig • leicht in kompliziertesten Formen herstellbar (erhöhter Inhalt) • preisgünstig in der Herstellung • stoßunempfindlicher
Styroporverpackungen	Holz (und Holzwolle)	• geringes Gewicht • stoßabfedernd • äußerst passgenau • preisgünstig in der Herstellung
elektrische Bauteile (z. B. Sicherungen)	Keramik	• geringes Gewicht • einfache Herstellung • leichtere Handhabung
Flugzeugfenster	Glas	• geringes Gewicht • höhere Schlagzähigkeit • kein Verlust an Lichtdurchlässigkeit • optimale Formbarkeit

1.3

Für den Lebensmittelbereich sind Kunststoffe heute unentbehrlich geworden. Da der Handel mittlerweile international und weltweit verknüpft ist und somit weite Transportwege unerlässlich sind, müssen die Waren hierfür sicher geschützt und konservierend verpackt sein. Dies wäre mit traditionellen Verpackungsstoffen oft nicht möglich.

Heutige, mit industriellen Landwirtschaftsmethoden erzeugte Massenproduktionen erfordern auch im Lebensmittelbereich die entsprechenden Mengen an Verpackungen, die schnell und einfach herstellbar und vor allem preisgünstig sein müssen, um diesen Unkostenfaktor möglichst gering zu halten.

Moderne Vertriebssysteme mit Supermärkten und Selbstbedienungsläden wären mit unverpackten Waren schon aus Gründen der Haltbarkeit und Hygiene nicht denkbar.

Kunststoffe bieten vor allem in dieser Hinsicht eminente Vorteile.

Hierzu gehören die Lebensmittelverträglichkeit bestimmter Kunststoffarten, das geringe Gewicht sowie ihre Stabilität und Verschleißfestigkeit. Kunststoffverpackungen können diffusionsoffen oder absolut dicht sein, sind geschmacksneutral und hygienisch und sorgen für eine längere Frischhaltung. Sie können mit einfachen und preisgünsti-

gen Verfahren (z. B. thermisches Vakuum-Tiefziehen) dem Inhalt genau angepasst oder mit einem exakten Fassungsvermögen produziert werden.
Probleme ergeben sich durch ihre Massenproduktion, die ein hohes Müllaufkommen sowie weitere Umweltprobleme bei nicht fachgerechter Entsorgung (z. B. wilde Deponierung, unsachgemäße Verbrennung, gedankenloser Umgang) mit sich bringt. Außerdem verbraucht man bei ihrer Herstellung Energie und fossile Rohstoffe, insbesondere Erdöl. Auch manche Inhaltsstoffe, z. B. Weichmacher, können aus gesundheitlicher Sicht eine zusätzliche Gefahr darstellen.

2 Werkstoffkunde und Arbeitsverfahren

2.1 Neben der Polymerisation und der Polyaddition ist die Polykondensation ein weiteres wichtiges Verfahren zur Gewinnung von Kunststoffen, die man entsprechend als Polykondensate bezeichnet.
Hierzu gehören Kunststoffsorten wie die Polyamide (z. B. Perlon und Nylon), Polyester, Pheno- und Aminoplaste sowie die Epoxidharze.
Für die Polykondensation benötigt man Monomere mit mindestens zwei unterschiedlichen, miteinander reaktionsfähigen Endgruppen. Die Reaktion verläuft stufenweise, sodass der Prozess für jeweils stabile, aber weiter reaktionsfähige Zwischenprodukte (sog. Oligomere) unterbrochen werden kann. Diese werden schließlich zu Makromolekülen verknüpft.
Der Begriff „Polykondensation" deutet bereits an, dass hierbei stets Reaktionsnebenprodukte wie Wasser, Chlorwasserstoff oder auch Ammoniak anfallen.

2.2

Gruppe	Duroplaste
Molekulare Struktur	Makromoleküle räumlich engmaschig vernetzt
	bilden ein hartes und starres Raumgitter
Verhalten bei Wärmezufuhr	erweichen bei Wärmezufuhr nicht
	bleiben in ihrer Form, sind wärmefest
	verbrennen ab einer bestimmten Hitzeeinwirkung

Gruppe	Elastomere
Molekulare Struktur	lose, weitmaschig räumliche Vernetzung
	gummielastisch und quellbar
Verhalten bei Wärmezufuhr	bleiben bei Erwärmung zunächst gummielastisch
	werden nicht thermisch formbar
	zersetzen sich bei zu hohen Temperaturen

2.3 Das abgebildete Formungsverfahren stellt das sog. **Extrusionsblasformen** dar.
Dabei wird ein – von einem Extruder erzeugter – plastischer Kunststoffschlauch in ein zweiteiliges, formgebendes Werkzeug geführt, welches ihn beiderseits luftdicht abquetscht. Über einen Blasdorn wird nunmehr Luft eingepresst. Diese bläht das Material auf und drückt es an die Innenwand des Werkzeugs. Hier kühlt es ab, erstarrt und erhält so dessen Form.
Das Verfahren dient zur einfachen Herstellung auch kompliziert geformter Hohlkörper wie Kraftstofftanks, Kanister und Flaschen.

2.4

	ja	nein
Folien können sowohl durch Extrudieren als auch durch Kalandrieren hergestellt werden.	☒	☐
Hohlkörper sind typische Produkte des Spritzgussverfahrens.	☐	☒
Endlos lange Hohlprofile werden kalandriert.	☐	☒
Sowohl beim Spritzgießen als auch beim Extrudieren kommt eine Förderschnecke zum Einsatz.	☒	☐
Beim Tiefziehen kann sich die Wandstärke des Produkts verringern.	☒	☐
Bei der Herstellung von Styropor werden Treibmittel verwendet.	☒	☐

2.5

Werkzeug	Verwendungszweck
Heizstab	schmale Erwärmungszone zum Biegen bei der thermischen Umformung
Heißluftgebläse	flächige Erwärmung zur thermischen Umformung oder zum Schweißen von Thermoplasten (mit entsprechender Aufsatzdüse)
Styroporschneider	thermisches Trennen von z. B. Styroporplatten

3 Fachgerechte und gestaltende Verarbeitung

3.1

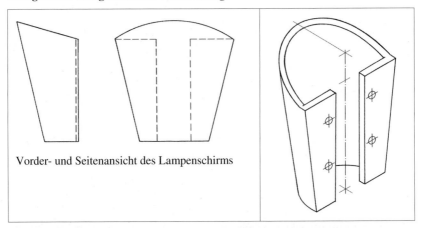

Vorder- und Seitenansicht des Lampenschirms

3.2

Arbeitsschritte	Werkzeuge und Hilfsmittel
Konstruktion einer Kartonschablone im Maßstab 1:1 (mit seitlichen Verbindungslaschen für die Wandhalterung)	Bleistift, Zeichengeräte (Zirkel, Lineal)
Ausschneiden der Schablone und Übertragen der Schablonenform auf das gewählte Acrylglas	Kartonschere / Cuttermesser, Folienstift, evtl. Stabmaß

Arbeitsschritte	Werkzeuge und Hilfsmittel
Aussägen der Form	Laubsäge, Laubsägetisch mit Schraubzwinge
Anzeichnen der Bohrlöcher für die Wandhalterung, Bohren und Ansenken der Bohrlöcher	Filzstift, Vorstecher/Körner, Tischbohrmaschine, HSS-Bohrer (mit angespitzter Seele) oder Stufenbohrer, Kegelsenker, Holzunterlage
Kanten feilen, schleifen und polieren	Flachfeile einhiebig, Schraubstock mit Schutzbeilagen, Nassschliffpapier, Schleifklotz, Polierpaste, Schwabbelscheibe und Einhandwinkelschleifer
Schutzfolie entfernen und Acrylfläche reinigen	weicher, feuchter Lappen
Platte thermisch umformen (zunächst Verbindungslaschen, anschließend Rundung)	Heißluftgerät, Heizstab (evtl. Ofen), Biegehilfen aus Holz (zuvor passend hergestellt)
Schirm mit der Wandhalterung von der Rückseite her verschrauben	Senkkopfschrauben (M-Gewinde), Beilagscheiben, Muttern, passendes Schraubwerkzeug

4   Gesundheits- und Umweltschutz

4.1

Gefahren	Schutzmaßnahmen
Handverletzungen an scharfen Graten	Vorsicht walten lassen, Kanten sauber feilen, schleifen und abschließend leicht „brechen"
Stäube bei der mechanischen Bearbeitung	Stäube möglichst nicht einatmen, evtl. Mundschutz tragen, Arbeitsplatz nur feucht reinigen
Verbrennungsgefahren beim thermischen Umformen	heißes Werkstück und Heizquellen nicht mit bloßen Händen anfassen, Vorsicht walten lassen, evtl. Schutzhandschuhe tragen
Dämpfe beim Erhitzen	möglichst nicht einatmen, evtl. Atemschutz tragen, gutes Belüften des Arbeitsplatzes

4.2   • Der Materialverbrauch sollte von vornherein so gering wie möglich gehalten werden.
Man sucht sich die passende Ausgangsgröße, zeichnet Material sparend an und sorgt so für wenig Abfall.
• Reststücke werden für weitere Arbeiten aufbewahrt und nicht einfach weggeworfen.
Unbrauchbare Abfallstücke werden sortenrein getrennt entsorgt und dem Recycling zugeführt.

5 Werkbetrachtung

	Mögliche Fehler	Maßnahmen zur Fehlervermeidung
Einspannen	Abdrücke in der Materialoberfläche	Schutzbeilagen (z. B. Filz oder Kork) verwenden.
	Risse im Material	Einspanndruck gleichmäßig verteilen und zu hohe Krafteinwirkung vermeiden.
Sägen	ungenauer Zuschnitt	Sägeschnitt im Abfallbereich an der Linie entlang.
	Sägekanten nicht im rechten Winkel	Laubsäge nicht verkanten, sondern stets senkrecht führen.
Bohren	Aussplitterungen an der Unterseite	Platte plan auflegen und gut an die Holzunterlage drücken.
	ungenaue Bohrungen	Bohrlöcher mit einem Achsenkreuz sauber anzeichnen und den Mittelpunkt mit einem Vorstecher oder Körner markieren, sodass der Bohrer auf der glatten Oberfläche nicht verläuft.
Thermisches Umformen	ungenaue Form durch Rückfedern des Werkstoffs	Werkstück bis zum völligen Erkalten in den Biegehilfen eingespannt lassen, leichte „Überformungen" in den Winkeln und der Biegung.
	Blasenbildung	Überhitzung des Werkstoffs unbedingt vermeiden, eventuell beidseitig erwärmen.

1   Bedeutung des Werkstoffs

Der Werkstoff Ton wird aufgrund seiner hervorragenden und vielfältigen Eigenschaften sowohl in traditionellen als auch zunehmend in technischen Bereichen verwendet.

1.1   Nennen Sie drei traditionelle Einsatzbereiche, in denen Keramik heute noch Anwendung findet. Führen Sie jeweils ein konkretes Beispiel an.

Bereich	Beispiel

1.2   Für den Einsatz in technischen Bereichen werden den keramischen Werkstoffen besondere Qualitäten abverlangt. Führen Sie sechs dieser Eigenschaften an.

Abb.: Bauteile aus technischer Keramik

1.3   Für die industrielle Massenproduktion eignen sich sowohl keramische Werkstoffe als auch Kunststoffe. Geben Sie Gründe an, weshalb sich der Werkstoff Kunststoff als Alternative für die Verfahren der Massenproduktion besonders anbietet.

2   Werkstoffkunde und Arbeitsverfahren

2.1   Die Eigenschaften von Ton werden durch Zusätze auf entsprechende Anwendungsmöglichkeiten abgestimmt. Unterscheiden Sie in diesem Zusammenhang „mageren" und „fetten" Ton hinsichtlich der jeweiligen Zusammensetzung, Eigenschaften und Verwendungsmöglichkeiten.

	Zusammensetzung/Eigenschaften
Fetter Ton	
Magerer Ton	

	Verwendungsmöglichkeiten
Fetter Ton	
Magerer Ton	

2.2 Für das Herstellen von Tonarbeiten werden im Werkunterricht verschiedene Aufbautechniken angewandt. Ergänzen Sie hierzu die Tabelle.

Aufbautechnik			
Schnittdarstellung (aussagekräftige Zeichnung)			
geeignet für			

2.3 Beschreiben Sie eine dieser Techniken genauer.

2.4 Tonwerkstücke müssen vor dem Gebrauch noch geschrüht werden. Beurteilen Sie hierzu die fachliche Richtigkeit folgender Aussagen:

	ja	nein
Die Werkstücke dürfen sich im Brennofen nicht berühren.	☐	☐
Beim Brennen entweicht auch das chemisch gebundene Wasser.	☐	☐
Die Brenntemperatur liegt bei ca. 1 250 °C.	☐	☐
Nach dem Brand ist das Werkstück wasserdicht.	☐	☐
Das Werkstück wird nach dem Schrühen als Scherben bezeichnet.	☐	☐
Durch den Brand verändert das Werkstück Farbe und Größe.	☐	☐

2.5 In der keramischen Industrie bietet das Gießverfahren die Möglichkeit, Gebrauchskeramik in großen Stückzahlen herzustellen, z. B. Teller.
Solche Produkte werden in der Kunststoffindustrie unter anderem im Spritzgussverfahren ausgeführt.
Beschreiben Sie das Verfahren des Spritzgießens.

Abb.: Kunststoffgeschirr, hergestellt im Spritzgussverfahren

3 Fachgerechte und gestaltende Verarbeitung

Bei der seriellen Fertigung von keramischen Gegenständen ist Gips ein wichtiges Hilfsmittel.
Sie haben die Aufgabe, eine Gipsform herzustellen, mit deren Hilfe eine Serie von Dessertschalen abgeformt werden kann.
Dazu stehen Ihnen eine fertige Urform und ein passender Formkasten zur Verfügung.

Abb.: Dessertschalen, seriengefertigt

3.1 Erstellen Sie einen Arbeitsplan, der alle wichtigen Arbeitsschritte enthält, ausgehend vom Anmachen des Gipsbreis bis hin zur gebrauchsfertigen Gipsform.
Gehen Sie dabei auch auf den Abbindevorgang von Gips ein.

3.2 Veranschaulichen Sie Ihre Ausführungen aus 3.1 mit einer beschrifteten Schnittdarstellung.

4 Umweltschutz

Im Gegensatz zu keramischen Gebrauchsgegenständen werden solche aus Kunststoff häufig als „Einwegprodukte" gefertigt. Stellen Sie dar, welche Auswirkungen sich dadurch für die Umwelt ergeben.

5 Werkbetrachtung

Vergleichen Sie Ihr in Aufgabe 3 hergestelltes Werkstück (Dessertschale) mit einem entsprechenden industriell gefertigten Produkt aus Kunststoff.

	Verarbeitung	Form und Aussehen
Selbst gefertigtes Werkstück		

	Verarbeitung	Form und Aussehen
Industrie- produkt		

Lösungsvorschläge

1 Bedeutung des Werkstoffs

1.1

Bereich	Beispiel
Geschirre und Gefäße	Speiseservice, Krüge, Vasen
Bauwesen	Bodenbeläge, Sanitäreinrichtungen
Kunst und Kunsthandwerk	Kunstobjekte, Figuren

1.2

Härte des Materials	große Hitzebeständigkeit
Oberflächenglätte	hohe Körperverträglichkeit
hohe Isolierfähigkeit	enorme Formbeständigkeit

1.3 Kunststoffe als organisch-chemische Materialien sind typische Werkstoffe des Industriezeitalters und somit für die Massenproduktion prädestiniert. Die Gründe hierfür sind zahlreich, insbesondere zählen dazu
– ihr im Vergleich zu vielen traditionellen Werkstoffen geringes Gewicht,
– ihre hohe Strapazierfähigkeit,
– ihre leichte Form- und Färbbarkeit mit einfachen technischen Verfahren,
– ihre Beständigkeit gegenüber vielen Chemikalien,
– ihre leichte Sauberhaltung durch porenfreie, glatte Oberflächen,
– ihre hohe Isolierwirkung,
– ihre Widerstandsfähigkeit gegen Korrosion und Fäulnis sowie
– die relativ geringen Kosten, die mit ihrer Herstellung verbunden sind.

2   Werkstoffkunde und Arbeitsverfahren

2.1

	Zusammensetzung/Eigenschaften
Fetter Ton	enthält keine oder nur wenige unplastische Bestandteile (z. B. natürliche Verunreinigungen, Magerungszusätze, Sinterungsmittel)
	besitzt dadurch höhere Plastizität und bessere Formbarkeit
	weist aber eine höhere Schwindung auf (dadurch größere Schwindungsdifferenzen sowie höhere Rissgefahr beim Trocknen und Brennen)
Magerer Ton	enthält einen höheren Anteil an unplastischen Bestandteilen
	verliert dadurch an Plastizität und Formbarkeit
	schwindet weniger (dadurch kleinere Schwindungsdifferenzen und geringere Rissgefahr beim Trocknen und Brennen)
	Verwendungsmöglichkeiten
Fetter Ton	wird auch „Drehton" genannt, da er sich aufgrund seiner hohen Plastizität sehr gut für diese Formungstechnik eignet
	bildet auch feine Einzelheiten genau ab und kann daher sehr gut zum Abformen von Modeln verwendet werden
Magerer Ton	wird auch als „Bauton" bezeichnet, da man seinen Vorteil, die geringere Schwindung, bei den Aufbautechniken (insbes. der Platten- und Streifentechnik) nutzen kann
	eignet sich daher auch besonders zur Herstellung einfacher und ebenflächiger Gegenstände, z. B. Pflanztröge

2.2

Aufbautechnik	Plattentechnik	Streifentechnik	Wulsttechnik
Schnittdarstellung (aussagekräftige Zeichnung)			
geeignet für	ebenflächige und einfache Formen	z. B. Gefäße mit glatten Wänden oder einfachen Wölbungen	bauchige und kompliziertere Formen

2.3

Für viele Werkstücke, auch für kompliziertere Formen, eignet sich zum Aufbauen die **Wulst-** oder **Rollentechnik.**
Hierzu verwendet man einen nicht zu stark gemagerten, sog. halbfetten Ton, da die Anforderungen an die Plastizität des Materials doch höher sind als z. B. bei der Platten- oder Streifentechnik. Zu magerer Ton bekommt während der Verarbeitung oft Einrisse an der Außenseite.

Zur Herstellung der Wülste wird zunächst von Hand ein entsprechend großer Tonzylinder vorgeformt, den man anschließend über einer glatten Fläche mit den Fingern ausrollt. Durch leichten Druck und durch das gleichzeitige Spreizen der Finger wird die Wulst zunehmend dünner und länger. Hat ihr Querschnitt die erforderliche Wandstärke erreicht, wird mit dem Zusammenbau begonnen.

Bodenflächen können in Spiralform, Wandflächen in Ringen oder ebenfalls spiralförmig aufgebaut werden. Die Wülste werden dabei gut angedrückt und beidseitig, mindestens jedoch einseitig gut verstrichen, sofern man sie z. B. an der Außenseite eines Gegenstandes als dekorative Werkspur belassen will.

Die Wulsttechnik war bereits in der Jungsteinzeit bekannt und ist somit eine der ältesten Formgebungstechniken in der Keramik. Auch bei der Erfindung der Töpferscheibe wurden zunächst „aufgewulstete" Gegenstände nachgedreht, um eine verbesserte Rotationssymmetrie zu erreichen.

2.4

	ja	nein
Die Werkstücke dürfen sich im Brennofen nicht berühren.	☐	☒
Beim Brennen entweicht auch das chemisch gebundene Wasser.	☒	☐
Die Brenntemperatur liegt bei ca. 1 250 °C.	☐	☒
Nach dem Brand ist das Werkstück wasserdicht.	☐	☒
Das Werkstück wird nach dem Schrühen als Scherben bezeichnet.	☒	☐
Durch den Brand verändert das Werkstück Farbe und Größe.	☒	☐

2.5 Die Technik des Spritzgießens ist in der Kunststoffindustrie ein Verfahren zur Erzeugung auch komplizierter Formteile von hoher Maßgenauigkeit, meist ohne Notwendigkeit einer Nachbearbeitung.

Die Spritzgießmaschine besteht im Wesentlichen aus zwei Teilen, der Spritzeinheit und der Schließeinheit.

Die **Spritzeinheit** ist ein spezieller Extruder mit beweglicher Schnecke, der jeweils nur die für das herzustellende Produkt notwendige Materialmenge nach vorne befördert.

Die Materialzufuhr erfolgt meist in Form von Granulaten über den Einfülltrichter, welche beim Produktionsprozess aufgeschmolzen (plastifiziert), nochmals durchmischt (homogenisiert) und verdichtet werden.

Über ein Anguss-System wird die Masse anschließend in ein formgebendes Werkzeug gepresst, das sich in der **Schließeinheit** befindet. Diese öffnet es jeweils zur Produktentnahme und schließt es wieder für den folgenden Arbeitsgang.

3 Fachgerechte und gestaltende Verarbeitung

3.1

Anmachen des Gipses bis zur gießfertigen Masse
Gipsbecher bzw. Baueimer aus Gummi etwa bis zu einem Drittel mit Wasser füllen (immer Gips in Wasser geben, um Klumpenbildung zu vermeiden)
Gipspulver über die gesamte Wasserfläche einstreuen, bis kleine Inseln entstehen
Gipsmasse kurz „anziehen" lassen
Gipsmasse umrühren: • gründlich, damit eine homogene Masse entsteht • nicht zu heftig, um keine Lufteinschlüsse zu erzeugen
Aufstoßen des Gefäßes auf den Boden, damit evtl. vorhandene Luftblasen aufsteigen

Vorbereitung der Form
fertige Urform zur Beschwerung z. B. mit Tonmasse füllen (damit sie vom Gips nicht in der Form angehoben werden kann)
Urform in den Formkasten passend einlegen
alle Flächen mit Trennmittel gut bestreichen (z. B. Gipsschmiere, Schmierseife)

Gießvorgang
Gipsmasse eingießen, bis der Formkasten vollgefüllt ist
oberen Kastenrand plan abziehen
Gips abbinden lassen (Das Abbinden des Gipses beruht auf seiner Fähigkeit, nach dem Brennen zum Halbhydrat bzw. Anhydrit – gegebenenfalls unter Zugabe von Anregern bzw. als Mehrphasengips – Wasser wieder chemisch an sich zu binden. Dabei kehrt er in die voll gesättigte Dihydratform zurück, erhärtet, erwärmt sich und vergrößert sein Volumen um ca. 1 %.)
Werkstück aus dem Formkasten entnehmen, Urform entfernen und den Model vollständig durchtrocknen lassen

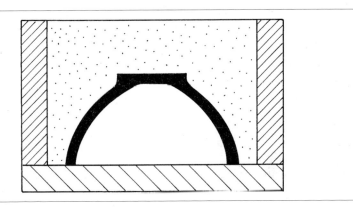

4 Umweltschutz

Die Massenproduktion von Kunststoffen – vor allem auf dem Verpackungssektor – führt zwangsweise zu den entsprechenden Massenabfällen. Diese entstehen zum Teil bereits bei der Herstellung und werden bei ihrer Entsorgung zum größten Problem. Kunststoffe als organisch-chemische Werkstoffe verrotten nicht und sind daher nicht einfach in den Naturkreislauf wieder einzugliedern. Der technische Vorteil der oft extrem langen Haltbarkeit verwandelt sich in dieser Hinsicht zum Nachteil.

Verschärft wird die Situation dadurch, dass viele Verpackungen von vornherein als sog. Einwegprodukte konzipiert sind und sich eine bequeme „Wegwerfmentalität" eingeschlichen hat, die bei vielen zu einem gedankenlosen Umgang mit diesem billigen und daher oft als wertlos erachteten Material führt. Die Folge sind stetig wachsende Deponien und eine zunehmende Belastung der Umwelt, die mittlerweile auch zur großflächigen Verschmutzung der Weltmeere geführt hat.

Manche Kunststoffarten enthalten überdies Inhaltsstoffe (Schwermetalle, Weichmacher usw.), die sowohl für die Umwelt wie auch für die Gesundheit schädlich sind. Schon bei der Produktion, besonders aber bei der Entsorgung werden diese Inhaltsstoffe zu einem weiteren Problem, das auch durch eine Verbrennung zur Energiegewinnung nicht aus der Welt zu schaffen ist. Die entstehenden Abgase müssen mit Filtern gereinigt werden, die dann ebenfalls entsprechend kontaminiert sind.

Auch die Wiederaufbereitung von Thermoplasten ist mit Nachteilen verbunden. Selbst sortenrein getrennte Kunststoffe verursachen vergleichsweise hohe Transportkosten, da sie aufgrund ihres meist großen Volumens (insbesondere Hohlkörper) geringe Massen aufweisen. Zu ihrer Reinigung sind anschließend meist große Wassermengen nötig. Von entscheidender Bedeutung ist aber der Qualitätsverlust, den Thermoplaste beim Einschmelzen erleiden. Sie können daher im Anschluss nur für geringerwertige Produkte verwendet werden oder müssen Zugaben von frischen Kunststoffen erhalten. Man spricht in dieser Hinsicht auch von einer „Deponierung in Schritten".

Ein echtes Recycling durch Hydrolyse oder Pyrolyse ist wirtschaftlich in diesem Bereich nicht einsetzbar, da die Verfahren technisch noch nicht ausgereift oder einfach zu teuer sind und die Neugewinnung von Kunststoffen wesentlich einfacher und preisgünstiger ist.

Zur Herstellung verwendet man heute weniger umgewandelte Naturstoffe als vielmehr fossile Energieträger, vor allem Erdöl. Dessen Vorräte sind nicht unerschöpflich und daher sollte sehr sparsam mit ihnen umgegangen werden. Ebenso zu bedenken ist der hohe Energieaufwand, der bei der Massenproduktion von Kunststoffen notwendig ist.

5   Werkbetrachtung

	Verarbeitung	Form und Aussehen
Selbst gefertigtes Werkstück	höherer Arbeitsaufwand durch die erforderliche Handformung, Beeinflussbarkeit der Wandstärke	leichte Formab-weichungen durch die Handarbeit möglich, Arbeitsspuren
Industrieprodukt	schnelle Massenproduktion durch maschinelle Serienfertigung, absolut identische Teilefertigung	absolut identische Form und Größe

1   Bedeutung des Werkstoffs

Papier ist wegen seiner großen Vielseitigkeit ein unentbehrlicher Bestandteil unseres täglichen Lebens. Modernste Produktionstechniken stellen sicher, dass Papierwerkstoffe ständig verfügbar sind.

Abb.: Langsiebpapiermaschine

1.1   Nennen Sie vier Einsatzbereiche für Papierwerkstoffe mit je zwei Anwendungsbeispielen.

Bereiche	Anwendungsbeispiele (je 2)

1.2   Der jährliche Papierverbrauch pro Kopf steigt nach wie vor enorm an. Begründen Sie, weshalb es notwendig ist, Papierwerkstoffe umweltbewusst zu verwenden.

2   Werkzeugkunde und Arbeitsverfahren

2.1   Faserstoffe sind Grundbestandteile für die moderne Papierherstellung. Zählen Sie diese auf und beschreiben Sie die Herstellung eines Faserstoffes.

2.2   Nennen Sie weitere Zusatzstoffe, die für die Papierherstellung benötigt werden, und geben Sie deren Funktion an.

2.3   Erklären Sie folgende Fachbegriffe aus dem industriellen Herstellungsprozess von Papier mit der Langsiebpapiermaschine: Stoffauflauf – Siebpartie – Egoutteur.

2.4 Die Schemadarstellungen zeigen zwei Arbeitsschritte bei der Herstellung von Büttenpapier.
Beschreiben Sie den gesamten Herstellungsprozess unter Einbeziehung der beiden Abbildungen.

2.5 Vergleichen Sie maschinell hergestelltes Papier mit handgeschöpftem Papier hinsichtlich Eigenschaften und Aussehen.

	Handgeschöpftes Papier	Maschinell hergestelltes Papier
Eigen-schaften		
Aussehen		

2.6 Erklären Sie folgende Fachbegriffe:

Holzfreies Papier	
Schönseite	
Lauf-richtung	
Offene Zeit	
Kaschieren	

2.7 Beim Verarbeiten von Papierwerkstoffen kommen verschiedene Klebstoffe zum Einsatz. Kreuzen Sie zutreffende Aussagen, bezogen auf Eigenschaften und Verwendung von Buchbinderleim und Kleister, an.

	ja	nein
Kleister trocknet fast transparent.	☐	☐
Kleister ist nach dem Aushärten zähelastisch.	☐	☐
Kleister wird für das Beziehen von Pappe verwendet.	☐	☐
Leimflecken lassen sich mit Wasser leicht entfernen.	☐	☐
Leim ist nach der Trocknung wasserunlöslich.	☐	☐
Leim ist geeignet, um Ecken mit Buchbindergewebe zu verstärken.	☐	☐

3   Fachgerechte und gestaltende Verarbeitung
Sie haben die Aufgabe, eine ansprechend gestaltete Bewerbungsmappe aus Graupappe mit Leinengelenk herzustellen. Beschreiben Sie unter Zuhilfenahme von Skizzen die einzelnen Schritte zur Herstellung des Leinengelenks.

4   Umweltschutz
Verpackungsmaterial aus Papierwerkstoffen gilt als umweltfreundlich. Hingegen sind Kunststoffverpackungen, wie z. B. Plastiktüten, ein Symbol unserer Wegwerfgesellschaft. Zur Reduzierung des Plastikmülls plant nun die EU-Kommission ein Verbot von leichten Einweg-Plastiktüten.

4.1 Formulieren Sie stichpunktartig vier Argumente, die gegen Plastiktüten sprechen, und stellen Sie aber auch vier Vorteile gegenüber Papiertüten heraus.

4.2 Erläutern Sie drei Möglichkeiten, die dazu beitragen können, die Plastiktütenflut einzudämmen.

5   Werkbetrachtung
Nennen Sie drei allgemeine Kriterien, nach denen Ihre fertig gestellte Bewerbungsmappe aus Aufgabe 3 beurteilt werden kann. Verdeutlichen Sie diese durch genauere Aspekte.

1 **Bedeutung des Werkstoffs**
Im 20. Jahrhundert sind die technischen Anforderungen an das Material Holz gestiegen. Deshalb wurden verschiedenste Holzwerkstoffe mit spezifischen Eigenschaften entwickelt.

1.1 Heute verwendet man in vielen Bereichen solche Holzwerkstoffe anstelle von Massivholz. Beschreiben Sie vier allgemeine Vorteile von Holzwerkstoffen.

1.2 Massivholz wird nach wie vor in traditioneller Weise eingesetzt. Ergänzen Sie die Tabelle entsprechend.

Bereich	Beispiel	Unterschiedliche Gründe für die Verwendung (je 2)

2 **Werkstoffkunde und Arbeitsverfahren**

2.1 Wählen Sie für die folgenden Anwendungsbeispiele aus dem Möbelbau jeweils einen geeigneten Holzwerkstoff und begründen Sie Ihre Wahl. (Keine Mehrfachnennung!)

Bücherregal	Holzwerkstoff:

Küchenarbeitsplatte	Holzwerkstoff:

2.2 Zeichnen Sie zwei unterschiedliche Holzwerkstoffe räumlich und anschaulich. Erklären Sie jeweils deren Aufbau.

2.3 Ergänzen Sie die folgende Tabelle zu Werkzeug-Fachbegriffen aus dem Materialbereich Holz.

Fachbegriff	zugehöriges Werkzeug	Erklärung/Beschreibung
Hieb		
Fase		
Angel		
Schlagkopf		
Schränkung		
Heft		

2.4 Ordnen Sie den folgenden Arbeitsgängen die jeweils geeignete Handsäge zu. (Keine Mehrfachnennung!)

Arbeitsgang	Geeignete Handsäge
Herstellen einer Fingerzinkung	
Kreisförmiger Ausschnitt aus einer dünnen Holzplatte	
Ablängen einer Bohle	

2.5 Neben den gebräuchlichen Handsägen steht für die Holzbearbeitung auch die elektrische Stichsäge zur Verfügung.
Formulieren Sie sieben wichtige Arbeitsregeln zum sicheren und fachgerechten Arbeiten mit diesem elektrischen Werkzeug.

3   Fachgerechte und gestaltende Verarbeitung

Sie haben die Aufgabe, eine Kehrschaufel (siehe Abb.) aus einer Materialkombination (Metall und Holz) herzustellen. Dabei sind die Einzelteile stabil miteinander zu verbinden.

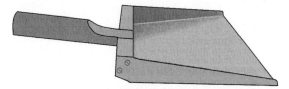

3.1   Erstellen Sie einen tabellarischen Arbeitsplan für die Fertigung der Schaufelfläche (Metall) und deren Verbindung mit der Rückenleiste (Holz). Nennen Sie die einzelnen, aufeinanderfolgenden Arbeitsschritte und die verwendeten Werkzeuge und Werkhilfsmittel.

3.2   Zeichnen Sie die vorgesehene Steckverbindung von Rückenleiste und Griff (beides aus Holz) vor dem Zusammenfügen.

3.3   Zählen Sie die weiteren Arbeitsschritte für die Fertigung der Kehrschaufel auf.

3.4   Nennen Sie drei geeignete Möglichkeiten der Oberflächenbehandlung für die Holzteile Ihres Werkstücks. Beschreiben Sie anschließend eine Technik unter Berücksichtigung der Vorgehensweise sowie deren Vor- und Nachteile.

4   Gesundheits- und Umweltschutz

4.1   Stellen Sie möglichen <u>vier</u> Unfallgefahren beim Bohren und <u>zwei</u> Unfallgefahren beim Sägen von Holz jeweils eine geeignete Schutzmaßnahme gegenüber.

4.2   Holz gilt als ein sehr ökologischer Werkstoff. Erläutern Sie dies näher.

5   Werkbetrachtung

Beurteilen Sie die handwerkliche Qualität (Verarbeitung) und die Funktionalität Ihres in Aufgabe 3 hergestellten Werkstücks.

Handwerkliche Qualität	Funktionalität

1 Bedeutung des Werkstoffs

1.1 Holzwerkstoffe bleiben nach ihrer Verarbeitung maßhaltig, sie quellen oder schwinden nicht. Daher eignen sie sich für alle Bereiche, in denen diese Vorgaben besonders wichtig sind, z. B. bei Einbauküchen und -schränken.
Da sie nicht mehr „arbeiten", lassen sich Holzwerkstoffe meist leichter verarbeiten als Massivholz und mit einfachen modernen Techniken verbinden. Auf Rahmenbauweisen und kompliziertere klassische Verbindungstechniken kann weitgehend verzichtet werden.
Produkte aus Holzwerkstoffen sind im Vergleich zu Massivholzprodukten meist deutlich preisgünstiger, da zu ihrer Herstellung teilweise Abfallholz oder schlechtere Qualitäten für Innenschichten verwendet werden können.
Holzwerkstoffe können in großen Plattenformaten erzeugt werden, sie eignen sich daher besonders zum Überdecken großer Flächen (Fußböden, Wandflächen, Innenausbauten).

1.2

Bereich	Beispiel	Unterschiedliche Gründe für die Verwendung
Möbelbau	Einzelmöbel wie Tische und Stühle	hohe Haltbarkeit und Stabilität
		Schönheit des Materials (Farben und Maserungen)
Hausbau	Konstruktionsholz	hohe Tragfähigkeit der entsprechend verwendeten Holzarten
		gesundheitlich völlig unbedenklicher Werkstoff
Instrumentenbau	Saiteninstrumente	Hochwertigkeit der verwendeten Holzarten
		Klangeigenschaften

2 Werkstoffkunde und Arbeitsverfahren

2.1

Bücherregal	Holzwerkstoff: Multiplexplatte
	sehr tragfähig und stabil
	verwindungs- und verzugsfrei und damit besonders maßhaltig
	hochwertiges Aussehen (qualitativ sehr hochwertiger Holzwerkstoff)
	interessante Kantenstruktur (keine Deckleiste erforderlich)
	vielseitige Verbindungstechniken möglich (von der einfachen Schraub- bis zur verdeckten Dübelverbindung)

Küchenarbeitsplatte	Holzwerkstoff: kunststoffbeschichtete Spanplatte
	wasserfest und unempfindlich (z. B. gegen Druckstellen und Kratzer)
	besonders preisgünstig
	verschiedene Oberflächenfarben und -strukturen wählbar
	sehr hygienisch, leicht zu säubern
	hohes Gewicht, dadurch erhöhte Stabilität für Unterbauten

2.2 **Spanplatten** werden in der modernen Holztechnologie **Holzspanwerkstoffe** genannt, wobei man nach der Art ihrer Herstellung zwischen Flachpressplatten und Strang-pressplatten unterscheidet.

Das Ausgangsmaterial für **Flachpressplatten** gewinnt man durch Zerspanung verschiedener Holzarten (Kiefer, Fichte, Pappel u. a.) aus Stammholz, Astholz oder Industrieholz/Abfallholz.

Anschließend werden die Späne getrocknet.

Bei der Herstellung der Platte werden sie zunächst mit Kunstharz-Klebstoffen beleimt und auf Förderbänder zu einem „Spankuchen" gestreut. Durch spezielle „Wurfverfahren" kommen dabei feinere Späne in die Außenschichten, gröbere bilden die Mittelschicht.

Bei den anschließenden Pressvorgängen härtet der Klebstoff bei ca. 180° C aus.

Je nach verwendeten Spänen erzeugt man Einschicht-, Dreischicht- und Mehrschichtplatten.

Nun werden die fertigen Platten abgekühlt und einige Zeit gelagert, damit sie sich im Aufbau (Feuchtigkeit, Wärme, Spannungen) ausgleichen können.

Kunststoffbeschichtete Spanplatten erhalten zusätzlich eine aus mehreren Schichten aufgebaute, dekorative Kunstharzschicht, welche unter Druck und Hitze aufgepresst wird. Dabei können glänzende, matte und strukturierte Flächen erzeugt werden.

Holzfaserwerkstoffe werden aus Holzfasern durch Verfilzung und zugesetzte Klebstoffe hergestellt.

Man unterscheidet im Allgemeinen poröse Holzfaserplatten, harte Holzfaserplatten und die MDF-Platte.

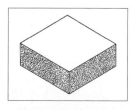

Die **MDF-Platte** (Medium Density Fiberboard) wird auch als mitteldichte Faserplatte bezeichnet und kommt vor allem im Möbelbau anstelle von Spanplatten zum Einsatz, wenn Teile durch Fräsen profiliert werden sollen, denn im Gegensatz zu letzteren besitzen sie einen praktisch durchgehend homogenen Aufbau.

Das Ausgangsmaterial erhält man aus entrindetem Nadelholz, das maschinell zu Hackschnitzeln zerkleinert wird, die man dann in einem Kocher unter Dampfdruck aufweicht.

Nunmehr können sie in einem Mahlwerk (Refiner) ebenfalls unter Dampfdruck zu feinen Fasern zermahlen werden.

Bei der Herstellung werden die mit Leim versetzten Fasern auf Formbändern zu einem „Faserkuchen" gestreut, vorgepresst und dann in der sog. Rollenpresse bis zur gewünschten Plattenstärke fertig gepresst und ausgehärtet. Abschließend lässt man sie auskühlen, schneidet sie in entsprechende Plattenformate und schleift ihre Oberflächen plan.

Fachbegriff	zugehöriges Werkzeug	Erklärung/Beschreibung
Hieb	Feile	spanabhebende Schneiden
		meist eingehauen
Fase	Stechbeitel	seitliche Schräge an der Klinge
		im 45°-Winkel
Angel	Raspel	spitzer Befestigungsdorn
		dient zur Verbindung mit dem Heft
Schlagkopf	Stechbeitel	über die Zwinge überstehendes Teil des Heftes
		dient als Schlagfläche für den Klüpfel
Schränkung	Fuchsschwanz	wechselseitiges Ausstellen der Sägezähne
		erweitert die Schnittfuge und vermeidet das Klemmen des Sägeblatts
Heft	Feinsäge	Haltegriff des Werkzeugs
		wird durch die Angel mit dem Sägeblatt verbunden

Arbeitsgang	Geeignete Handsäge
Herstellen einer Fingerzinkung	Feinsäge/japanische Zugsäge
Kreisförmiger Ausschnitt aus einer dünnen Holzplatte	Laubsäge/Stichsäge
Ablängen einer Bohle	Fuchsschwanz/Bügelsäge/Spannsäge

- Auf eine intakte Stromzuführung achten (Maschine, Kabel, Steckdose)!
- Nur scharfe, geeignete und intakte Sägeblätter verwenden!
- Sägeblatt exakt und fest einspannen, Fußplatte gut fixieren!
- Werkstück sicher aufspannen!
- Auf freien Raum unter dem Schnittbereich achten (Körper- und Kabelverletzungen)!
- Maschine stets beidhändig führen!
- Gerät nur bei Stillstand ablegen!

3 Fachgerechte und gestaltende Verarbeitung

Arbeitsschritte	Werkzeuge und Hilfsmittel
Zeichnen und Ausschneiden einer Kartonschablone im Maßstab 1 : 1 für das Metallteil (in Form einer Abwicklung)	Bleistift und Zeichengeräte, Cuttermesser, evtl. Kartonschere
Übertragen der Schablone auf das Blech	Schablone, Reißnadel, Stabmaß als Anschlag
Ausschneiden der Blechform	Handblechschere, gegebenenfalls Handhebelschere, Handbügelsäge, evtl. Laubsäge mit Metallsägeblatt, jeweils passende Einspannhilfen

Arbeitsschritte	Werkzeuge und Hilfsmittel
Entgraten der Blechkanten	Flachfeile, Parallelschraubstock, evtl. Schutzbacken, Schleifpapiere
Bohren und Entgraten der Schraubenlöcher	HSS-Bohrer mit entsprechendem Durchmesser, Tischbohrmaschine, Unterlegholz und Aufspannhilfen (z. B. Schraubzwingen), Flachfeile
Abkanten der Seitenteile	Kunststoffhammer/Schonhammer, Abkantbank, alternativ: Schraubstock mit Schutzbacken und eingelegten Abkanthilfen (z. B. Stahlschiene)
Schleifen der Blechkanten	Nassschleifpapier, Schleifklotz

3.2

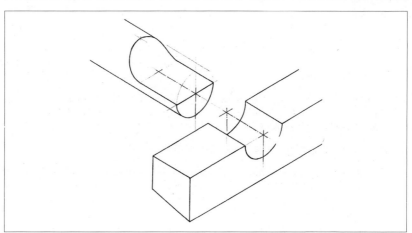

3.3
- Ablängen des Griffteils (Rundholzstab mit entsprechendem Durchmesser) in proportional passender Länge
- Ablängen des Querholzes (Vierkantleiste in den benötigten Abmessungen)
- Ansägen der unteren Schräge am Querholz (vgl. vorgegebene Abbildung)
- Bohren des Steckloches für den Griff
- Ansägen und Ausrunden des Griffteils im vorderen Bereich
- Einleimen der Verbindungsflächen
- Zusammenfügen und Pressen bis zur Endfestigkeit
- Vorbohren der Schraubenlöcher für das Blechteil an den Hirnholzseiten des Querholzes
- Schleifen und Oberflächenbehandlung der Holzteile
- Zusammenfügen der Bauteile und exaktes Verschrauben

3.4 Möglichkeiten zur Oberflächenbehandlung des Werkstücks wären das Ölen (z. B. Einlassen mit Leinöl), das Wachsen (Flüssigwachse oder Wachspasten aus dem Handel) sowie das **Lackieren** (z. B. mit Nitrozellulose-Transparentlack).
Nachdem man beide Holzteile fest miteinander verleimt hat, werden sie zunächst sauber verschliffen und der Schleifstaub wird anschließend gründlich entfernt.
Im ersten Arbeitsgang müssen nun die Poren des Holzes verschlossen werden. Dies geschieht durch den Auftrag einer Grundierung mittels eines weichen Pinsels. Zu beachten ist bereits hierbei, dass Grundierung und Lack eine einheitliche Lösungsbasis aufweisen, wir verwenden also z. B. Nitro-Grundierung für Nitro-Lack. Dieser erste Auftrag hat nicht nur die Aufgabe, die Holzporen zu schließen, sondern soll auch eine gute Verbindung zur Lackschicht gewährleisten. Nach dem vollständigen Durchtrocknen erfolgt ein feiner Zwischenschliff und der Schleifstaub wird anschließend wieder gründlich entfernt.
Nun kann der Lack aufgetragen werden, wiederum mit einem weichen Pinsel. Die Schicht soll gleichmäßig und vollständig, aber nicht zu dick sein, da überschüssiger Lack leicht ablaufen kann und dicke Schichten beim Trocknen zur Rissbildung neigen. Dickere Lackschichten erzielt man durch wiederholten Auftrag, wobei nach jedem Arbeitsgang wiederum ein feiner Zwischenschliff mit anschließendem Entfernen des Schleifstaubs erfolgt.
Am besten erledigt man den Lackiervorgang in einem warmen, trockenen und vor allem staubfreien Raum. Alternativ zum Pinselauftrag könnte natürlich auch mit Spraydose, Spritzpistole oder einer geeigneten Lackierrolle gearbeitet werden.
Gut ausgehärtete Lackschichten überziehen das Holz vollständig mit einer wasserdichten Schutzschicht, sodass auch eine nasse Reinigung der Kehrschaufel kein Problem darstellt. Lacke halten außerdem mechanischen Belastungen gut stand.
Allerdings ist der Arbeitsaufwand im Vergleich zu anderen Techniken relativ hoch. Zu beachten sind besonders Beeinträchtigungen der Gesundheit durch die enthaltenen Lösungsmittel, die möglichst nicht eingeatmet werden sollten.

4 Gesundheits- und Umweltschutz

4.1
- Bohrer, die sich im Material verhaken, können zum Mitdrehen des Werkstücks führen und entsprechend schwere Handverletzungen verursachen. Daher muss das Werkstück selbst gut festgehalten bzw. sicher aufgespannt werden. Zudem muss sorgfältig darauf geachtet werden, dass der Bohrer fest und exakt senkrecht im Bohrfutter verankert ist.
- Abstehende Kleidung, Schmuck oder lange Haare könnten in rotierende Teile der Bohrmaschine sowie in den Bohrer selbst gelangen. Dies verhindert man durch arbeitsgerechte, eng anliegende Kleidung und zusammengebundene Haare. Schmuck sollte ohnehin zuvor abgelegt werden.
- Laufende Bohrer bilden eine latente Unfallgefahr. Daher muss immer die nötige Konzentration und Vorsicht bei der Bohrarbeit aufgebracht werden, Vorschub und Rotationsgeschwindigkeit sind entsprechend dosiert zu steuern. Auch sollte stets ein genügend großer Abstand zu anderen Mitarbeitern eingehalten werden.
- Vergessene Bohrfutterschlüssel entwickeln sich beim Einschalten der Maschine zu einem gefährlichen Flugobjekt und können so für alle im Raum Anwesenden zur Verletzungsgefahr werden. Daher ist darauf zu achten, dass der Schlüssel sofort nach dem Einspannen des Bohrers entfernt wird. Eine Alternative bietet die Verwendung eines sog. Schnellspannfutters.

- Schnittverletzungen ergeben sich, wenn Sägewerkzeuge nicht fachgerecht verwendet werden oder fehlerhaft sind. Damit beide Hände für den Sägevorgang frei sind, muss das Werkstück vorher sicher eingespannt werden. Man sollte nur intaktes Werkzeug benutzen (z. B. fest sitzende Hefte, richtig gespannte und scharfe Sägeblätter) und dieses auch fachmännisch sowie mit der notwendigen Konzentration auf die Arbeit verwenden.

- Beim maschinellen Sägen von Holz entstehen neben den Sägespänen auch Stäube, welche beim Einatmen allgemein gesundheitsschädlich sind und bei manchen Holzarten als krebserregend eingestuft werden. Diese Stäube sollten daher am besten durch entsprechende Absauganlagen beseitigt werden, notfalls trägt man Filtermasken und reinigt die Arbeitsstelle feucht.

4.2   Holz ist ein natürlich gewachsener Werkstoff. Daher stellt seine Verwendung keinerlei Gefahr für die Umwelt dar, bei seiner Entsorgung fügt er sich problemlos wieder in den Naturkreislauf ein. Für seine Verarbeitung benötigt man keinerlei umweltbelastende oder chemische Verfahren. Holz ist demzufolge auch absolut gesundheitsverträglich, solange es nicht mit giftigen Chemikalien behandelt wird.

Holz ist ein nachwachsender Rohstoff und zählt daher im Gegensatz zu Erzen oder Erdöl nicht zu den unwiederbringlich verlorenen Ressourcen. Als Werkstoff steht es praktisch immer zur Verfügung, sofern die Wälder entsprechend nachhaltig bewirtschaftet werden.

Holz wächst fast überall und erfordert keine langen, Energie verbrauchenden Transportwege. Eine Einfuhr von Tropenhölzern ist daher praktisch unnötig, denn für jede Anforderung steht auch eine geeignete einheimische Holzart zur Verfügung.

Holz vermindert die CO_2-Belastung der Umwelt, indem es bei der Fotosynthese Kohlenstoff bindet und Sauerstoff freisetzt. Solange es daher nicht verbrannt wird, bleibt der Kohlenstoff in ihm gebunden.

5   Werkbetrachtung

Handwerkliche Qualität	Funktionalität
Passgenauigkeit der Einzelteile (Bohrungen, Schnitte, Abmessungen)	Handhabungsqualität der Schaufel (ergonomische Griffhaltung, passende Größe, gute Gewichtsverteilung)
Qualität der Materialverarbeitung (genaue Abkantwinkel, exakte Kanten, Ausrundung am Griffteil)	leichte Aufnahme des Kehrgutes
Überarbeitung der Flächen und Kanten (Entgraten der Blechkanten, Schleifen der Holzflächen, keine Bearbeitungsspuren)	
Qualität der Holzverbindung sowie der Schraubverbindung (Stabilität)	

1   Bedeutung des Werkstoffs

Trotz moderner Materialalternativen wird Massivholz immer noch als wesentlicher Werkstoff im Hausbau verwendet.

1.1   Nennen Sie vier historische Anwendungen im Hausbau, die so auch heute noch zum Einsatz kommen.

1.2   Im Haus- und Innenausbau werden häufig Alternativwerkstoffe verwendet. Belegen Sie dies anhand dreier Beispiele unter Nennung von jeweils zwei Vorteilen des genannten Materials.

Alternativwerkstoff	Verwendungsbeispiel	Vorteilhafte Eigenschaft (je 2)
Metall		
Kunststoff		
Papierwerkstoff		

1.3   Holzwerkstoffe stellen eine weitere Alternative zu Massivholz dar. Zeigen Sie drei wesentliche Eigenschaften auf, in denen sie dem Vollholz überlegen sind.

1.4   Für den Außenbereich werden im Fachhandel häufig Tropenhölzer angeboten. Gehen Sie anhand einer von Ihnen ausgewählten Tropenholzart auf die Vorteile und die Problematik bei deren Nutzung ein.

2 Werkstoffkunde und Arbeitsverfahren

2.1 Anhand einer Baumscheibe ist der Aufbau eines Baum-
stammes gut erkennbar. Beschreiben Sie die folgenden
Schichten genauer:
Kernholz – Splintholz – Kambium – Borke.

2.2 Erläutern Sie das Dickenwachstum eines Baumes innerhalb eines Jahres.

2.3 Beschreiben Sie eine heimische Holzart hinsichtlich der angegebenen Kriterien.

Holzart	
Aussehen (2)	
Eigenschaften (3)	
Verwendung (2)	

2.4 Erklären Sie, wie man frisch gesägtes Holz im Freien fachgerecht zum Trocknen lagert.

2.5 Im Werkunterricht haben Sie verschiedene Handsägen zum spanenden Trennen von
Holz kennengelernt. Nennen Sie drei Handsägen und ordnen Sie diesen jeweils ihre
spezifische Verwendung zu.

Handsägen (3)	**spezifische Verwendung**

2.6 Die CNC-Fertigung (computerisierte numerische Steuerung) erleichtert die Arbeitsvorgänge maschineller Fertigungsverfahren erheblich.
Geben Sie einen Überblick über die Vorteile der CNC-Fertigung.

3 Fachgerechte und gestaltende Verarbeitung

Sie haben die Aufgabe, aus zwei Eschenholzbrettern unterschiedlicher Länge und einem Buchenholzklotz, der mithilfe einer Schlossschraube in einem Langloch bewegt wird, ein höhenverstellbares Laubsägetischchen herzustellen (siehe Abb.).

3.1 Wählen Sie eine geeignete klassische Holzverbindung, um die beiden Bretter (Holzstärke 18 mm) im rechten Winkel stabil miteinander zu verbinden.
Stellen Sie diese in einer dreidimensionalen Zeichnung anschaulich dar.

3.2 Erstellen Sie einen tabellarischen Arbeitsplan mit den einzelnen Arbeitsschritten zur Herstellung der gewählten Eckverbindung. Führen Sie die dazu benötigten Werkzeuge und Hilfsmittel an. Ergänzen Sie gegebenenfalls wichtige Arbeitshinweise.

4 Unfallverhütung

Für die Herstellung des Langlochs im Laubsägetischchen können Sie die elektrische Stichsäge und die Ständerbohrmaschine verwenden.
Gehen Sie jeweils mit vier Aspekten auf einen sicherheitsbewussten Umgang mit diesen beiden Maschinen ein.

5 Werkbetrachtung

Beurteilen Sie Ihr in Aufgabe 3 hergestelltes Werkstück mit je drei konkreten Aspekten bezüglich Funktion und Verarbeitung.

Funktion:

Verarbeitung:

Lösungsvorschläge

1 Bedeutung des Werkstoffs

1.1

Bereich	Beispiele
Fachwerkkonstruktionen/Holzskelettbau	Dachstühle
Baufertigteile (Fenster, Türen)	Treppenkonstruktionen

1.2

Alternativwerkstoff	Verwendungsbeispiel	Vorteilhafte Eigenschaft
Metall	Stahlbeton- bzw. Spannbetonbau (z. B. im Brückenbau)	hohe Zugfestigkeiten durch die Stahlarmierung, Überspannen weiter Strecken möglich
Kunststoff	Baufertigteile (z. B. Fenster- und Türrahmen)	Formbeständigkeit/Maßhaltigkeit, Dauerhaftigkeit (ohne weitere Pflegemaßnahmen)
Papierwerkstoff	Wandgestaltung durch Tapeten	einfache Verarbeitung, geringerer Preis

1.3

Form- und Maßhaltigkeit (kein Arbeiten des Materials)
Herstellung großer Flächenformate
Preisvorteile durch Verwendung von Abfallholz bzw. schlechteren Qualitäten für Innenschichten

1.4 Das vor allem in Südostasien beheimatete **Teakholz** ist eines der weltweit begehrtesten Hölzer für den Schiffs- und Möbelbau.
Es wächst geradfasrig, in langen, astfreien Stämmen. Sein nur schmaler Splint ist hell, das Kernholz weist eine gelbe bis dunkelbraune Färbung auf. Seine Vorteile liegen in der hohen Härte und Abriebfestigkeit, der besonderen Dauerhaftigkeit und der Widerstandsfähigkeit gegen Schädlinge, Säuren und Wasser, welche durch den hohen Kautschuk- und Ölgehalt gegeben ist.
Leider ist die Verwendung von Tropenhölzern aber auch mit enormen Problemen verbunden. Ihr Einschlag führt in der Regel zu großflächigen Vernichtungen des Regenwaldes mit allen damit verbundenen Nachteilen für die Umwelt (Klimagefährdung und Erhöhung des Treibhauseffekts, Vernichtung von Lebensräumen für Naturvölker und viele Tierarten, Austrocknung und Bodenerosion). Regenwälder sind höchst komplizierte, intakte Ökosysteme, welche sich auf oft unfruchtbaren Böden mit einer sehr dünnen Humusschicht entwickelt haben. Wird dieses Gleichgewicht zerstört, so ist es in der Regel unwiederbringlich verloren. Außerdem ergeben sich lange Transportwege mit hohem Energieaufwand und somit weiteren Umweltbelastungen.

2 Werkstoffkunde und Arbeitsverfahren

2.1

Kernholz	Manche Baumarten (Kernholzbäume/Bäume mit regelmäßiger Farbkernbildung) wie z. B. die Kiefer weisen im Stamminneren einen deutlich dunkler abgesetzten Bereich auf, welcher als Kernholz bezeichnet wird. Dieses entsteht durch Umbildung des älteren Splintholzes, indem es mehr oder weniger abstirbt und nicht mehr an der Wasser- und Nährstoffversorgung des Baumes teilnimmt. Es verhärtet sich dadurch in seinen Zellwänden und wird somit zum wertvollsten Bestandteil des Stammes. Die farbliche Absetzung ergibt sich aus der Einlagerung von Harzen, Gerbsäuren, Farbstoffen u. dgl.
Splintholz	Splintholz ist das hellere, weichere Holz im Stammaußenbereich, welches noch an der Wasser- und Nährstoffversorgung teilnimmt. Es entsteht durch die Zellteilung des Kambiums.
Kambium	Das Kambium ist die Wachstumsschicht zwischen Splintholz und Innenrinde (Bast). Hier teilen sich die Zellen, sodass nach innen neues Splintholz und nach außen neue Innenrinde gebildet wird.
Borke	Die Borke wird auch als Außenrinde bezeichnet und entsteht durch das Absterben der älteren Innenrinde. Sie schützt den Baum einerseits vor Wasserverlust, andererseits gegen Beeinträchtigungen von außen. Da sie nicht mehr wächst, reißt sie zunehmend auf und blättert ab.

2.2 In unseren Breitengraden wächst ein Baum nicht kontinuierlich, sondern in jährlichen Wachstumszonen, den sog. **Jahresringen.**
Dieses Wachstum beginnt im zeitigen Frühjahr nach der Schneeschmelze, wenn viel Wasser zur Verfügung steht. Als hellerer Bestandteil des Jahresringes wird es daher auch **Frühholz** genannt. Dieses ist entsprechend grobporiger und weicher als das dunklere sog. **Spätholz**, welches sich im trockenen Sommer und Frühherbst bildet und daher engporiger und härter ist. Zumeist ist der Frühholzring auch breiter als der Spätholzring. Im Winter stellt der Baum sein Wachstum ein, da in dieser Zeit der Boden gefroren und eine Wasser- und Nährstoffaufnahme nicht möglich ist.

2.3	Holzart	Fichte
	Aussehen	hell (weißlich bis gelblich)
		deutliche Maserung
	Eigenschaften	weich
		recht elastisch
		gut spaltbar
	Verwendung	Konstruktionsholz (z. B. im Hausbau)
		Möbelbau

2.4 **Massivholz** muss nach dem Einschneiden der Stämme als sog. **Schnittholz** fachgerecht über einen längeren Zeitraum hinweg an der Luft getrocknet werden. Diese als Freilufttrocknung bezeichnete Technik geschieht entweder im Freien oder in überdachten, offenen Schuppen.
Man unterscheidet hierbei den **Kastenstapel** (Aufstapeln der meist gesäumten Schnittware in Kastenform) für weniger wertvolle Nadelholzarten (z. B. Dachschalung aus Fichtenholz) und den **Blockstapel**, bei dem meist unbesäumte Laubholzarten oder Edelhölzer in der Stammabfolge aufgeschichtet werden.
In beiden Fällen wird der Lagerplatz so gewählt, dass die Frischluft gut zirkulieren kann und sich kein Feuchtigkeitsstau aufbaut. Ebenso benötigt man einen geeigneten Stapelunterbau mit dem notwendigen Abstand zum Boden. Stapelleisten werden quer gleichmäßig und in genügender Anzahl zwischen die einzelnen Lagen gelegt, um eine gute Durchlüftung zu gewährleisten. Sie müssen zudem exakt senkrecht übereinander liegen, denn nur so wird ein wellenartiges Durchbiegen in Längsrichtung vermieden.
Die obersten Lagen müssen durch ein Dach bzw. eine Abdeckung gegen Sonneneinstrahlung und Regen geschützt werden.
Hirnholzkanten reißen durch ihre höhere Feuchtigkeitsabgabe leicht ein. Zumindest bei wertvollen Holzarten kann dies durch einen Farb- oder Wachsanstrich verhindert werden.

2.5	Handsägen	spezifische Verwendung
	Laubsäge	feine Schnitte mit engsten Rundungen in dünnem Material
	japanische Zugsäge	feine, exakte und schnelle Schnitte bei der Herstellung von verschiedenen Holzverbindungen
	Fuchsschwanz	für schnelle, gröbere Schnitte (z. B. im Zimmereibereich)

2.6

Ermöglichung automatisierter/programmierter Prozessabläufe auf der Basis von CNC-Techniken
größtmögliche Maßgenauigkeit in der Fertigung
schnelle Fertigungsabläufe
spätere identische Fertigung durch Datenspeicherung jederzeit wiederholbar

3 **Fachgerechte und gestaltende Verarbeitung**

3.1 Als Verbindungstechnik für dieses Werkstück (besonders stabile Eckverbindung) verwendet man am besten die **Gerade Zinkung** (auch Fingerzinkung genannt).

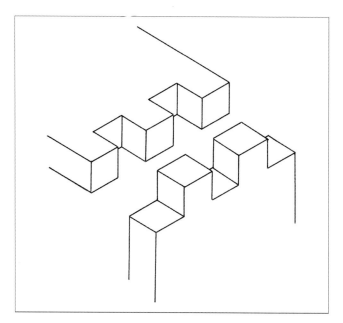

3.2

Arbeitsschritt	Werkzeuge/Hilfsmittel	Arbeitshinweise
Anzeichnen der Zinken	Gliedermaßstab, Anschlagwinkel, Bleistift, evtl. Bankzange	ungerade Zinkenzahl (abgestimmt auf die Materialabmessungen), exakte Risslinien, sauberes Umwinkeln
Einsägen der Zinken	japan. Zugsäge o. Feinsäge, Bankzange	Sägefuge im Abfall, Werkstück gut einspannen, auf exakte Schnitte achten
Ausstemmen der Abfallstücke	Stechbeitel, Klüpfel, Schraubzwinge, Beilage- und Unterleghölzer	von beiden Seiten arbeiten, Faserverlauf durch Vorstechen sauber trennen, keilförmig vorarbeiten, schichtweises Ausheben
Nachbearbeitung der Sägeflächen	Feile, Schleifpapiere, evtl. Leiste	Feile exakt gerade führen, Ecken sauber ausarbeiten, nicht zu viel Material abnehmen
Verleimen der beiden Teile	Holzleim, Schraubzwingen und Beilagehölzer, Anschlag für rechten Winkel	auf exakt rechten Winkel achten, Leimmenge richtig dosieren, Festleimen von Hilfshölzern vermeiden

4 Unfallverhütung

Elektrische Stichsäge	Werkstück sicher aufspannen (Vermeidung von Vibrationen)!
	Auf freien Raum unter der Schnittführung achten!
	Maschine beidhändig führen!
	Maschine erst nach Stillstand aus dem Material nehmen!
Tischbohrmaschine	Nur scharfe und geeignete Bohrer verwenden!
	Bohrer gut und exakt senkrecht einspannen!
	Werkstück gut festhalten oder gegebenenfalls sicher aufspannen!
	Schmuck ablegen, auf eng anliegende Kleidung achten, lange Haare zusammenbinden!

5 Werkbetrachtung

	Leitfragen
Funktion	Wahl einer geeigneten, stabilen Eckverbindung
	Aussparungen formal und größenmäßig der Funktion angepasst
	exakte Führung von Schraube und Holzklotz im Langloch
Verarbeitung	Passgenauigkeit der Holzverbindung
	Einhaltung eines exakt rechten Winkels
	enge Leimfugen ohne sichtbare Leimreste

1 Bedeutung des Werkstoffs

Seit der Erfindung des Papiers haben sich dessen Rezeptur und Herstellungsweise aufgrund des technischen Fortschritts ständig weiterentwickelt.

1.1 Beschreiben Sie drei wichtige Stationen innerhalb der Geschichte der Papierherstellung.

Abb.: Papierschöpfer bei der Arbeit

1.2 Ursprünglich diente Papier ausschließlich als Informationsträger. Heutzutage sind Papierwerkstoffe aufgrund ihrer Anpassungsfähigkeit in vielen weiteren Bereichen unverzichtbar. Begründen Sie diese Aussage mit jeweils drei Argumenten für die Bereiche Verpackung und Hygiene.

1.3 Auch im Bauwesen findet Papier aufgrund seiner ökologischen Vorzüge Verwendung. Nennen Sie zwei Baustoffe, die Papierbestandteile aufweisen, und dazu jeweils ein Anwendungsbeispiel.

Baustoffe mit Papierbestandteilen	Anwendungsbeispiel

2 Werkzeugkunde und Arbeitsverfahren

2.1 Zellstoff ist ein wichtiger Faserrohstoff in der Papierherstellung. Beschreiben Sie seine Herstellung und nennen Sie drei besondere Fasereigenschaften.

2.2 Nennen Sie weitere mögliche Bestandteile von Papier. Ergänzen Sie hierzu die Darstellung.

Ausgangsstoffe	Zusatzstoffe / Füllstoffe

2.3 Erklären Sie die Bezeichnung „holzfreies Papier" und erläutern Sie die Qualitätsunterschiede zu holzhaltigem Papier.

2.4 Zur industriellen Papierherstellung wird die Langsiebpapiermaschine verwendet. Beschriften Sie die abgebildete Schemadarstellung einer Langsiebpapiermaschine und beschreiben Sie die Stationen 1 und 3 näher.

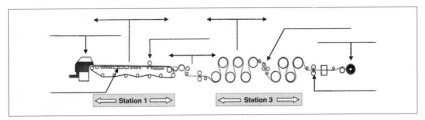

2.5 Papierwerkstoffe werden in drei Gruppen eingeteilt. Benennen Sie diese mit der entsprechenden Gewichtsangabe. Ordnen Sie jedem angegebenen Verwendungszweck eine geeignete Sorte Papierwerkstoff zu.

Bezeichnung Flächengewicht	Sorten	Verwendung
		Einlagen für Fotoalben
		Kaschieren
		Verpackung / Kosmetikartikel
		Modellbau
		Buchdeckel
		Verpackung

2.6 Kreuzen Sie zutreffende Aussagen hinsichtlich der genannten Arbeitsvorgänge bei der Papierbearbeitung an.

	ja	nein
Zum Trennen von Papier muss man die Schnittlinie mit dem Falzbein vorrillen.	☐	☐
Beim Kaschieren von Pappe dürfen die Laufrichtungen der Papierwerkstoffe nicht übereinstimmen.	☐	☐
Durch Zugabe von Kleister lässt sich Leim besser verstreichen.	☐	☐
Zum Anritzen von Pappe wird die Pappschere verwendet.	☐	☐
Das Buchbindegewebe darf auf der Fläche nur mit der Hand oder einem weichen Lappen angerieben werden.	☐	☐
Ein Papierzuschnitt zum Kaschieren muss in seiner Dehnrichtung länger bemessen werden.	☐	☐

2.7 Zum Trennen von Papierwerkstoffen kann die Papierschneidemaschine verwendet werden. Stellen Sie vier Vorteile dieses Spezialwerkzeugs dar.

Abb.: Ausschnitt Papierschneidemaschine

3 Fachgerechte und gestaltende Verarbeitung
Sie haben die Aufgabe, eine Box für einen Zettelblock herzustellen. Diese soll eine leichte Entnahme auch der untersten Blätter ermöglichen.
Der Rohbau ist aus Graupappe in Form einer zusammenhängenden Abwicklung anzufertigen.
Die Maße des Zettelblocks: 80 × 80 mm, Höhe 50 mm

3.1 Fertigen Sie eine räumliche Darstellung Ihres Werkstücks an, aus der auch die Funktion der Zettelentnahme ersichtlich wird.

3.2 Zeichnen Sie die Abwicklung der Zettelbox in Originalgröße, einschließlich der notwendigen Klebelaschen.

3.3 Erstellen Sie einen tabellarischen Arbeitsplan, der alle weiteren Arbeitsschritte zur Herstellung des Rohbaus in Stichpunkten unter Nennung der verwendeten Werkzeuge und Hilfsmittel enthält.

4 Gesundheit und Umweltschutz

4.1 Nennen Sie vier mögliche Unfallgefahren und je eine geeignete Schutzmaßnahme bei der Bearbeitung von Papierwerkstoffen.

4.2 Begründen Sie anhand von vier Aspekten, warum der Einsatz von Recyclingpapier heutzutage so wichtig ist.

5 Werkbetrachtung
Im Fachhandel für Bürobedarf werden Zettelboxen vorwiegend aus Kunststoff angeboten. Erläutern Sie fünf Vorteile, die für die Verwendung dieses Werkstoffs sprechen.

1   Bedeutung des Werkstoffs

Das Bauwesen hat im 19. Jahrhundert durch die Verwendung von Metallen neue Konstruktionstechniken entwickelt.

Abb.: Bau des Eiffelturms, 1887

1.1   Der Eiffelturm war eines der ersten Gebäude, das in einer damals revolutionären Bauweise errichtet wurde. Benennen und beschreiben Sie dieses Bauprinzip und gehen Sie dabei auf dessen Vorzüge ein.

1.2   Darüber hinaus werden heute in der Bauindustrie Metalle auch im Verbund mit anderen Baustoffen zur Konstruktion von Bauwerken eingesetzt. Nennen und erläutern Sie eine solche Konstruktionsweise und ordnen Sie ein Anwendungsbeispiel zu.

1.3   Neben dem Werkstoff Metall besitzt Holz im Bauwesen immer noch einen hohen Stellenwert. Ergänzen Sie in der Tabelle passende Verwendungsbeispiele.

Holz im Gebäude-Rohbau (3 Bsp.)	Holz im Gebäude-Innenausbau (3 Bsp.)

2   Werkstoffkunde und Arbeitsverfahren

2.1   Für den im Bauwesen verwendeten Stahl werden in der Industrie bestimmte Verfahren zu dessen Erzeugung eingesetzt. Nennen und beschreiben Sie ein Stahlgewinnungsverfahren.

2.2   Ein weiteres im Bauwesen häufig eingesetztes Metall ist Aluminium. Informieren Sie stichpunktartig über allgemeine Eigenschaften dieses Metalls. Nennen Sie dazu auch drei konkrete Anwendungsbeispiele im Baubereich.

Allgemeine Eigenschaften/ Aluminium	Anwendungsbeispiele/Baubereich (3)

2.3   Definieren Sie allgemein den Begriff „Halbzeug" und nennen Sie vier gängige Handelsformen von Metall.

2.4 Die Schraubverbindung ist eine Möglichkeit, Metalle lösbar zu verbinden. Hierzu werden Gewinde benötigt. Beschreiben Sie den Vorgang des Gewindeschneidens (wahlweise Innen- oder Außengewinde).

Abb.: Schrauben und Muttern mit Außen- und Innengewinden

2.5 Nennen Sie drei Möglichkeiten von nichtlösbaren Metallverbindungen.

2.6 Vervollständigen Sie die Tabelle zu Metallbearbeitungstechniken, indem Sie Werkzeuge und Werkhilfsmittel bzw. Arbeitsvorgänge entsprechend ergänzen.

Arbeitsvorgänge	Werkzeuge/ Werkhilfsmittel
	Richtplatte
Auftiefen einer Kupferschale	
Markieren einer Kreislinie auf Blech	
	Körner
	Seitenschneider
Abscheren eines Bleches über 2 mm Stärke	
	Punze

3 Fachgerechte und gestaltende Verarbeitung

Sie haben die Aufgabe, aus Aluminiumblech und gegebenenfalls auch weiteren Metallhalbzeugen einen Klebefilmabroller herzustellen.
Sie können sich hierbei an der vorgegebenen Abbildung orientieren.

Lagerung mit Achse steht zur Verfügung

3.1 Zeichnen Sie eine maßstabsgetreue Abwicklung oder die Einzelteile (M 1:1) zur Fertigung des Gestells, in welches man die Klebefilmrolle samt Achse einsetzen kann. Die Lagerung der Klebefilmrolle mit der Achse steht Ihnen bereits zur Verfügung. Die Abmessungen der Klebefilmrolle: Außendurchmesser 50 mm, Rollenbreite 15 mm.

3.2 Fertigen Sie einen Arbeitsplan zur Herstellung des Gestells an. Gehen Sie hierbei auf alle notwendigen Arbeitsschritte sowie die verwendeten Werkzeuge und Hilfsmittel ein.

4 Gesundheit und Umweltschutz

4.1 Das Bohren von Metall birgt Unfallgefahren. Nennen Sie drei mögliche Unfallgefahren und erläutern Sie die jeweiligen Schutzmaßnahmen.

4.2 Die Gewinnung und Weiterverarbeitung von Metallen erfordert einen hohen Energieaufwand. Zeigen Sie vier unterschiedliche Möglichkeiten auf, wie Sie im Alltag oder im Werkunterricht bewusst und ressourcenschonend mit dem Wertstoff Metall umgehen können.

5 Werkbetrachtung
Ein Klebefilmabroller kann auch aus Acrylglas hergestellt werden. Erläutern Sie je zwei Vor- und Nachteile dieses Materials im Hinblick auf das genannte Werkstück.

Lösungsvorschläge

1 Bedeutung des Werkstoffs

1.1 Als Hilfsmittel (Dübel, Klammern, Verankerungen u. dgl.) verwendete man Eisen in der Architektur bereits seit der Antike. Entscheidend an Bedeutung gewannen die Eisenwerkstoffe in dieser Hinsicht jedoch erst durch die industrielle Revolution. Nun standen Gusseisen und Stahl auch in entsprechender Menge und Qualität zur Verfügung. Durch die in Fabriken erfolgte Fertigung standardisierter Bauteile, welche anschließend auf der Baustelle im Rastersystem verbunden wurden, veränderte sich die Bautechnik grundlegend. Der Ingenieur (zuständig für Berechnungen und Statik) ersetzte den Architekten, Holz und Stein wurden in weiten Bereichen von den Eisenwerkstoffen abgelöst. Durch das angewandte Prinzip der Gerüstbauweise/Skelettbauweise war die Wand von ihrer tragenden Funktion befreit und konnte so durch Glas oder andere Materialien ersetzt werden. Eisentragwerke erfordern im Vergleich zu ihrer Tragfähigkeit ein geringeres Gewicht.

Bis zur Mitte des 19. Jahrhunderts war zunächst Gusseisen das vorherrschende Material. Dieses hält zwar hoher Druckbelastung stand, besitzt aber nur eine relativ geringe Zugfestigkeit, sodass die Konstruktionsmöglichkeiten noch recht eingeschränkt waren. Die Einführung der Walztechnik für Schmiedeeisen/Stahl in den 30er-Jahren des 19. Jh. ermöglichte die Herstellung von Bauteilen mit wesentlich höherer Zugfestigkeit: T-Profile, Doppel-T-Träger und Walzprofilbleche. Mit ihnen konnten bei geringerem Materialaufwand größere Spannweiten erzielt werden. Weitere technische Entwicklungen (Ständer- und Strebefachwerke, Hängekonstruktionen, Gelenkträger usw.) ergaben neue technische Möglichkeiten, insbesondere für stützenfreie Großraumhallen, Bahnhöfe, Brückenkonstruktionen usw.

Berühmte Beispiele hierfür sind der Londoner „Kristallpalast" (1851 von Joseph Paxton für die Weltausstellung erbaut, 1936 durch Brand zerstört) und der in den Jahren 1887 bis 1889 als damals höchstes Bauwerk der Welt von Gustave Eiffel in Paris errichtete „Eiffelturm".

Die neue Bautechnik war zwischen fortschrittlichen und konservativen Kreisen sehr umstritten. Die Verfechter der Moderne sahen in ihr eine neue, zeitgemäße Ästhetik, von den Traditionalisten wurde sie als hässlich abgelehnt, wiewohl ihre technischen Vorteile nicht geleugnet werden konnten.

1.2 Der französische Gärtner Joseph Monier wurde zum eigentlichen Erfinder des **Stahlbetonbaus**, als er die Festigkeit seiner Beton-Blumenkübel durch Bewehrung mit Stahleinlagen erhöhte.

Beton weist zwar eine hohe Druckfestigkeit auf, jedoch nur geringe Zugfestigkeit. Dieser Nachteil wird durch eine Armierung mit Stahlstäben, -matten oder -geflechten behoben. Werden Stahlteile im abbindenden Beton gespannt, so spricht man von Spannbeton. Dieser ermöglicht Materialeinsparungen durch dünnere Querschnitte oder sogar komplexe, gekrümmte Wände.

Großbauten wie Hochhäuser, Häfen, Tunnel, Staumauern wären ohne diese moderne Bautechnik kaum denkbar.

1.3

Holz im Gebäuderohbau	Holz im Gebäude-Innenausbau
Holzkonstruktionen in Fachwerk- bzw. Skelettbauweise	Treppeneinbauten
Dachstühle	Holzdecken
moderner Holzblockbau	Fußböden

2 Werkstoffkunde und Arbeitsverfahren

2.1 Eines der wichtigsten technischen Verfahren zur Stahlerzeugung aus Roheisen ist das **LD-Verfahren** (Linz-Donawitz-Verfahren). Dieses gehört (neben dem LD/AC- und dem OBM-Verfahren) zu den sog. Oxygen-Blasverfahren, bei denen reiner Sauerstoff verwendet wird, welcher sich mit dem zu hohen Kohlenstoffgehalt des Roheisens verbindet (diesen „verbrennt") und ihn so auf die erforderliche Restmenge von unter 2 % senkt. Erst dadurch wird der Eisenwerkstoff spanlos formbar und somit zu Stahl. Für das LD-Verfahren wird phosphorarmes Roheisen verwendet.

In den geneigten Konverter (Fassungsvermögen bis zu 380 Tonnen) werden flüssiges Roheisen und ein bestimmter Anteil an Schrott gefüllt. Durch Zugabe weiterer Stoffe werden im anschließenden Blasprozess unerwünschte Begleitelemente in der Schlacke gebunden.

Anschließend schwenkt der Konverter in die senkrechte Blasstellung. Ein Blasrohr, die sog. Sauerstofflanze, wird eingeführt und bläst reinen Sauerstoff auf das „Bad". Durch die dabei ausgelösten Verbrennungs- und Strömungsvorgänge wird die Schmelze so durchmischt und erhitzt, dass der beigegebene Schrott ebenfalls schmilzt. Gegen Ende des Blasvorgangs (nach ca. 20 Minuten) können noch die erforderlichen Zugaben von Legierungszusätzen erfolgen, um die erzeugte Stahlsorte auf ihren Verwendungszweck hin zu optimieren.

2.2

Allgemeine Eigenschaften Aluminium	Anwendungsbeispiele/Baubereich
geringes Gewicht	Baufertigteile (Fenster- und Türrahmen)
hohe Korrosionsfestigkeit	Fassadenverkleidungen
vielseitige Legierbarkeit	Profile für Leichtbauwände
gute elektrische Leitfähigkeit	
Körperverträglichkeit	

2.3 Unter dem Begriff „Halbzeug" versteht man im Metallbereich Zwischenprodukte, welche durch plastische Formgebung (Walzen, Pressen, Ziehen) aus im Block- oder Strangguss vorgefertigten Ausgangsprodukten (z. B. Blöcke, Knüppel, Brammen, Stränge) hergestellt werden. Sie werden dann in einem weiteren Fertigungsschritt industriell oder handwerklich zu Endprodukten verarbeitet. Hierzu gehören Grob- und Feinbleche, Folien, Drähte, Rohre, Stangen und Profile.

2.4 Zur Herstellung eines **Innengewindes** benötigt man zunächst ein sog. Kernloch, d. h. eine Bohrung (Sack- oder Durchgangsloch) im entsprechenden Durchmesser. Dieser kann einer Tabelle entnommen oder berechnet werden (Nenndurchmesser des Gewindes × 0,8). Im ersten Arbeitsschritt wird mit der Reißnadel ein Kreuz angerissen, dessen Schnittpunkt den Mittelpunkt der Kernlochbohrung festlegt. Diesen körnt man nun mit einem Körner an, sodass die Querschneide des verwendeten HSS-Bohrers nicht verläuft. Anschließend erfolgt der Bohrvorgang mittels einer Tischbohrmaschine und des Maschinenschraubstocks, bevor man die obere Kante des Bohrlochs mit einem Kegelsenker ansenkt. Innengewinde werden gewöhnlich in drei Arbeitsschritten mit dem dreiteiligen Handgewindebohrersatz eingeschnitten. Dieser besteht aus Vorschneider, Mittelschneider und Fertigschneider, die jeweils im sog. „Windeisen" befestigt werden und nacheinander zum Einsatz kommen. Die Zerspanungsarbeit wird so auf drei Gewindebohrer verteilt und man erreicht ein sauberes, maßhaltiges Gewinde, ohne den einzelnen Gewindebohrer allzu sehr zu beanspruchen. Für dünne Werkstücke eignet sich auch der Einschnitt-Handgewindebohrer. Das Werkstück wird für die Arbeit sicher aufgespannt (z. B. im Parallelschraubstock). Die Gewindebohrer werden nun exakt axial zum Kernloch angesetzt und eingedreht. Beigegebene Schmiermittel erleichtern hierbei die Arbeit. Um eine zu lange Spanbildung zu vermeiden, dreht man den Gewindeschneider jeweils nach wenigen Umdrehungen zurück, wodurch der Span abreißt, der Schmierstoff weiter einlaufen kann und der Bohrer nicht verklemmt.

2.5

Löten (Weich- oder Hartlöten)
Schweißen (z. B. Gasschmelzschweißen, Elektrolichtbogenschweißen u. a.)
Nieten

2.6

Arbeitsvorgänge	Werkzeuge/Werkhilfsmittel
Richten/Spannen von z. B. verbeulten Blechen	**Richtplatte**
Auftiefen einer Kupferschale	Knopfhammer
Markieren einer Kreislinie auf Blech	Spitzzirkel
Ankörnen z. B. eines Bohrungsmittelpunktes	**Körner**
Ablängen eines dünneren Drahtes	**Seitenschneider**
Abscheren eines Bleches über 2 mm Stärke	Handhebelschere
Einschlagen von Profilabdrücken zu Mustern o. a.	**Punze**

3   Fachgerechte und gestaltende Verarbeitung

3.1

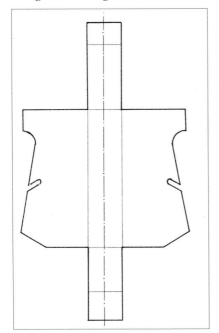
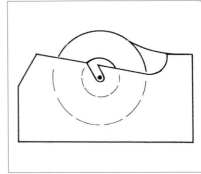

Ansicht Klebefilmabroller

Arbeitsschritte	Werkzeuge / Hilfsmittel
Konstruktion einer Kartonschablone als Abwicklung im Maßstab 1:1	Karton, Zeichengeräte (Bleistift, Lineal, Geodreieck, Zirkel usw.)
Ausschneiden der Schablone	Cuttermesser, Anschlagschiene, Schere, Schneideunterlage
Übertragen der Abwicklung auf den Blechzuschnitt	Reißnadel bzw. Folienstift
Ausarbeiten der Umrisskanten sowie des Ausschnitts zur Lagerung der Achse; anschließend Entfernung der Schnittgrate	Handhebelschere, Laub- oder PUK-Säge, Flach-, Rund- und Halbrundfeile; Reißnadel, Körner, HSS-Bohrer, Tischbohrmaschine, Maschinenschraubstock, Bohrunterlage; Schleifklotz und Schleifleinen
Zurichten evtl. mehrerer, passgenauer Treibklötze aus Hartholz	Japanische Zugsäge, Feilen, Schleifpapiere, Bankzange, Schraubzwingen mit Unterlagen
Abkanten der Außenflächen	Parallelschraubstock, Schutzbacken, Treibklötze, Kunststoffhämmer, evtl. Abkantbank

4 Gesundheit und Umweltschutz

4.1

Unfallgefahr: Handverletzungen durch Einhaken von Bohrern, was zum Mitdrehen von Blechen führen kann

Maßnahmen: Werkstück sicher aufspannen / Maschinenschraubstock verwenden

Unfallgefahr: Verbrennungen durch heiß gelaufene Bohrer, Werkstücke und Bohrspäne

Maßnahmen: nur scharfe Bohrer benutzen / Vorschub und Drehzahl anpassen / gegebenenfalls Kühlmittel verwenden

Unfallgefahr: abstehende Teile, die in den rotierenden Bohrer geraten könnten

Maßnahmen: lange Haare zusammenbinden / Ketten und Schmuck ablegen / eng anliegende und bewegungsfreundliche Kleidung tragen

4.2

In manchen Fällen ist es problemlos möglich, auf Metalle vollständig zu verzichten (z. B. Möbel oder Fassaden aus Holz, Dacheindeckungen aus Tonziegeln).

Gegenstände aus Metallen können in der Regel vielfach verwendet und im Bedarfsfall auch repariert werden. Aussortierte Teile sind oft noch für andere Verwendungszwecke brauchbar.

Auch durch materialsparendes Zuschneiden und Verarbeiten lässt sich der Metallverbrauch reduzieren.

Metallreste oder unbrauchbar gewordene Metallgegenstände sind weiterhin wertvolle Rohstoffe und lassen sich in der Regel problemlos einem Recyclingverfahren zuführen.

Vorteil 1:	Acrylglas ist preisgünstiger als Metall und wird in unterschiedlichen Materialstärken und Färbungen angeboten.
Vorteil 2:	Als Thermoplast lässt sich Acrylglas leicht umformen und ist auch mechanisch leicht zu verarbeiten.
Nachteil 1:	Kunststoffe sind allgemein leicht, sodass das Werkstück eine geringere Standfestigkeit aufweist.
Nachteil 2:	Die Oberflächenhärte von Metallen ist wesentlich höher als diejenige der Kunststoffe. Acrylflächen sind daher empfindlicher gegen mechanische Verletzungen.

1   Bedeutung des Werkstoffs
Die Ursprünge der Kunststoffherstellung reichen bis ins vorletzte Jahrhundert zurück. Auf dem Weg hin zu einem der wichtigsten Werkstoffe unserer Zeit waren verschiedene Entwicklungsschritte nötig.

1.1   Berichten Sie über zwei wichtige Stationen aus der Entwicklungsgeschichte der Kunststoffe.

1.2   Kunststoffe sind Werkstoffe nach Maß und haben vielerlei Vorzüge. Aus diesem Grund ersetzen und ergänzen sie heutzutage unter anderem im Bauwesen oftmals traditionelle Werkstoffe. Vervollständigen Sie hierzu die nachfolgende Tabelle.

Anwendungsbeispiel/ Bauwesen	Ersatz eines traditionellen Werkstoffs	Vorteile von Kunststoff *(keine Mehrfachnennung)*

1.3   Kunststoffe eignen sich in idealer Weise zur Fertigung von Produkten in hohen Stückzahlen (siehe Abb.). Erläutern Sie Vorteile, aber auch Probleme der Massenproduktion.

1.4   Auch die Werkstoffe Holz und Ton können durch spezielle Verfahren in Serie verarbeitet werden. Nennen Sie je ein solches Verfahren.

Verfahren/Serienfertigung Holz	Verfahren/Serienfertigung Ton

2   Werkstoffkunde und Arbeitsverfahren
2.1   Kunststoffe werden heute vorwiegend durch chemische Synthese hergestellt. Nennen Sie drei Ausgangsstoffe hierfür sowie die drei Syntheseverfahren. Beschreiben Sie ein Syntheseverfahren.

2.2 Kunststoffe werden nach ihrem inneren Aufbau und ihrem Verhalten in drei Gruppen eingeteilt. Entscheiden Sie, ob folgende Aussagen hierzu fachlich richtig sind.

	ja	nein
Thermoplaste bestehen aus engmaschig, fest verknüpften Makromolekülen.	☐	☐
Thermoplaste können getrennt, verschmolzen und verschweißt werden.	☐	☐
Duroplaste sind nach ihrer Formgebung durch Erwärmung verformbar.	☐	☐
Der Kunststoff PVC zählt zu den Elastomeren.	☐	☐
Thermoplaste, Duroplaste und Elastomere sind schmelzbar.	☐	☐
Elastomere sind bei niedrigen Temperaturen weniger elastisch.	☐	☐
Kunststoffe mit unverknüpften Molekülketten sind plastisch verformbar.	☐	☐

2.3 Benennen und beschreiben Sie zwei unterschiedliche industrielle Formungsverfahren zur Herstellung von Kunststofffolien.

2.4 Ordnen Sie den abgebildeten Kunststoffprodukten das entsprechende industrielle Formungsverfahren zu.

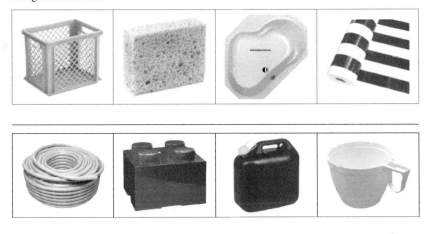

2.5 Nennen Sie zwei Möglichkeiten zum fachgerechten Trennen von Acrylglas.

2.6 Die Schraubverbindung ist eine Möglichkeit, Acrylglas mit Metall lösbar zu verbinden. Dazu muss ein Gewinde angefertigt werden. Beschreiben Sie den Vorgang des Gewindeschneidens (wahlweise Innen- oder Außengewinde).

2.7   Acrylglas ist ein Werkstoff mit vielen vorteilhaften Eigenschaften. Wählen Sie vier solche Eigenschaften aus, die besondere Bedeutung für den Werkunterricht haben, und begründen Sie Ihre Wahl.

Eigenschaften (4)	Begründung für Verwendungseignung im Werkunterricht

3   Fachgerechte und gestaltende Verarbeitung

Sie haben die Aufgabe, aus einem Acrylglasstreifen eine Halterung für einen zylinderförmigen Zahnputzbecher (Höhe 100 mm, Durchmesser 70 mm) herzustellen, die an der Wand Ihres Bades festgeschraubt werden kann.
Die Halterung ist aus einem Stück durch mechanische Bearbeitung und thermisches Verformen zu fertigen.

3.1   Fertigen Sie eine anschauliche räumliche Zeichnung Ihres Werkstücks an und zeichnen Sie die Abwicklung im Maßstab 1:2 (halbe Größe).

3.2   Erstellen Sie einen tabellarischen Arbeitsplan zur Herstellung Ihres Werkstücks.
Dieser soll alle Arbeitsschritte sowie die jeweils verwendeten Werkzeuge und Hilfsmittel beinhalten. Ergänzen Sie dazu gegebenenfalls wichtige Arbeitshinweise.

4   Gesundheits- und Umweltschutz

4.1   Formulieren Sie je drei Schutzmaßnahmen zur Vermeidung von Unfallgefahren beim Bohren und thermischen Verformen von Acrylglas.

Bohren:

Thermisches Verformen:

4.2   Heutzutage findet auch eine Rückbesinnung auf traditionelle Werkstoffe statt. Begründen Sie, weshalb dies aus ökologischer sowie gesundheitlicher Sicht sinnvoll ist.

5 Werkbetrachtung

Sie sollen im Rahmen einer Projektpräsentation die Besonderheiten Ihres selbst gefertigten Werkstücks aus Aufgabe 3 hinsichtlich Funktion und Design vorstellen. Stellen Sie Ihre Überlegungen schriftlich dar.

Lösungsvorschläge

1 Bedeutung des Werkstoffs

1.1 Dem Amerikaner Charles Nelson Goodyear (1800–1860) gelang im Jahr 1839 durch einen Zufall die Entdeckung der Vulkanisierung von Kautschuk und somit die Erfindung von Naturgummi. Kautschuk verwendeten bereits die Ureinwohner des Amazonasgebiets als Klebstoff, er wurde aber bei Hitze weich und klebrig, bei Kälte spröde und brüchig.

Diese Probleme konnten bei der Herstellung von Geweben, welche man mit Kautschuk wasserdicht machte, zunächst nicht behoben werden. Bei seinen Versuchen mit Schwefel gerieten Goodyear aus Versehen einige Proben auf eine heiße Ofenplatte, was zu einer Vernetzung führte. Aus Kautschuk und Schwefel war durch Hitze Gummi geworden. Da er Schwefel und Hitze mit dem Gott Vulkan verband, nannte Goodyear das Verfahren „Vulkanisieren".

Eine weitere Entwicklung gelang ihm um 1850 mit der Herstellung von Hartgummi durch einen gesteigerten Schwefeleinsatz.

Bedeutete die Vulkanisierung von Kautschuk noch lediglich die chemische Veränderung eines Naturstoffs zu einem Kunststoff, so gelang zu Beginn des 20. Jh. die Herstellung des ersten rein synthetischen Kunststoffs Bakelit (Bakelite).

Der belgische Chemiker Leo Hendrik Baekeland (1863–1944) entwickelte diesen nach ihm benannten Kunststoff durch Synthese von Phenol (Abfallprodukt bei der Steinkohledestillation) und Formaldehyd. In die Pressmassen dieses Duroplastes mischte man noch verschiedene Zuschlagstoffe (Holzmehl, Gesteinsmehl, Textilfasern) und erhielt so ein hartes, dauerhaftes und thermisch resistentes Material. Aus ihm wurden Gehäuse für Elektrogeräte, Büroartikel, Haushaltsgegenstände u. v. m. hergestellt.

1.2

Anwendungsbeispiel/ Bauwesen	Ersatz eines traditionellen Werkstoffs	Vorteile von Kunststoff
Baufertigteile (Fenster- und Türrahmen)	Holz	Witterungsbeständigkeit (praktisch wartungsfrei)
Rohrleitungen	Keramik/Metall	geringes Gewicht, leichte Verlegung
Isolierungen	Naturstoffe, wie z. B. Wolle	höhere Dichtigkeit und Dauerhaftigkeit

1.3 Kunststoffe können preisgünstig und in einfachen Form- und Färbetechniken mit geringem Aufwand in hohen Stückzahlen hergestellt werden. Diese Produkte weisen zudem eine Reihe von technisch äußerst vorteilhaften Eigenschaften auf, wie geringes Gewicht, hohe Belastbarkeit und Verschleißfestigkeit, Widerstandsfähigkeit gegen Korrosion oder Fäulnis usw. Die modernen Fertigungsverfahren erlauben darüber hinaus eine äußerst schnelle und absolut identische Produktion von Einzelteilen in Serien. Ein Ersatz bzw. Austausch von Einzelteilen ist daher problemlos möglich. Diese Vorteile haben in unserer Zeit zu einer enormen Massenproduktion geführt. Abgesehen von den Schadstoffen, welche bei der Herstellung bereits auftreten können, sowie dem Verbrauch von Energieträgern (Steinkohle, Erdöl und Erdgas als nicht nachwachsende Rohstoffe) bedeutet die Menge der mittlerweile vorhandenen Kunststoffteile weltweit ein großes Problem der Entsorgung. Dieses betrifft sowohl stetig wachsende Müllhalden bei der Deponierung wie auch Abgasprobleme bei der Verbrennung. Selbst Thermoplaste können nur bedingt dem Recycling zugeführt werden, da sie bei jedem Einschmelzen an Materialqualität verlieren und letztendlich doch „entsorgt" werden müssen. Der technische Vorteil ihrer Haltbarkeit verkehrt sich nunmehr in den großen Nachteil, dass Kunststoffe im Gegensatz zu Naturstoffen nicht wieder in den natürlichen Kreislauf zurückkehren können. Auch moderne technische Recyclingverfahren wie die Hydrolyse oder Pyrolyse sind zumindest im Augenblick noch nicht ausgereift oder zu teuer.

1.4

Verfahren Serienfertigung Holz	Verfahren Serienfertigung Ton
CNC-gesteuerte Fertigungstechniken (CAM/CIM)	isostatisches Pressen von Flachgeschirren

2   Werkstoffkunde und Arbeitsverfahren

2.1 Kunststoffe werden heute vorwiegend durch die chemischen Syntheseverfahren **Polymerisation**, **Polykondensation** und **Polyaddition** hergestellt. Als Ausgangsstoffe hierfür dienen **Steinkohle**, **Erdgas** und vor allem **Erdöl**.
Im Syntheseverfahren der **Polymerisation** werden Einzelmoleküle (Monomere) zu makromolekularen Strukturen (Polymere) aus immer gleichen Bauteilen verbunden. Dabei werden bestehende Doppelbindungen zwischen Kohlenstoffatomen unter Einwirkung eines Katalysators aufgespalten, sodass neue Bindefähigkeiten entstehen. In einer Art Kettenreaktion lagern sich dann die Einzelbausteine zu Riesenmolekülen zusammen, ohne dass irgendwelche Nebenprodukte anfallen. Die so entstandenen Kunststoffe nennt man Polymerisate. Zu ihnen gehören die meisten Massenkunststoffe, wie Polyethylen (PE), Polyvinylchlorid (PVC) oder Polymethylmethacrylat (PMMA).

2.2

	ja	nein
Thermoplaste bestehen aus engmaschig, fest verknüpften Makromolekülen.	☐	☒
Thermoplaste können getrennt, verschmolzen und verschweißt werden.	☒	☐
Duroplaste sind nach ihrer Formgebung durch Erwärmung verformbar.	☐	☒
Der Kunststoff PVC zählt zu den Elastomeren.	☐	☒
Thermoplaste, Duroplaste und Elastomere sind schmelzbar.	☐	☒
Elastomere sind bei niedrigen Temperaturen weniger elastisch.	☒	☐
Kunststoffe mit unverknüpften Molekülketten sind plastisch verformbar.	☒	☐

2.3 Beim **Extrudieren** werden vorwiegend Thermoplaste zu sog. Halbzeugen geformt (z. B. Schläuche, Rohre, Ummantelungen, Profile). Die hierzu verwendete Maschine wird als Extruder bezeichnet. Dieser besteht im Wesentlichen aus einem Gehäuse, welches eine sich kontinuierlich drehende Schnecke (Transportgewinde) enthält, die wiederum von einer Heizung erwärmt wird. Das durch einen Trichter eingefüllte Granulat wird somit aufgeschmolzen (plastifiziert), nach vorn befördert, dabei nochmals durchmischt (homogenisiert) und verdichtet. Durch ein vorgeschaltetes Werkzeug erhält die plastisch austretende Kunststoffmasse ihre Form und wird abschließend gekühlt, wobei sie erstarrt.

Zum **Kalandrieren** eignen sich nur dickere, zähflüssige Kunststoffmassen, wie sie z. B. Polyvinylchlorid / PVC aufweist. Bei diesem Verfahren wird der plastifizierte Kunststoff zwischen Rollen (Kalandern) zu einem Endlosprodukt ausgewalzt. Neben der Herstellung von Folien oder Platten eignet sich diese Technik besonders zum Beschichten von Geweben (z. B. für Planen u. dgl.).

2.4

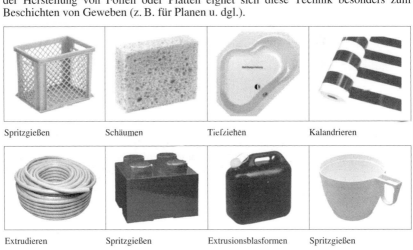

Spritzgießen   Schäumen   Tiefziehen   Kalandrieren

Extrudieren   Spritzgießen   Extrusionsblasformen   Spritzgießen

2.5

Ritzbrechen	Sägen

2.6 **Außengewinde** schneidet man in einem Arbeitsgang. Dazu werden die passenden Schneideisen in den zugehörigen Schneideisenhalter eingesetzt. Besonders wichtig ist hierbei das exakte Ansetzen des Werkzeugs, wobei der Bolzen senkrecht eingespannt und das Schneideisen genau im rechten Winkel hierzu aufgedreht werden muss. Um sich diese Arbeit zu erleichtern, fast man zuvor den oberen Rand des Rundstabes ab und gibt etwas Schmieröl zu.
Der Ansatz selbst erfolgt mit leichtem Druck im Uhrzeigersinn. Sobald das Werkzeug im Material sitzt, kann dieser mit einem Flachwinkel überprüft werden. Anschließend dreht man langsam und unter wiederholter Zugabe von Öl bis zur gewünschten Gewindelänge. Ist diese erreicht, wird der Gewindeschneider wiederum langsam in umgekehrter Richtung zurückgedreht und die restlichen Späne werden entfernt.

2.7

Eigenschaften	Begründung für Verwendungseignung im Werkunterricht
leichte mechanische Bearbeitbarkeit	Acrylglas setzt der mechanischen Bearbeitung keine große Härte und keinerlei Strukturprobleme entgegen. Zur Bearbeitung eignen sich auch eine Vielzahl von Holz- und Metallwerkzeugen.
leichte thermische Verformbarkeit	Die erforderlichen Erhitzungstemperaturen (etwa zwischen 115° und 180°) sind auch mit einfacheren Heißluftgebläsen und Heizstäben leicht zu erreichen. Biegehilfen können ohne großen Aufwand aus Holz hergestellt werden.
hohe Transparenz und leichte Färbbarkeit	Dadurch eignet sich der Kunststoff für unterschiedlichste gestalterische Werkaufgaben (Brillen, Lichtobjekte usw.).
In entsprechendem Vernetzungsgrad ist Acrylglas ein relativ zäher, bruchfester und wenig spröder Kunststoff.	Damit bestehen keine größeren Unfallgefahren im Unterricht durch Absplitterungen, scharfe Kanten usw.

3   Fachgerechte und gestaltende Verarbeitung

3.1

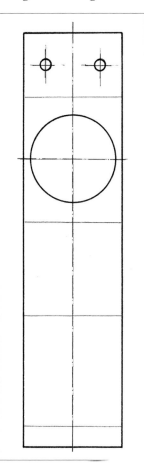

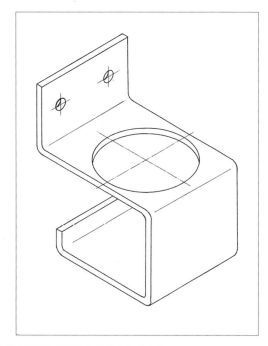

3.2

Arbeitsschritte	Werkzeuge/Hilfsmittel	Arbeitshinweise
Konstruktion einer Kartonschablone im Maßstab 1:1	Karton, Zeichengeräte (Bleistift, Lineal, Geodreieck, Zirkel usw.)	Materialstärke und Maße des vorgegebenen Bechers beachten
Ausschneiden der Schablone	Cuttermesser, Anschlagschiene, Schere, Schneidunterlage	exakte und saubere Schnittführung
Übertragen der Abwicklung auf den Materialzuschnitt	Folienstift	exakte Übertragung, Verrutschen der Schablone vermeiden

Bohren und Anfasen der Befestigungslöcher sowie Ansatzbohrung zum Sägen der Becheraufnahme	Tischbohrmaschine, Stufenbohrer oder HSS-Bohrer (mit angespitzter Seele), Maschinenschraubstock, Holzunterlage, Kegelsenker	Material fest einspannen, Bohrungsmittelpunkte exakt anzeichnen, Bohrerspitze genau zentrieren, mit dosiertem Vorschub arbeiten, evtl. Kühlmittel benutzen
Aussägen der Becheraufnahme	Laubsäge, Laubsägetisch (mit Befestigung)	langsames Sägen, um zu hohe Erhitzung zu vermeiden, Drehen des Materials, Sägefuge im Abfall
Überarbeitung aller Kanten	Feilen (Flach- und Halbrundfeile), feines Nassschleifpapier, Schleifklotz, Bankzange	Material sicher einspannen, dabei weiche Beilagen verwenden, auf rechtwinklige Kanten achten
Abziehen der Schutzfolie und thermische Verformung	Heizstab, Biegehilfen, evtl. Schraubzwingen mit Schutzbeilagen	Material nicht mit dem Heizstab berühren, gegebenenfalls beidseitig erwärmen, Überhitzung vermeiden, bis zum völligen Erkalten eingespannt lassen
Polieren der Oberfläche	Bohrmaschine, Schwabbelscheibe, Polierpaste	nur geeignetes Poliermittel verwenden, zu hohen Anpressdruck vermeiden

4 Gesundheits- und Umweltschutz

4.1

Bohren: Werkstück sicher im Maschinenschraubstock aufspannen.

Bohrer exakt senkrecht und gut im Bohrfutter einspannen.

Eng anliegende, aber bewegungsfreundliche Kleidung tragen, Haare zusammenbinden, Ketten und sonstigen Schmuck ablegen.

Thermisches Verformen: Achtung vor heißen Werkzeugen und Materialteilen. Konzentriert arbeiten und diese nicht berühren.

Entstehende Kunststoffdämpfe möglichst nicht einatmen. Werkraum gut lüften und gegebenenfalls eine Schutzmaske verwenden.

Das Tragen von Schutzhandschuhen ist generell empfehlenswert.

4.2

Kunststoffe sind organisch-chemische Werkstoffe und können somit eine Reihe von gesundheitlich bedenklichen Stoffen (Schwermetalle, Stabilisatoren, Weichmacher usw.) enthalten, welche sowohl bei der Fertigung wie auch beim Gebrauch von Kunststoffgegenständen in Form von Stäuben, Dämpfen oder Abgasen aufgenommen werden.

Kunststoffe können daher auch nicht einfach in den Naturkreislauf eingegliedert werden, ihre Widerstandsfähigkeit gegen natürliche Zersetzung wird somit zum Problem ihrer Entsorgung. Zudem fallen sie aufgrund ihrer Massenproduktion in enormen Mengen an. Kunststoffe werden aus nicht erneuerbaren Energieträgern hergestellt. Diese sind somit für künftige Generationen verloren. Gegenstände aus traditionellen Werkstoffen sind hingegen keine „Wegwerfprodukte". Sie können entweder wiederverwertet oder in den Naturkreislauf eingefügt werden, wodurch sich das Problem des anfallenden Müllaufkommens wesentlich verringert. Sie enthalten auch keine bzw. kaum vergleichbare Schadstoffe, welche in Lebensmittel oder die Umwelt gelangen können. Manche von ihnen sind sogar nachwachsende Rohstoffe und damit bei sinnvollem Gebrauch immer wieder verfügbar.

5 Werkbetrachtung

Funktion: Für Sanitärobjekte ist die Verwendung von Acrylglas aus verschiedenen Gründen sehr sinnvoll. Der Kunststoff ist im Gebrauch gesundheitlich unbedenklich, unempfindlich gegen Feuchtigkeit, leicht zu reinigen und damit sehr hygienisch. Im Gegensatz zu Glas oder Keramik ist er zudem wesentlich leichter, dabei aber auch schlagzäher und weniger bruchempfindlich. Das Werkstück ist an jeder Stelle einfach anzubringen und zugänglich. Die leichte Entnahme und ein sicheres Abstellen nach Gebrauch sind gewährleistet.

Design: Acrylglas als moderner Werkstoff erfordert eine ebenso moderne Gestaltung mit klarer Linienführung und Verzicht auf unnötige Zierformen. Durch seine einfache mechanische sowie thermische Verformbarkeit sind einer einfallsreichen Formgebung kaum Grenzen gesetzt. Der Werkstoff wird zudem in den unterschiedlichsten Materialstärken und Einfärbungen angeboten, sodass eine optisch gelungene Abstimmung auf das Ambiente jederzeit möglich ist.

1   Bedeutung des Werkstoffs

1.1   Seit der industriellen Revolution haben
       Metalle viele technische Möglichkeiten
       eröffnet.
       Erläutern Sie dies anhand der Bereiche
       Maschinenbau, Verkehrswesen und
       Architektur.

Abb.: Getriebe-Zahnrad,
Maschinenteil (Ausschnitt)

1.2   In einigen Bereichen werden heute Metalle durch technische Keramik ersetzt oder
       auch ergänzt. Zeigen Sie anhand konkreter Beispiele drei verschiedene Vorteile techni-
       scher Keramik auf.

Beispiel	Vorteile

2   Werkstoffkunde und Arbeitsverfahren

2.1   Metalle haben verschiedenste Eigenschaften, aus denen sich bestimmte Verwendungs-
       zwecke ergeben. Wählen Sie drei Metalle und ergänzen Sie hierzu die Tabelle.

Metall	Eigenschaften (je 2)	Verwendung (je 2)

2.2 Je nach Verwendung lassen sich Eigenschaften von Metallen durch Legieren verändern. Definieren Sie den Begriff „Legierung", nennen Sie zwei Beispiele und deren Ausgangsmetalle.

2.3 Ergänzen Sie in der Tabelle die fehlenden Fachbegriffe oder Definitionen aus dem Metallbereich.

	Durch Walzen, Ziehen oder Pressen vorgefertigte Zwischenprodukte
Punzieren	
Patina	
	Reduzierung des Kohlenstoffgehalts durch Sauerstoffzugabe in das geschmolzene Roheisen
Schlacke	
	Verfahren zur Erzeugung von Hohlformen durch gezielte Hammerschläge

2.4 Zum Trennen von Metall werden Spezialwerkzeuge wie z. B. Seitenschneider und Handblechschere verwendet. Erklären Sie die unterschiedliche Wirkungsweise der beiden genannten Werkzeuge und unterstützen Sie Ihre Ausführungen durch aussagekräftige Zeichnungen.

| | Zeichnung |
| | Zeichnung |

2.5 Nennen Sie vier weitere Werkzeuge zum Trennen von Metall. Zeichnen und beschriften Sie eines dieser Werkzeuge.

2.6 Eine Möglichkeit zum Fügen von Metallen ist das Weichlöten. Informieren Sie über die Arbeitsschritte, die beim Weichlöten auszuführen sind.

3 Fachgerechte und gestaltende Verarbeitung

Sie haben die Aufgabe, aus Aluminiumblech eine Reagenzglashalterung für die Fachschaft Chemie herzustellen.
Diese sollte mindestens drei Reagenzgläser aufnehmen können. Der Lochdurchmesser für ein Reagenzglas beträgt ca. 20 mm.

3.1 Stellen Sie Ihr Werkstück anschaulich zeichnerisch dar.

3.2 Fertigen Sie einen Arbeitsplan zur Herstellung des Werkstücks, der alle notwendigen Arbeitsschritte sowie Werkzeuge und Werkhilfsmittel enthält.

3.3 Wählen Sie für das Werkstück eine geeignete Oberflächenbehandlung und begründen Sie Ihre Entscheidung.

4 Gesundheits- und Umweltschutz

4.1 Beschreiben Sie drei Gefahren und entsprechende Maßnahmen zum Gesundheitsschutz beim Löten.

Gefahren	Maßnahmen zum Gesundheitsschutz

4.2 Obwohl uns bewusst ist, dass Metall ein wertvoller und begrenzt vorkommender Werkstoff ist, gehen wir im Alltag oft verantwortungslos damit um. Zeigen Sie dies anhand von zwei Beispielen und geben Sie jeweils Handlungsalternativen an.

5 Werkbetrachtung

5.1 Die Funktionalität ist ein wesentliches Qualitätskriterium für einen Gebrauchsgegenstand. Führen Sie Aspekte an, welche für die Funktionalität einer Halterung für Reagenzgläser aus Metall von Bedeutung sind.

5.2 Nennen Sie zwei weitere Qualitätskriterien zur Beurteilung des genannten Werkstücks.

1 Bedeutung des Werkstoffs

1.1

Bereich	Technische Möglichkeiten
Maschinenbau	Die industrielle Revolution hat vor allem die Produktion von Gütern und Waren stark verändert. Das klassische Beispiel sind automatisierte Webstühle, mit denen Stoffe in viel kürzerer Zeit und gleichbleibenderer Qualität erzeugt werden konnten als durch Handarbeit. In einer Fabrikhalle liefen viele dieser Webstühle zeitgleich, was die Produktionszahlen enorm erhöhte und eine serielle Herstellungsweise ermöglichte. Bei der Entwicklung der Produktionsmaschinen wurden Metalle gemäß ihrer unterschiedlichen Eigenschaften für optimale Funktionseinheiten sowie die Konstruktion und das Design von Korpus und Antrieb eingesetzt. Automatisierungsprozesse, Teilfertigungen mittels Roboter und Erreichung hoher Präzision von genormten Teilen durch CNC-Fertigungen werden immer noch weiterentwickelt und verfeinert. Die Steuerung von Maschinen mittels Computerprogrammen ermöglicht es, die Funktion einer Fertigungsanlage vor der eigentlichen Produktion virtuell zu überprüfen.
Verkehrswesen	Die Dampflokomotive verdankt ihre Erfindung einer Wette zwischen zwei Eisenwerksbesitzern. Einer der beiden beauftragte Richard Trevithick, eine Dampfmaschine zu entwickeln, die auf Schienen weite Strecken überwinden, in angehängten Wagen viel Material, aber auch Passagiere transportieren konnte und die damals üblichen Pferdegespanne ersetzen sollte. 1804 fand die erste Fahrt mit einem Prototyp statt, die Wette war gewonnen, allerdings hielten die Schienen dem Gewicht nicht stand. Dennoch war die Grundidee da und wurde in den späteren Jahren von anderen Ingenieuren weiterentwickelt. Mit dieser Erfindung gelang es Eisenrohstoffe, Halbzeuge und fertige Produkte über weite Strecken zu transportieren und damit Handelswege schneller und häufiger zu nutzen. Speziell im Bereich des Schienenverkehrs wurden durch neue technische Möglichkeiten Superlative entwickelt, wie die Magnetschwebebahn, z. B. der Transrapid oder der japanische Maglev, der Spitzengeschwindigkeiten bis zu 600 km/h erreicht. In Europa verkehren Hochgeschwindigkeitszüge wie der ICE, der TGV oder der Transrapid, die dem Flugverkehr durchaus Konkurrenz machen. Was die Beförderung von Personen auf dem Wasser betrifft, so standen am Anfang der Entwicklung die Raddampfer, die vorwiegend auf Flüssen verkehrten. Später gewannen Dampfschiffe an Bedeutung, der Passagierverkehr nach Amerika nahm zu und die Dampfschiffe wurden in enormen Ausmaßen gebaut, mit allem erdenklichen Luxus ausgestattet und von riesigen Dampfmaschinen angetrieben. Berühmtestes Beispiel dafür waren die Titanic und fast baugleich die beiden Schwesterschiffe Olympic und Britannic. Die Dampfschiffe, die aus vernieteten Stahlplat-

	ten gebaut waren, ersetzten zunehmend die Segelschiffe aus Holz.
	Heutzutage ist der Passagierverkehr auf Kreuzfahrtschiffen in der Tourismusbranche sehr beliebt, sie werden allerdings durch Verbrennungsmotoren angetrieben.
Architektur	**Skelettbauweise**
	Die Skelettbauweise ist eine Tragekonstruktion aus einzelnen, in Fabriken vorgefertigten und standardisierten Stahl- oder Gusseisenbauteilen, die direkt auf der Baustelle in einem Rastersystem zusammengefügt werden. Die Skelettbauweise ist dem Fachwerkbau (Holz) oder dem Strebepfeilerbau (Stein) nachempfunden und gilt als eine der stabilsten Bauweisen. Das Gewicht des Gebäudes verteilt sich auf die Streben aus Metallprofilen und nicht auf die Wände. Dadurch wird die Standfestigkeit des Gebäudes erhöht und gleichzeitig Gewicht eingespart. Diese Bauweise ermöglicht große Spannweiten und Höhen von Gebäuden und ist gekennzeichnet durch ein filigranes Rahmengerüst, dessen Zwischenräume großflächig verglast werden können. Die so entstehenden Räume haben eine hohe Ausbeute an Tageslicht; ein Faktor, der besonders in Museen und Ausstellungsräumen genutzt wird. Das modernste Beispiel ist das Gebäude der Fondation Louis Vuitton in Paris, entworfen vom Stararchitekten Frank O. Gehry.
	Stahlbeton
	Bewehrungen, Armierungen oder Gitter aus Stahl werden mit dem Baustoff Beton kombiniert. Dabei verstärken die günstigen Eigenschaften beider Materialien ihre Wirkung. Beton ist in verarbeitbarem Zustand beliebig formbar. Ausgehärtet zeichnet er sich durch hohe Druckfestigkeit, Dauerhaftigkeit und Formstabilität aus. Die geringe Zugfestigkeit des Betons wird durch die hohe Zugfestigkeit des Stahls ausgeglichen. Als sogenannter Verbundstoff kann Stahlbeton besonders für große Bodenflächen oder beim Bau von Hochhäusern eingesetzt werden.
	Spannbeton
	Auch beim Spannbeton werden die beiden Materialien Stahl und Beton in Verbindung gebracht. In den Beton werden Stahlseile eingebracht, die vorgespannt, also gedehnt werden. Der vorgespannte Stahl bewirkt eine Druckbelastung auf den abbindenden Beton, wodurch dieser nicht so stark zu Rissbildung neigt. Bauteile aus Spannbeton weisen eine hohe Steifigkeit auf und verformen sich bei hohen Belastungen nicht so stark. Spannbeton ermöglicht eine schlankere Bauweise und wird häufig bei weittragenden Bauwerken wie Brücken oder Decken weitläufiger Gebäude genutzt, und seit einiger Zeit auch für Türme von Windrädern.

1.2

Beispiel	Vorteile
Bremsscheiben	Hitzeschockbeständigkeit
Kondensatoren	elektrische Isolationsfähigkeit
Knochenersatz	Biokompatibilität

2 Werkstoffkunde und Arbeitsverfahren

2.1

Metall	Eigenschaften (je 2)	Verwendung (je 2)
Zink	Korrosionsschutz	Rostschutz für Stahlhalbzeuge
	niedriger Schmelzpunkt	Feuerverzinken
Gusseisen	hohe Gießbarkeit	Halbzeuge
	hohe Zugfestigkeit	Kurbelwellen
Stahl	schmiedbar	Messer
	hart und zäh	Schienenbau

2.2 Definition Legierung
In ursprünglicher Bedeutung ist eine Legierung ein Gemisch aus mindestens zwei Metallen, also chemischen Elementen mit metallischem Charakter. Die Mischung selbst ist jedoch kein chemisches Element. Die Legierung entsteht im Schmelzfluss, dabei können je nach Mischungsverhältnis Legierungen mit unterschiedlichen Eigenschaften entstehen. Stellt man eine Legierung her, so versucht man die positiven Materialeigenschaften der beteiligten Metalle zu vereinen. Auch heute dienen Legierungen der Verbesserung von Werkstoffeigenschaften, z. B. Härte, Zähigkeit, Schmelzpunktabsenkung, Zugfestigkeit, Biegefähigkeit. Mindestens ein chemisches Element einer Legierung hat metallischen Charakter, andere Elemente oder Zusätze können auch nichtmetallisch sein.
Beispiele: Bronze besteht aus Kupfer und Zinn, Messing aus Kupfer und Zink.

2.3

Halbzeug	**Durch Walzen, Ziehen oder Pressen vorgefertigte Zwischenprodukte**
Punzieren	Stahlstifte mit gehärteten, verschieden geformten Profilen, mit denen durch Hammerschläge (Schlosserhammer) Muster und Ornamente in die Oberfläche des Metalls eingetrieben werden.
Patina	Wird Metall dem CO_2 aus der Luft plus Wasser ausgesetzt, dann beginnt der Prozess der Korrosion. Metall bildet dagegen eine Schutzschicht, die Patina.
Frischen	**Reduzierung des Kohlenstoffgehalts durch Sauerstoffzugabe in das geschmolzene Roheisen**
Schlacke	Nebenprodukt, das bei der Gewinnung von Roheisen entsteht und auf dem flüssigen Roheisen schwimmt.
Treiben	**Verfahren zur Erzeugung von Hohlformen durch gezielte Hammerschläge**

2.4	Wirkungsweise	Zeichnung
	Beim Seitenschneider werden durch kräftiges Zusammendrücken der Griffe die kurzen, scharfen, meißelförmigen Schneiden an der Schnittstelle in das Metall gedrückt, treffen mittig aufeinander und verdrängen dabei spanlos das Material, bis es beim Aufeinandertreffen der Schneidbacken abgezwickt wird.	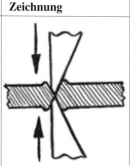
	Bei der Handblechschere treffen die Schneiden nicht aufeinander, sondern gleiten aneinander vorbei. Dadurch wird auf einer Seite das Blech beim Schneiden nach oben gedrückt, während es auf der anderen Seite gleichzeitig nach unten gedrückt wird. In der Mittelschicht wird der Werkstoff durch Scherkräfte abgerissen oder abgeschert.	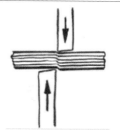

2.5. Werkzeuge zum Trennen von Metall:
– Hebelblechschere
– Metallsäge
– Kneifzange
– Laubsäge

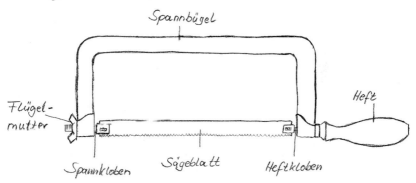

2.6. Die Arbeitsschritte, die beim Weichlöten auszuführen sind, sind:
– Lötkolben und Anschlusskabel vor Gebrauch auf Schäden kontrollieren
– Reinigen der Lötkolbenspitze
– Ablageständer für Lötkolben bereitstellen
– Materialoberflächen von Fett und Oxid reinigen (chemisch/mechanisch)
– hitzeunempfindliche Unterlage bereitstellen
– zu verbindende Teile spannungsfrei und überlappend (Lötfuge) darauf befestigen
– Flussmittel (Lötfett oder -wasser) auftragen

- mit Lötkolben auf Löttemperatur erhitzen
- Lötzinn an die Lötfuge bringen und einschießen lassen
- Lötstelle erkalten lassen
- Flussmittelreste entfernen
- überstehendes Lötzinn mechanisch entfernen (Dreikantschaber / Metallfeile)

3 Fachgerechte und gestaltende Verarbeitung

3.1

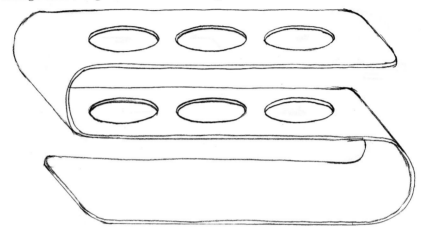

3.2

Arbeitsschritte	Werkzeuge / Hilfsmittel
Entwurfsskizze	Bleistift, Papier
Schablone maßstabsgetreu als Abwicklung unter Einbeziehung des Biegeradius herstellen	Pappe, Bleistift, Zirkel, Stahlmaßstab, Schneideunterlage, Stahlschiene, Cutter
Übertragen der Schablone auf das Aluminiumblech, Festlegung der Aussparungen für die Reagenzgläser	Tesakrepp zum Fixieren der Schablone, Reißnadel oder wasserfester Folienstift, Spitzzirkel, Stahlschiene und Stahlwinkel
Grober Zuschnitt der Abwicklungsfläche	Hebelblechschere
Kanten entgraten	Schraubstock mit Schutzbacken, Schraubzwinge, Entgrater/Metallfeile
Anreißen der Bohrungen für das Durchfädeln des Laubsägeblatts, vorkörnen und bohren	Reißnadel, Stahlmaßstab, Körner und Schlosserhammer, Ständerbohrmaschine, Metallbohrer (HSS), Maschinenschraubstock, Holzunterlage, Schneidöl und Schutzbrille
Aussägen der Aussparungen für die Reagenzgläser	Laubsäge, Metallsägeblatt, Laubsägetisch, Vorderzange oder Schraubzwinge
Kanten der Aussparungen entgraten	Schraubstock mit Schutzbacken, Schraubzwinge, Entgrater/Metallfeile

Außenkontur schneiden und feilen	Handblechschere, Schraubstock mit Schutzbacken, Schraubzwinge, Metallfeile
Eintragen der Biegekanten	wasserfester Folienstift
Werkstück zwischen Holzleiste und Werkbank mit Schraubzwingen so einspannen, dass die Biegekante außen liegt, Biegelehre mit Schraubzwingen vor der Holzleiste befestigen und schrittweise biegen bis der Biegewinkel leicht überschritten ist (Rückfederung), evtl. mit Kunststoffhammer nachhelfen	Holzleiste, Schraubzwingen, Biegelehre: Rundholz (Hartholz), Kunststoffhammer
Mit der zweiten Biegung gleich verfahren	

3.3 Als Oberflächenbehandlung kann zum Schutz vor Korrosion eine Lackschicht aufgebracht werden. Farbloser Zaponlack blättert nicht ab und verdeckt das verwendete Material nicht. Die Lackschicht konserviert das Material und schützt vor Kratzern. Zaponlack aus der Sprühdose hinterlässt keine Pinselspuren.

4 Gesundheits- und Umweltschutz

4.1

Gefahren	Maßnahmen zum Gesundheitsschutz
Stromschläge durch beschädigtes Kabel	Kabel vor Gebrauch überprüfen Kabel nicht mit heißen Teilen des Lötkolbens berühren
Verbrennungen durch heißes Gerät oder Werkstück	Ordnung am Arbeitsplatz Lötkolben sicher ablegen (Lötkolbenständer) Werkstück gut fixieren und abkühlen lassen
Schädigung der Atemwege durch gesundheitsschädliche Dämpfe von Lötfett, Lötflussmittel, Lot und Salmiakstein	Raum ausreichend belüften, wenn möglich mit Absauganlage oder Lötdampfabsorber arbeiten

4.2 Seltene Erden in modernen Medien
Unser Leben ist stark von allen Möglichkeiten der Medientechnik geprägt. Dafür benötigt man Seltene Erden, ohne die es keinen Flachbildschirm, keinen PC, kein Mobiltelefon und auch keinen iPod gäbe. Seltene Erden sind Metalle wie Yttrium, Lanthan oder Neodym, deren Abbau große Krater und giftige Schlämme in der Umwelt hinterlässt. Ganz abgesehen davon geht der Abbau mit Arbeitsbedingungen einher, die man als Ausbeutung bezeichnen kann. Bedenkt man die Verbreitung und die Nutzungsdauer all dieser Geräte, dann wird schnell klar, dass viele Verbraucher sehr verschwenderisch und gedankenlos damit umgehen. Somit ist es wichtig, den Kauf eines neuen Geräts wohl zu überlegen und das alte zurückzugeben oder bei einer Sammelstelle abzugeben, die die Geräte dem Recycling zuführt.

Aluminiumverpackungen von Lebensmitteln

Aluminium ist das Metall, das den energetisch aufwendigsten und umweltgefährlichsten Herstellungsprozess hat. Viele Lebensmittel werden in Aluminiumschalen zum Kauf angeboten, damit der Verbraucher sie gleich so in der Mikrowelle erhitzen oder grillen kann. Die Verpackungen können in der Regel gut gesäubert und wiederverwendet werden. Warme Lebensmittel (z. B. Leberkäsesemmeln) werden oft in Aluminiumfolie verpackt, damit sie warm bleiben. Dafür gibt es Alternativen aus beschichtetem Papier. Anstatt von Getränkedosen sollte man besser Glasflaschen verwenden. Aluminium, das sich bei der Verpackung nicht vermeiden lässt, sowie Getränkedosen sollten getrennt gesammelt werden, denn das Material lässt sich gut recyceln.

5 Werkbetrachtung

5.1 – Material in richtiger Stärke (stabil, aber noch umformbar)
– guter Stand, auch wenn nur ein Reagenzglas eingestellt wird
– Parallelität aller drei Blechetagen
– Aussparungen für die Reagenzgläser müssen übereinanderliegen
– Lochdurchmesser müssen passen
– Reagenzgläser müssen beim Gebrauch leicht einzusetzen und zu entnehmen sein
– problemlose Reinigung durch entsprechende Oberflächenbehandlung

5.2 – Verarbeitung
– Gestaltungsidee

1   Bedeutung des Werkstoffs

1.1   Zeigen Sie an drei Beispielen auf, wie Kunststoffe herkömmliche Materialien im Bereich Verpackung ersetzen und nennen Sie deren Vorteile.

1.2   Trotz vieler Vorteile ergeben sich durch die erhöhte Kunststoffproduktion auch Probleme. Belegen Sie diese Aussage anhand von vier Beispielen.

2   Werkstoffkunde, Arbeitsverfahren

2.1   Die meisten Kunststoffe werden heute durch chemische Synthese hergestellt. Nennen Sie drei Ausgangsstoffe für dieses Herstellungsverfahren.

2.2   Beschreiben Sie das Prinzip der Polykondensation und nennen Sie zwei weitere Verfahren der chemischen Kunststoffgewinnung.

2.3   Benennen und beschriften Sie die abgebildete Schemadarstellung eines wichtigen industriellen Formungsverfahrens für Kunststoffe.

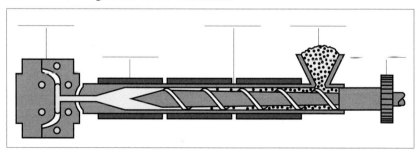

2.4   Beschreiben Sie das in 2.3 abgebildete Formungsverfahren.

2.5   Nennen Sie vier weitere industrielle Formungsverfahren und ordnen Sie je zwei Produktbeispiele zu.

Formungsverfahren	1. Produktbeispiel	2. Produktbeispiel

3   Fachgerechte und gestaltende Verarbeitung
Sie haben die Aufgabe, einen individuell gestalteten Gebrauchsgegenstand (z. B. ein Salatbesteck) aus einer Acrylglasplatte herzustellen. Der Kunststoff soll dabei mechanisch bearbeitet und thermisch umgeformt werden.

3.1   Fertigen Sie eine maßstabsgetreue Zeichnung Ihres Werkstücks, aus der Form und Funktion gut ersichtlich sind.

3.2   Erstellen Sie einen tabellarischen Arbeitsplan, der die nötigen Arbeitsschritte und die jeweils verwendeten Werkzeuge und Hilfsmittel beinhaltet.

3.3   Begründen Sie, aufgrund welcher spezifischer Eigenschaften sich Acrylglas für Ihre Werkaufgabe besonders eignet.

4   Gesundheits- und Umweltschutz

4.1   Formulieren Sie vier Unfallgefahren und entsprechende Maßnahmen, mit denen Verletzungen bei der Bearbeitung von Kunststoff vermieden werden können.

4.2   Nennen Sie drei Möglichkeiten, als Verbraucher den Einsatz von synthetischen Kunststoffen im Alltag zu vermindern und führen Sie jeweils ein Beispiel an.

Abb.: Kunststoffprodukte aus dem alltäglichen Gebrauch

5 Werkbetrachtung

5.1 Stellen Sie drei übergeordnete Kriterien auf, die für die Beurteilung Ihres handgefertigten Werkstücks in Aufgabe 3 geeignet sind. Ergänzen Sie diese jeweils durch genauere Beurteilungsaspekte.

Übergeordnete Kriterien	Genauere Beurteilungsaspekte

5.2 Vergleichen Sie Ihr Werkstück mit einem industriell gefertigten Produkt.

Lösungsvorschläge

1 Bedeutung des Werkstoffs

1.1

Herkömmlicher Werkstoff	Kunststoffersatz	Vorteil
Glas	PET-Flaschen	geringeres Gewicht bruchsicher energieeinsparend beim Transport gut zu recyceln
Holz	Kunststoffpaletten	geringeres Gewicht in exakten Maßen herstellbar können raumsparend gestapelt werden wasserabweisend gut zu reinigen

Papier	Plastiktüte	in verschiedenen Stärken herstellbar
		niedrige Herstellungskosten
		Material lässt sich schweißen
		wasserfest
		reißfest

1.2 Beispiel 1: **Rohstoffverknappung**

Die meisten Rohstoffe, die zur Herstellung von Kunststoffprodukten verwendet werden, sind nicht erneuerbar, weil es fossile Rohstoffe sind (Kohle, Erdöl und Erdgas). Da Kunststoffe in großen Mengen hergestellt und die Produkte oft nur sehr kurz verwendet werden, werden die fossilen Rohstoffe teilweise verschwendet und stehen nachfolgenden Generationen nicht mehr zur Verfügung.

Beispiel 2: **Produktion**

Gesundheitsgefährdende Substanzen können bei der Produktion von Kunststoffen in die Umwelt gelangen und Boden, Luft und Grundwasser vergiften. Bei Unfällen in Produktionsanlagen kann dies verheerende Folgen haben. Die bei der Produktion in großen Mengen entstehenden Kunststoffabfälle müssen entsorgt werden.

Beispiel 3: **Recycling**

Recycling ist nur in begrenztem Maße möglich. Kunststoffe werden je nach Verwendungszweck aus unterschiedlichen Zutaten hergestellt. Teilweise entstehen dabei Kompositmaterialien mit anderen Rohstoffen. Das macht eine sortenreine Trennung, wie sie für ein Recycling nötig wäre, immer schwieriger. Zudem wird die Qualität des dabei neu entstehenden Werkstoffs im Recyclingprozess gemindert. Kunststoffe sind meist nicht biologisch abbaubar, sie zersetzen sich erst in Zeiträumen von bis zu 450 Jahren und länger.

Beispiel 4: **Entsorgung**

Ein Teil des Kunststoffmülls wird zur Energierückgewinnung in Müllheizkraftwerken verbrannt. Die dabei entstehenden Abgase enthalten hochgiftige Substanzen (Schwermetalle, Chlorwasserstoff, Fluorwasserstoff, Schwefeldioxid und Kohlenmonoxid), die zwar über Filteranlagen zunächst herausgefiltert werden, danach jedoch deponiert werden müssen. Die Deponierung von Kunststoffen ist im Prinzip das Wegwerfen eines Energieträgers. Zudem müssen Deponien in einem sehr aufwendigen Verfahren zum Schutz des Grundwassers mit Kunststofffolien ausgekleidet werden, die höchsten Ansprüchen genügen und vor allem sehr lange haltbar sein müssen.

2 **Werkstoffkunde und Arbeitsverfahren**

2.1 Erdöl, Erdgas, Kohle

2.2 Die Polykondensation ist eine chemische Reaktion. Durch die Verknüpfung von gleichartigen und artverschiedenen Monomeren entstehen dabei Makromoleküle. Die Reaktion läuft in Stufen ab und der Reaktionsablauf kann an unterschiedlichen Stellen unterbrochen werden. Bei jedem Reaktionsschritt findet eine Abspaltung von Nebenprodukten, meist Wasser, statt. Dieses muss ständig entfernt werden, damit die Reaktion fortgesetzt werden kann. Die Kunststoffe, die bei diesem Verfahren entstehen, nennt man Polykondensate.

Zwei weitere Verfahren zur Kunststoffgewinnung sind die Polymerisation und die Polyaddition.

2.3 Das Formungsverfahren ist das Spritzgießen.
Die Beschriftung von links nach rechts: Werkzeug/Form; Heizelement; Schnecke; Stoffauflauf mit Granulat; Antrieb

2.4 Während die Schnecke die Öffnung zum formgebenden Werkzeug verschließt, wird das dosierte Kunststoffgranulat über einen Trichter eingefüllt. Unter Einwirkung von Wärme (Heizsystem) wird das zugeführte Granulat geschmolzen. Der Wendel der Schnecke bewegt sich gleichzeitig durch einen Motor angetrieben rückwärts. Dadurch entsteht ein Staudruck, der den Vorgang des Plastifizierens verbessert. Die Schnecke wird nun langsam zurückgezogen, wodurch die komprimierte, plastifizierte Masse in den Hohlraum vor das formgebenden Werkzeug gedrückt wird. Nun wird die Rotation der Schnecke gestoppt und die Richtung der Rotation wechselt zu einer axialen Vorwärtsbewegung. Der plastifizierte Kunststoff wird unter hohem Druck in das formgebende Werkzeug gepresst, bis die Masse die Form vollständig ausfüllt und die Schnecke die Öffnung zum formgebenden Werkzeug wieder verschließt. Nachdem das formgebende Werkzeug über ein Kühlsystem abgekühlt ist, öffnet sich die zweiteilige Form und das erstarrte Produkt fällt aus der Form. Die Form schließt sich und der Prozess beginnt von Neuem.

2.5

Formungsverfahren	Produktbeispiel 1	Produktbeispiel 2
Extrudieren	Drainagerohr	Infusionsbeutel
Kalandrieren	Tablettenverpackung	Tischdecken
Schäumen	Fahrradhelm	Dämmplatten
Tiefziehen	Joghurtbecher	Wannen

3 Fachgerechte und gestaltende Verarbeitung

3.1

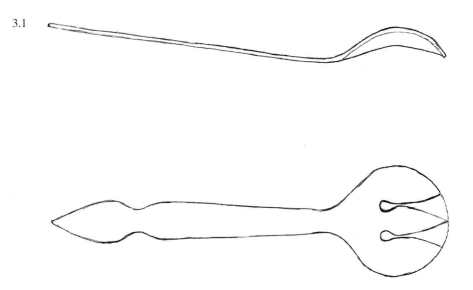

3.2

Arbeitsschritte	Werkzeuge und Hilfsmittel
Entwurfskizze	Bleistift und Papier
Herstellen einer Schablone aus Pappe	Bleistift, Stahlmaßstab, Zirkel, Flachwinkel, Cutter mit Schneidunterlage/Pappschere
Anzeichnen auf Acrylglas mit Schutzfolie	Permanenter Folienstift, Schablone
Trennen durch Ritzbrechen (wenn das zur Verfügung stehende Material zu großzügig bemessen ist)	Stahlschiene, Schraubzwingen, Ritzmesser, Schutzhandschuhe
Bohren (wenn Bohrlöcher geplant sind)	Ständerbohrmaschine, Unterlagenholz, Spiralbohrer, Bohröl
Aussägen der Werkstückteile	Laubsäge, Laubsägebrett/-tischchen
Versäubern: Entgraten, Feilen	Schraubstock, Schutzbacken, Ziehklinge, Feilen (verschiedene Querschnitte), Schlüsselfeilen
Schleifen trocken und nass	Schleifpapiere von grob nach fein Nassschleifpapiere von grob nach fein
Polieren	Polierpaste, Lappen
Thermisch umformen	Feuerfeste Unterlage, Heizstab/Heißluftgebläse, Biegehilfen, Schutzhandschuhe

3.3

Eigenschaften	Begründung für die gewählte Werkaufgabe
Leicht mechanisch zu bearbeiten	Die mechanische Bearbeitung von Acrylglas ist mit Werkzeugen, die in den Werkstoffbereichen Holz und Metall eingesetzt werden, gut durchzuführen. Im Gegensatz zu Holz hat Acrylglas keinerlei Struktur und eine gleichbleibende Härte. Der Werkstoff kann gebohrt, gesägt und gefeilt werden.
In opaken und transparenten Farben erhältlich	Acryglas bietet im Bereich der Gestaltung viele Möglichkeiten der Farbauswahl und -kombination.
Thermische Verformbarkeit	Der Einsatz von Heißluftgebläsen oder Heizstäben in Kombination mit Biegehilfen, die man passgenau selbst herstellen kann, bietet vielseitige gestalterische Möglichkeiten.
Bruchfestigkeit	Die Verletzungsgefahr ist dank dieser Eigenschaft bei der Bearbeitung von Acrylglas gering. Es splittert auch nicht.
Beständigkeit gegenüber Chemikalien	Durch diese Eigenschaft kann man auch Gegenstände herstellen, die im Lebensmittelbereich mit Säuren (Essig) in Kontakt kommen.
Porenlose Oberfläche	Schmutz kann hier kaum eindringen, gleichzeitig ist die Oberfläche leicht und gut zu reinigen, was im Lebensmittelbereich wichtig ist.

4   Gesundheits- und Umweltschutz

4.1

Unfallgefahren	Geeignete Maßnahmen
Beim Sägen kann man sich Schnittverletzungen zuziehen.	Man muss darauf achten, dass das Laubsägetischchen/-brett gut an der Werkbank befestigt ist, sodass kein Abrutschen während des Sägevorgangs möglich ist. Das Laubsägeblatt muss gut gespannt sein. Die Laubsäge selbst sollte immer lotrecht nach unten geführt werden. Man sollte darauf achten, dass man innerhalb der V-förmigen Öffnung sägt und dass sich die Hand, die das Werkstück auf dem Laubsägetischchen/-brett festhält, außerhalb des Gefahrenbereichs befindet.
Beim Bohren an der Ständerbohrmaschine kann das Acrylglas schmelzen (zu hohe Drehzahl des Bohrers), brechen und splittern (zu hoher Druck beim Bohren), um den Bohrer rotieren oder auch weggeschleudert werden (nicht gut festgehalten/fixiert).	Es ist wichtig, die Werkarbeit beim Bohren gut zu befestigen (Maschinenschraubstock oder Unterlage mit Schraubzwingen), die Bohrgeschwindigkeit richtig zu wählen, Bohröl zu verwenden, eine Schutzbrille zu tragen und alle weiteren Regeln beim Umgang mit der Bohrmaschine zu beachten.
Beim Feilen kann man sich an den unbearbeiteten Kanten des Werkstoffs Schnittwunden oder Schürfverletzungen zuziehen.	Hier ist es wichtig, dass das Werkstück nicht federnd eingespannt ist und dass man immer am Körper vorbei oder von ihm weg arbeitet. Die führende Hand auf der Feile muss sich außerhalb des Gefahrenbereichs befinden.
Stäube könnten bei der mechanischen Bearbeitung von Acrylglas eingeatmet werden.	Stäube sollte man immer mit einem feuchten Lappen wegwischen oder absaugen.
Bei der thermischen Verformung könnte man sich bei großflächiger Erwärmung des Werkstoffs oder beim Umgang mit Heizquellen verbrennen. Beim thermischen Verformen können zudem giftige Dämpfe entstehen.	Es ist darauf zu achten, dass man auf einer keramischen Unterlage arbeitet, Handschuhe zum Schutz vor Verbrennungen trägt und den Raum gut lüftet. Um giftige Dämpfe zu vermeiden, sollte man darauf achten, das Werkstück nicht zu überhitzen.
Beim Umgang mit elektrisch betriebenen Werkzeugen und Hilfsmitteln können Verletzungen durch Stromschlag entstehen.	Man sollte Geräte vor Gebrauch überprüfen und nur in technisch einwandfreiem Zustand verwenden.

Beim Kleben von Kunststoffen werden Spezialkleber verwendet. Es gibt dabei Kleber, die gesundheitsschädlich sind, weil sie ätzen, Allergien hervorrufen können oder feuergefährlich sind. Schmelzklebstoffe fügen die Gefahr von Verbrennungen hinzu, da der Klebstoff bei einer Temperatur von ca. 180°C austritt und sich nicht so leicht von der Haut entfernen lässt.

Man sollte vor dem Klebevorgang immer die Anleitung zur Handhabung und die Gefahrenhinweise des Herstellers lesen und beachten. Zudem sollte man den Raum gut lüften. Bei der Verwendung von Schmelzklebstoffen bieten Handschuhe einen Schutz vor Verbrennungen.

4.2 **Bereich Verpackung:** Wo es möglich ist, sollte man zu Mehrwegverpackungen (z. B. Glasflaschen für Milch, Fruchtsäfte, Mineralwasser) greifen, denn sie können wieder befüllt werden. Unverpackt angebotene Lebensmittel (Wurst, Käse, Brot, Obst und Gemüse) sind eingeschweißten vorzuziehen und werden inzwischen als Marktnische entdeckt.

Bereich Textilien: Beim Kauf von Kleidung kann man darauf achten, dass der Kunststoffanteil möglichst gering ist. T-Shirts aus Baumwolle oder Kleidung aus Walkstoffen sind eine gute Alternative zu Funktionskleidung.

Bereich Hausbau: Für Bodenbeläge gibt es bewährte Alternativen, die aus natürlichen Werkstoffen hergestellt sind, z. B. Keramik, Linoleum, Kork, einheimisches Holz. Holz eignet sich zudem für Türen und Fenster.

Bereich Haushalt: Vorratsbehältnisse müssen nicht unbedingt vollständig aus Kunststoff sein. Es gibt sie auch aus Glas oder Metall mit Kunststoffdeckel. Selbst Partybesteck gibt es inzwischen aus Holz. Bereits im Haushalt vorhandene Gegenstände sollten möglichst mehrfach verwendet und dann sortenrein dem Recycling zugeführt werden.

5 Werkbetrachtung

5.1

Übergeordnete Kriterien	Genauere Beurteilungsaspekte
Fachgerechte Verarbeitung	Ausführung der spanenden Werktechniken (formgetreues Sägen, Kantenbearbeitung, Werkzeugspuren, Oberflächenbearbeitung, evtl. saubere Bohrung); Ausführung der thermischen Umformung (Blasenbildung, Verfärbung durch thermisches Umformen, gleichmäßiges Biegen oder Abkanten)
Funktion	Ergonomische Aspekte bezüglich der Größe, Handhabung und Benutzerfreundlichkeit; Ausreichender Abstand von Bohrlöchern und Durchbrüchen zum Rand, um Stabilität zu gewährleisten
Gestaltung	Einfallsreiche, individuelle, aber klare und den Eigenschaften des Werkstoffs entsprechende Formgebung, Symmetrie der beiden Teile, spannungsreiche Farbwahl

5.2

Eigenes Werkstück	Industriell gefertigtes Produkt
Individuell gestaltet, Farbe(n) ausgewählt, Unikat	Massenprodukt für den Geschmack vieler, dem Modetrend unterworfenes oft auch minderwertiges Produktdesign, beliebig oft reproduzierbar
Für den eigenen Gebrauch treffende Formgebung und Maße	Form und Maße nicht beeinflussbar
Ungenauigkeiten, leichte Abweichungen in der Symmetrie und sichtbare Bearbeitungsspuren durch die handwerkliche Herstellung	Exakte, gleichbleibende Formgebung durch maschinelle Herstellung
Höhere Materialkosten, weil nur kleine Mengen erworben oder besondere Materialien ausgewählt werden	Billig durch Einkauf großer Materialmengen, Fertigung hoher Stückzahlen und serielle Herstellung
Hohe Wertschätzung des selbstgefertigten Werkstücks, Langlebigkeit	Geringschätzung des Billigprodukts, kurzlebig, schnell ersetzbar
Hoher Arbeits- und Zeitaufwand durch handwerkliche Herstellung	Minimaler Arbeitsaufwand durch automatisierten Herstellungsprozess

1   Bedeutung des Werkstoffs
Obwohl Kunststoffe in immer mehr
Lebensbereichen Anwendung finden, steigt die Nachfrage nach Produkten, die aus nachwachsenden
Rohstoffen hergestellt sind. Dem
Werkstoff Holz kommt dabei ein
besonderer Stellenwert zu, da er so
vielfältig verwendbar ist.

1.1   Nennen Sie zwei Bereiche mit entsprechenden Anwendungsbeispielen, bei denen Holz nur schwer oder
gar nicht durch Kunststoffe ersetzt
werden kann. Begründen Sie jeweils   Abb.: Verschiedene Handelsformen von Holz
Ihre Angaben.

1.2   Der traditionelle Werkstoff Holz erscheint vor allem wegen der durch Kunststoff ver-
ursachten Probleme in einem positiven Licht. Erläutern Sie solche durch Kunststoff
verursachte Probleme.

2   Werkstoffkunde und Arbeitsverfahren

2.1   Entscheiden Sie, ob die folgenden Aussagen zum Wachstum und zur Struktur des Baumes zutreffen.

	ja	nein
Das Frühholz ist im Vergleich zum Spätholz dunkler und härter.	☐	☐
Splintholz ist noch junges, saftführendes und weiches Holz.	☐	☐
Das Kambium ist nur für die Bildung neuer Holzzellen verantwort-lich.	☐	☐
Kernholz nimmt nicht mehr an der Wasserversorgung des Baumes teil.	☐	☐
Jahresringe geben keinen Aufschluss über das Klima, sondern nur über das Baumalter.	☐	☐
Holz mit engen Jahresringen ist minderwertiger als Holz mit breiten Ringen.	☐	☐

2.2 „Holz arbeitet." Erläutern Sie diese Aussage.

2.3 Im Sägewerk kann ein Baumstamm durch Sägegatter zu Brettern aufgetrennt werden. Benennen Sie die dabei entstehenden Bretter nach ihrer Lage im Baumstamm. Beschreiben Sie deren unterschiedliches Schwundverhalten und unterstützen Sie Ihre Aussage durch Schemazeichnungen.

2.4 Aufgrund des Schwundverhaltens von Massivholz werden im Möbelbau überwiegend Holzwerkstoffe verwendet. Erklären Sie den Begriff „Holzwerkstoffe". Nennen Sie drei Holzwerkstoffe, beschreiben Sie deren Aufbau/Herstellung und verdeutlichen Sie Ihre Aussagen durch anschauliche Detailzeichnungen über Eck.

2.5 Zum Trennen von Holz werden Sägen verwendet. Erklären Sie diesbezüglich die Begriffe „auf Stoß" und „Schränkung". Veranschaulichen Sie Ihre Ausführungen durch Detailzeichnungen.

„auf Stoß":

„Schränkung":

3   Fachgerechte und gestaltende Verarbeitung

Die Fachschaft Biologie möchte im Schulgarten einen Wohn- und Lebensraum für Insekten schaffen. Die Aufgabe der Werkgruppe ist es nun, ein „Insektenhotel" dafür anzufertigen. Es soll aus einem Kasten ohne Rückwand mit mehreren Unterteilungen bestehen. Die entstehenden Fächer werden anschließend mit unterschiedlichen Materialien befüllt.

3.1   Für diese Werkarbeit eignen sich verschiedene heimische Holzarten. Stellen Sie zwei passende Holzarten vor und charakterisieren Sie diese durch ihre spezifischen Eigenschaften.

Holzart		
Eigenschaften		

3.2   Um die äußeren Kastenteile fest miteinander zu verbinden, sollen Sie eine Fingerzinkung herstellen. Zeichnen Sie eine Detailansicht dieser Verbindung vor dem Zusammenfügen.

3.3   Die Zwischenwände sollen durch verdeckte Dübelungen befestigt werden. Beschreiben Sie tabellarisch die Arbeitsschritte und führen Sie die benötigten Werkzeuge und Hilfsmittel an.

3.4   Nennen Sie weitere mögliche Holzverbindungen, die Zwischenwände anzubringen und das Dach zu befestigen.

4   Unfallverhütung und Umweltschutz

4.1   Stellen Sie vier Unfallgefahren beim Herstellen Ihres Insektenhotels entsprechende Schutzmaßnahmen gegenüber.

Unfallgefahr	Schutzmaßnahme

4.2   Ein Schüler möchte für den Bau des Insektenhotels
      Teakholz verwenden.
      Legen Sie dar, warum die Verwendung von Tro-
      penholz aus ökologischer Sicht sehr fragwürdig ist.

Abb.: Teakholzrodung für den Welthandel (Myanmar)

_____

_____

_____

_____

_____

_____

_____

1   Bedeutung des Werkstoffs
Die Produktion von Keramik gehört zu den ältesten Kulturtechniken der Menschheit. Aufgrund der großen Vielfalt der Erzeugnisse und der vorteilhaften Werkstoffeigenschaften finden keramische Produkte bis heute Anwendung in unterschiedlichen Lebensbereichen.

1.1   Ergänzen Sie die Tabelle mit drei traditionellen Bereichen, in denen Keramik auch heute noch eine große Bedeutung hat. Geben Sie für jeden Bereich jeweils zwei passende Produktbeispiele an.

Bereich	Verwendungsbeispiele

1.2   Für manche Bereiche, wie z. B. den Innenausbau, stehen neben keramischen Werkstoffen alternative Materialien zur Auswahl. Stellen Sie vorteilhafte Materialeigenschaften der unten genannten Bodenbeläge dar (keine Mehrfachnennungen).

	Vorteilhafte Eigenschaften (je 2)
Parkett	
PVC-Belag	

1.3   Heutzutage spielen keramische Werkstoffe aufgrund ihrer technischen Vorteile eine wichtige Rolle. Belegen Sie dies anhand von drei Beispielen aus dem Fahrzeugbau.

Bereich	Technische Vorteile

2   Werkstoffkunde und Arbeitsverfahren

2.1   Der Begriff Keramik umfasst in der Fachsprache verschiedene keramische Erzeugnisse. Unterscheiden Sie Irdenware, Steingut und Porzellan nach Aussehen und Eigenschaften.

2.2 Ton entsteht durch unterschiedliche, langwierige Verwitterungsprozesse. Erklären Sie diese Vorgänge und gehen Sie dabei auf die Begriffe „Primärton" und „Sekundärton" ein.

2.3 Schildern Sie die Aufbereitung von abgebautem Naturton zur gebrauchsfertigen keramischen Masse.

2.4 Überprüfen Sie, ob die folgenden Aussagen zutreffen.

	ja	nein
Der Schrühbrand erfolgt nach dem Glasurbrand.	☐	☐
Die Brenntemperatur beim Glasurbrand beträgt 900 °Celsius.	☐	☐
Nach einem Tag Trocknung ist Ton lederhart.	☐	☐
Das Sintern erfolgt bei einer Brenntemperatur von 600 °Celsius.	☐	☐
Gesinterte Werkstücke sind wasserdicht.	☐	☐
Der Scherben ist ein einmal gebranntes Werkstück aus Ton.	☐	☐

2.5 Ordnen Sie den folgenden Abbildungen eine geeignete Aufbautechnik oder ein geeignetes Herstellungsverfahren zu.

2.6 Engobieren und Glasieren sind zwei Techniken zur Oberflächengestaltung von Ton. Vergleichen Sie beide Verfahren hinsichtlich der aufgeführten Kriterien.

	Engobe	Glasur
Zusammen-setzung		
Auftrags-zeitpunkt		

2.7 Nennen Sie wichtige Regeln, die Sie beim Auftragen von Glasuren und beim Glasurbrand beachten müssen, um ein ansprechendes Ergebnis zu erzielen.

3 Fachgerechte und gestaltende Verarbeitung
Sie haben die Aufgabe, eine bauchige Teekanne aus Ton mit Henkel und abnehmbarem Deckel anzufertigen.

3.1 Fertigen Sie eine aussagekräftige Schnittdarstellung, aus der die Aufbautechnik hervorgeht und die konstruktive Formgebung des Henkels abzulesen ist.

3.2 Zeigen Sie in einer Detailzeichnung, wie der Deckel beim Kippen des Gefäßes Halt findet.

3.3 Beschreiben Sie das Fertigen und Ansetzen des Henkels.

3.4 Der Deckel der Teekanne ist nach dem Glasurbrand leider zu Bruch gegangen. Erläutern Sie unter Zuhilfenahme entsprechender Fachbegriffe, was bei der Herstellung eines passgenauen neuen Deckels zu berücksichtigen ist.

4 Arbeitsregeln und Ökologie
4.1 Formulieren Sie vier wesentliche Regeln für das Arbeiten mit dem Werkstoff Ton.

4.2 Stellen Sie die ökologischen Vorteile des Werkstoffs Ton dar, die dieser im Vergleich zu anderen Werkstoffen aufweist.

5 Werkbetrachtung
Erläutern Sie fünf wichtige Aspekte, die für eine einwandfreie Funktion der Teekanne von Bedeutung sind.

Lösungsvorschläge

1 Bedeutung des Werkstoffs

1.1

Bereich	Verwendungsbeispiele
Gebrauchskeramik	Essgeschirr, Brottopf, Schüsseln, Krüge
Baukeramik	Fliesen, Ziegel, Dachziegel, Kanalisationsrohre
Sanitärkeramik	Waschbecken, Toilettenschüsseln, Duschtassen, Badewannen

1.2

	Vorteilhafte Eigenschaften (je 2), z. B.
Parkett	langlebig, Naturprodukt, wärmespeichernd, unterschiedliche Farben, lebendige Maserung
PVC-Belag	Verlegeware, verschiedene Farben, pflegeleicht, günstig, optische Vielfalt

1.3

Beispiel	Technische Vorteile
elektronische Schaltungen und Zünd-kerzen	elektrische Isolationsfähigkeit
keramische Bremsscheiben	hohe Abrieb- und Verschleißfestigkeit
Flügelrad im Abgasturbolader	Hitze- und Hitzeschockbeständigkeit

2 Werkstoffkunde und Arbeitsverfahren

2.1 **Irdenware** ist die ursprünglichste und einfachste Art der Keramik und wird in der Regel von Hand geformt. Man nimmt Naturtone, wobei deren Färbung von den enthaltenen Metalloxiden abhängt, und magert sie gegebenenfalls mit Schamotten. Die Oberfläche wird rauer, je mehr Schamotte zugesetzt werden. Die Brenntemperatur liegt zwischen 800 bis 900°C und der Scherben ist dann porös und nicht wasserdicht. Eine Dichtigkeit wird erst durch das Glasieren erreicht. Irdenware ist nicht frostfest.
Unter **Steingut** versteht man Massen, die in der Regel aus weiß brennenden Tonen, Kaolin, Quarz, Feldspat, Kalkspat, Marmor und Kreide zusammengemischt sind. Die Massen sind plastischer als Porzellanmassen und werden häufig in der Sanitärkeramik eingesetzt. Die Brenntemperatur richtet sich nach der Zusammensetzung der Masse. Der Scherben ist weiß, porös, nicht durchscheinend und nicht frostfest. Steingut wirkt wie grobes, dickwandiges Porzellan und wird mit einer transparenten Glasur überzogen.
Die **Porzellan**masse besteht aus Kaolin, Feldspat und Quarz und eignet sich zum Drehen, Gießen und Trockenpressen. Der Scherben ist weiß, dicht, hat feine Poren und ist sehr hart. Obwohl Porzellan leicht durchsichtig ist, ist es sehr fest. Es wird meist transparent glasiert und farbig dekoriert, wodurch es sehr kostbar aussieht.

2.2 Im Laufe von Jahrmillionen bildete sich aus feldspathaltigen Gesteinen wie Granit (Feldspat, Quarz und Glimmer) und Gneis durch Erosion, ein mechanischer und chemischer Verwitterungsprozess, das Aluminiumsilikat, der Ausgangsstoff für Ton. Als Primärton wird der Ton bezeichnet, dessen Verwitterungsprodukte am Ort ihrer Entstehung liegen geblieben sind. Das ist reiner, weiß brennender Ton, auch Kaolin genannt. Wurden hingegen die Verwitterungsprodukte durch Niederschläge in Bäche und Flüsse geschwemmt und weitertransportiert, dann gelangten sie von den Gebirgen in die Ebenen. Bei langsamer Fließgeschwindigkeit der Gewässer sanken die Teilchen ab und bildeten Lager in Senken. Durch den Transportweg wurden Mineralien und organische Stoffe mitgenommen, die die Plastizität des Ton erhöhen. Daher wird dieser Ton als Naturton bezeichnet oder auch als Sekundärton.

2.3 Der Abbau von Ton geschieht im Tagebau. Bagger brechen große Brocken aus der Tonschicht. Diese werden über ein Förderband transportiert, dann mechanisch im „Kollergang" zerkleinert und von groben Verunreinigungen befreit. Der zerkleinerte Ton wird in großen Becken eingesumpft. Leichtere Verunreinigungen lösen sich dabei, steigen an die Wasseroberfläche und können dort abgeschöpft werden. Hingegen sinken schwere Fremdkörper im Schlamm ab. Organische Verunreinigungen zersetzen sich, was einen Fäulnisprozess erzeugt, den man Mauken nennt. Die Tonmasse wird durch das Mauken plastischer. Der Tonschlamm wird nun durch Siebe getrieben und in Filterpressen so weit entwässert, bis er gebrauchsfertig ist. Ton kann in fertigem Zustand, meist verpackt zu 10-kg-Hubeln, aber auch getrocknet und gemahlen als Tonmehl gehandelt werden. Je nach gewünschten Eigenschaften des Endprodukts können auch weitere Bestandteile wie z. B. Schamotte zur Magerung zugesetzt werden.

2.4

	ja	nein
Der Schrühbrand erfolgt nach dem Glasurbrand.	☐	☒
Die Brenntemperatur beim Glasurbrand beträgt 900 °Celsius.	☐	☒
Nach einem Tag Trocknung ist Ton lederhart.	☒	☐
Das Sintern erfolgt bei einer Brenntemperatur von 600 °Celsius.	☐	☒
Gesinterte Werkstücke sind wasserdicht.	☒	☐
Der Scherben ist ein einmal gebranntes Werkstück aus Ton.	☒	☐

2.5

Abb. 1	Abb. 2	Abb. 3	Abb. 4
Plattentechnik	Bänder- oder Streifentechnik	Wulsttechnik	Gieß- oder Pressverfahren

2.6

	Engobe	Glasur
Zusammen-setzung	Tonmehl, Metalloxide und Wasser	Glasbildende Substanzen (Siliziumdioxid) Härter (z. B. Aluminiumoxid), reines Tonmehl (Kaolin), Flussmittel (z. B. Bleioxide) Haftmittel und Metalloxide zur Farbgebung
Auftragszeit-punkt	wenn das Werkstück lederhart ist	auf geschrühte Keramik = Scherben

2.7 – Glasur gleichmäßig sämig und klumpenfrei aufrühren, evtl. Haftmittel zugeben
– Scherbenoberfläche muss staub- und fettfrei sein, sonst haftet die Glasur nicht an
– weichen, breiten Glasurpinsel verwenden
– Strichrichtung des Pinsels beim Glasurauftrag ändern
– Glasur zügig und gleichmäßig dick auftragen
– Glasur nur durchgetrocknet anfassen

- Brennofen überprüfen, ob die Schamotteplatten mit Trennmittel bestrichen sind oder alternativ kleine Schamottekörner auf den Platten liegen
- Werkstückboden vor dem Beschicken des Brennofens mit feuchtem Schwamm reinigen, damit das Werkstück beim Aufschmelzen der Glasur nicht mit der Schamotteplatte verklebt
- Werkstück kippsicher auf Glasurstützen (gesinterte Dreikantleisten oder Edelstahldreifüße) stellen
- Werkstücke dürfen weder sich gegenseitig noch die Heizwendel des Ofens berühren
- Richtige Brenntemperatur wählen (Glasurbrand, je nach Glasur zwischen 1050°C und 1250°C), damit der Schmelzvorgang ein optimales Ergebnis bringt
- Brennofen langsam abtempern lassen, damit Glasurrisse und Spannungen im Werkstück vermieden werden
- Brennofen erst öffnen, wenn die Innentemperatur nicht viel höher als die Raumtemperatur ist, damit Verbrennungen vermieden werden

3 Fachgerechte und gestaltende Verarbeitung

3.1

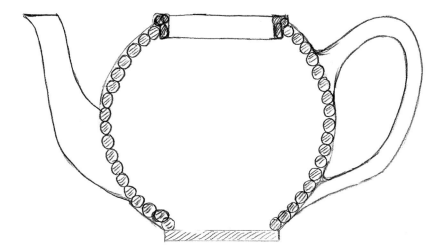

3.2

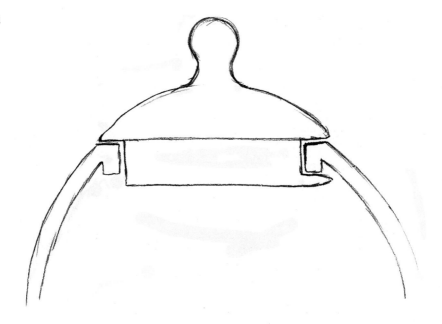

3.3   – Mit beiden Händen aus plastischem Ton eine ca. drei-Daumen-starke Tonrolle formen.
- Die Tonrolle senkrecht mit einer Hand festhalten und mit der anderen, gut angefeuchteten Hand vorsichtig in mehreren Arbeitsgängen nach unten in die Länge ziehen.
- Die nun konisch geformte Tonrolle ablegen und das dickere Ende stumpf anschneiden und aufrauen.
- Am lederharten Gefäß die Ansatzstellen aufrauen und mit Tonschlicker bestreichen.
- Henkel an die obere Ansatzstelle unter Drehbewegung andrücken oder „anzittern“, dabei mit der anderen Hand die Gefäßwand von innen stützen.
- Henkel in Form bringen und bei Gegendruck von innen flach an der unteren Ansatzstelle andrücken.
- Überschüssiges Material entfernen.
- Nahtstellen mit Modellierhölzern oder Fingern sauber verstreichen, bis die Ansatzstellen nicht mehr sichtbar sind.

3.4   Ton verliert beim Trockenprozess durch das Verdunsten von physikalisch gebundenem Wasser an Volumen. Während das Wasser verdunstet, verringert sich der Abstand zwischen den Tonteilchen. Dabei verliert fetter Ton mehr Wasser als magerer und somit ist die Schwindung von magerem Ton geringer. Während des Brennvorgangs wird auch das chemisch in den Tonteilchen gebundene Wasser ausgetrieben, was bedeutet, dass der Gegenstand noch einmal an Volumen verliert und noch mehr schwindet. Trockenschwindung und Brennschwindung ergeben in der Summe die Gesamtschwindung, die umso größer ist, je höher die Brenntemperatur ist. Je nach Tonzusammensetzung beträgt die Gesamtschwindung zwischen 5 % und 15 %.
Für die Neuanfertigung des Deckels müssen diese Aspekte also in Bezug auf den Innen- und Außendurchmesser berücksichtigt werden.

4   Arbeitsregeln und Ökologie

4.1 – Arbeitsplatz mit sauberer Unterlage und überprüften Tonwerkzeugen herrichten.
– Ton durch sorgsames Schlagen formen und verdichten, damit der Einschluss von Luftblasen vermieden wird.
– Nicht verwendeten Ton in einer Plastiktüte luftdicht vor dem Austrocknen schützen.
– Ein feuchtes Tuch am Arbeitsplatz dient dazu, die warmen Hände anzufeuchten, um bei der Bearbeitung ein zu rasches Trocknen des Materials zu verhindern.
– Zudem kann das feuchte Tuch zur Reinigung der benutzten Tonwerkzeuge hergenommen werden.
– Angetrocknete Tonreste gesondert sammeln und auf einer Holzplatte durchtrocknen lassen, damit sie zu einem späteren Zeitpunkt eingesumpft und damit recycelt werden können.

4.2 Ton ist ein Werkstoff, der weltweit vorkommt und damit nicht über weite Strecken transportiert werden muss. Anders als bei fossilen Rohstoffen kann nicht von einer Verknappung gesprochen werden. Die Aufbereitung dieses natürlichen Werkstoffs ist hauptsächlich mechanischer Art, sodass keine chemischen Zusätze zum Einsatz kommen, die Luft, Wasser oder Böden beeinträchtigen und aufwendig herausgefiltert und gesondert entsorgt werden müssen. Kein Werkstoff ist so leicht zu recyceln wie ungebrannter Ton. Er kann immer wieder aufbereitet und der Produktion von keramischen Erzeugnissen zugeführt werden. Selbst das Entsorgen in der Natur ist unproblematisch. Der Energieaufwand bei der Herstellung keramischer Produkte hält sich durch entsprechend geräumige Brennöfen in Grenzen. Hochwertige keramische Produkte sind stabil und robust und daher lange in Gebrauch.

5   Werkbetrachtung
– Standfestigkeit: Die Bodenfläche muss vom Durchmesser her groß genug und eben sein, damit die Teekanne einen guten Stand hat.
– Füllvermögen: Die Teekanne muss ein ausreichend großes Volumen haben.
– Öffnung: Das Teewasser muss problemlos einzugießen sein. Die Öffnung muss die Reinigung der Teekanne ermöglichen.
– Tülle: Die Tülle muss so hoch sein, dass der eingefüllte Tee weder vor dem Eingießen herausläuft noch über die Öffnung. Sie muss aber auch so gestaltet sein, dass die Flüssigkeit beim Einschenken nicht in einem Schwall herausläuft.
– Henkel: Der Henkel muss in Stärke und Form gut in der Hand liegen (Ergonomie) und eine optimale Hebelwirkung haben.
– Deckel: Der Deckel muss passgenau sein und darf beim Kippen nicht zu viel Spiel haben, sonst hält er nicht.
– Dichte: Eine Teekanne muss wasserdicht sein; die Glasur muss fehlerlos aufgetragen sein; der Glasurbrand muss eine entsprechend hohe Temperatur haben.

1 **Bedeutung des Werkstoffs**

Lehm ist kalkarmer Ton, der aufgrund seiner hervorragenden Eigenschaften im Zuge des ökologischen Hausbaus in unserer Zeit wieder neu als wertvolles Baumaterial entdeckt wurde.

1.1 Erläutern Sie den Einsatz von Lehm im Hausbau in früherer Zeit.
Gehen Sie dabei auch auf die positiven Eigenschaften dieses Werkstoffs ein.

Abb.: Lehm als wertvolles Baumaterial
beim ökologischen Hausbau

1.2 Heutzutage wird Lehm vereinzelt auch in Plattenform im Innenausbau verwendet. Weiter verbreitet sind jedoch Gipskartonplatten. Nennen Sie drei Gründe für den Einsatz dieses Baustoffs.

1.3 Neben dem Hausbau gehört auch die Produktion von Gebrauchsgegenständen aus Keramik zu den ältesten Kulturtechniken der Menschheit. Informieren Sie über drei bahnbrechende Neuerungen in der Frühgeschichte auf dem Gebiet der Gebrauchskeramik, die auch heute noch Verwendung finden.

2 **Werkstoffkunde und Arbeitsverfahren**

2.1 Keramische Erzeugnisse werden entsprechend ihrer Eigenschaften unterschieden und verwendet. Beurteilen Sie hierzu die fachliche Richtigkeit folgender Aussagen.

	ja	nein
Irdenware wird bei 1 200–1 300 °C gebrannt.	☐	☐
Steingut zählt zu den dicht gesinterten Feinkeramiken.	☐	☐
Porzellanmassen bestehen aus Kaolin, Feldspat und Quarz.	☐	☐
Porzellan ist ein hervorragender Wärmeleiter.	☐	☐
Steinzeug wird für Geschirr, Fliesen und Sanitärwaren verwendet.	☐	☐
Ziegelton erhält seine rote Färbung durch den Brand.	☐	☐

2.2 Stellen Sie die Unterschiede zwischen einem Schrühbrand und einem Glasurbrand heraus.

	Schrühbrand	**Glasurbrand**
Temperatur		
Beschickung des Brennofens		

2.3 Erklären Sie folgende Fachbegriffe bzw. ergänzen Sie die genannten Erklärungen mit dem entsprechenden Fachbegriff.

	Fäulnisprozess im Tonschlamm durch feuchte Lagerung
	Verringerung des Tonvolumens durch Abgabe von Wasser
Sinterung	
Plattentechnik	
Engobe	
	aufgesetzter plastischer Dekor

2.4 In der keramischen Industrie wird z. B. Geschirr seriell durch entsprechende Verfahren hergestellt. Auch in der Kunststoffindustrie gibt es Formungsverfahren, bei denen eine plastische Masse zu seriellen Produkten verarbeitet wird.
Nennen Sie zwei dieser Verfahren und beschreiben Sie eines davon näher.

Abb.: Kunststoffgeschirr,
seriell gefertigt

2.5 Erklären Sie, warum Ton verschiedene Farben haben kann.

2.6 Unterscheiden Sie fetten und mageren Ton hinsichtlich Zusammensetzung, Eigenschaften und Verwendung.

	Fetter Ton	Magerer Ton
Zusammensetzung		
Eigenschaften	• • •	• • •
Verwendung		

2.7 Bei der Verarbeitung von Ton sind drei Trocknungsstufen von Bedeutung. Ordnen Sie jeder Trockenstufe eine entsprechende Bearbeitungsmöglichkeit zu.

Trockenstufe	Zeitraum der Trocknung	Bearbeitungsmöglichkeit

3 Fachgerechte und gestaltende Verarbeitung
Sie haben die Aufgabe, eine Serie von Dekorfliesen mithilfe eines Gipsnegativschnitts herzustellen. Der Formkasten zum Gießen des Gipsblocks ist bereits vorhanden.

3.1 Beschreiben Sie alle notwendigen Arbeitsschritte zum Anmachen des Gipsbreis und zum Gießen des für den Gipsnegativschnitt benötigten Gipsblocks.

3.2 Beschreiben Sie das Herstellen des Gipsnegativschnitts und das Abformen der Tonfliese. Veranschaulichen Sie Ihre Beschreibung mithilfe aussagekräftiger Schnittdarstellungen.

4 Gesundheits- und Umweltschutz
Erstellen Sie eine Checkliste zu Schutzmaßnahmen gegen Staubentwicklung beim Umgang mit Gips und zur fachgerechten Entsorgung von Gipsresten.

5 Werkbetrachtung

Vergleichen Sie Ihr in Aufgabe 3 hergestelltes Werkstück mit einem industriell gefertigten Produkt. Nennen Sie dabei je zwei Vor- und Nachteile.

	Vorteile	Nachteile
Selbst gefertigtes Werkstück		
Industrieprodukt		

Lösungsvorschläge

1 Bedeutung des Werkstoffs

1.1 Parallel zu Stein und Holz gilt Lehm als das älteste Baumaterial, das die Menschen benutzen. So wurde Lehm als sogenannter „Stampflehm" sowohl für Böden in Kellern oder bei ebenerdigen Gebäuden im Erdgeschoss, als auch als Bodenbelag für landwirtschaftliche Gebäude genutzt. Aus Stampflehm kann man auch Mauern herstellen, dazu werden Schalungen benötigt. Beim Wellerbau wurde Lehm mit Stroh vermischt und aus dieser Mischung wurden die Hausmauern Stück für Stück errichtet. Lehm wurde im Fachwerkbau zur Ausfüllung von Gefachen verwendet. In Formen gepresst und in der Sonne getrocknet stellten die Menschen Lehmziegel für den Hausbau her. Für Innenwände fand Lehmputz Verwendung.
Lehm ist fast überall in der Natur zu finden und musste für den Hausbau deshalb nicht weit transportiert werden. Der Abbau von Lehm ist ohne größeren Aufwand möglich, da er sich direkt unter der Humusschicht befindet und somit im Tagebau abbaubar ist. Er hat viele positive Eigenschaften. So ist er, solange er feucht ist, plastisch und damit formbar. Trocknet er an der Luft, dann verliert er diese Plastizität, schwindet etwas und wird im Trocknungsprozess hart. Als Baumaterial verwendet, weist er viele positive physikalische Eigenschaften auf. So speichert er z. B. Wärme, schützt dadurch das Gebäude vor zu rascher Auskühlung und das erspart Heizkosten. Er ist sehr schalldämmend, was Geräusche von außen dämpft und dafür sorgt, dass das Haus innen nicht hellhörig ist. Lehm ist brandhemmend und verzögert die Ausbreitung eines Feuers. Er erzeugt ein sehr gutes Raumklima, weil er diffusionsoffen (kann Wasserdampf aus den Räumen nach außen abgeben und verhindert zu hohe Luftfeuchtigkeit in den Räumen) und hygroskopisch (kann Feuchtigkeit aus der Raumluft aufnehmen, speichern und bei zu trockener Raumluft wieder an den Raum abgeben) ist. Heute werden Lehmziegel gebrannt, was ihren Einsatz auch in Gegenden erlaubt, in denen luftgetrocknete Lehmziegel aus Witterungsgründen nicht geeignet wären.

1.2 Gipskartonplatten bestehen aus zwei Kartonaußenschichten (Ansichtsseite und Rückseite), zwischen denen der Gipsbrei in gewünschter Stärke gleichmäßig ausgewalzt wird und aushärtet. Dadurch ist die Gipsschicht fest mit der Kartonschicht verbunden. Für unterschiedlichen Einsatz beim Innenausbau gibt es spezielle Zusammensetzungen von Gipsmischungen und gegebenenfalls Imprägnierungen für den Kartonmantel. So findet man im Handel z. B. eine imprägnierte Variante, die besonders für Räume, in denen Feuchtigkeit auftritt, geeignet ist. Weiter gibt es spezielle Platten, die z. B. gegen elektromagnetische Felder abschirmen, die Strahlenschutz bieten, die einen hohen Feuerwiderstand haben oder die zum Schallschutz eingesetzt werden können.
Gipskartonplatten werden im Trockenbau eingesetzt und haben im Vergleich zu anderen Materialien ein geringes Gewicht. Aufgrund der im Handel angebotenen Maße der Platten sind größere Flächen schnell verlegbar, die Bauzeit wird verkürzt und die Kosten gesenkt. Die Platten sind zum Abhängen der Decke in hohen Räumen oder für nichttragende Wände geeignet. Sie bieten aber auch die Möglichkeit, einen offenen Grundriss einer Wohnung selbst abzuteilen und flexibel zu verändern. Man kann sie zur optischen Verkleidung von Bauelementen, Kabelschächten oder Holzteilen einsetzen und gleichzeitig können Unebenheiten von Wänden damit ausgeglichen werden. Die Verarbeitung ist einfach, die Maßgenauigkeit ist hoch und der Zuschnitt mit handelsüblichen Sägen möglich.

1.3 Eine der bahnbrechenden Neuerungen war der Brennofen, den die Menschen im alten Ägypten oder in Mesopotamien erfanden, damit viele Gegenstände auf einmal durch den Einfluss von Hitze dauerhaft verfestigt werden können. Die Brennöfen waren in Tunnelform an einen Hang gebaut, sodass durch den Luftzug nach oben eine hohe Brenntemperatur bis zu 1050°C erreicht werden konnte. Eine weitere Erfindung war die Töpferscheibe, die ihren Weg aus Asien nach Europa fand. Zunächst von Hand, Fuß oder Stab angetrieben, bot die Elektrifizierung die Möglichkeit der technischen Weiterentwicklung einer langsam drehenden zu einer schnell drehenden Töpferscheibe mit elektrischem Antrieb. Eine weitere Neuerung, die ebenfalls auf das alte Ägypten und Mesopotamien zurückgeht, ist die glasierte Keramik, die dem Wunsch des Menschen entspricht, die Dinge, die er herstellt, nicht nur zu formen, sondern mit einem Dekor zu versehen.

2 Werkstoffkunde und Arbeitsverfahren

2.1

	ja	nein
Irdenware wird bei 1 200–1 300 °C gebrannt.	☐	☒
Steingut zählt zu den dicht gesinterten Feinkeramiken.	☐	☒
Porzellanmassen bestehen aus Kaolin, Feldspat und Quarz.	☒	☐
Porzellan ist ein hervorragender Wärmeleiter.	☐	☒
Steinzeug wird für Geschirr, Fliesen und Sanitärwaren verwendet.	☒	☐
Ziegelton erhält seine rote Färbung durch den Brand.	☒	☐

2.2

	Schrühbrand	Glasurbrand
Temperatur	800–900 °C	ab 1 000 °C
Beschickung des Brennofens	Werkstücke können ohne Unterlagen auf die Schamotteplatte gestellt werden.	Werkstücke müssen am Boden gesäubert und auf Tonprismen oder -dreifüße gestellt werden.
	Werkstücke dürfen sich berühren.	Werkstücke dürfen sich nicht berühren, da die glasbildenden Substanzen der Glasuren beim Brennvorgang schmelzen und die Werkstücke verkleben würden.
	Werkstücke können ineinander gestellt oder gestapelt werden.	Schamotteplatten können mit Trennmittel eingestrichen werden (Kaolinbrei).

2.3

Mauken	**Fäulnisprozess im Tonschlamm durch feuchte Lagerung**
Schwindung	**Verringerung des Tonvolumens durch Abgabe von Wasser**
Sinterung	Verfestigung der keramischen Masse bei hoher Brenntemperatur, wobei der Scherben dicht wird
Plattentechnik	Aufbautechnik speziell für ebenflächige und zylindrische Gefäße

Engobe	flüssiger, farbiger Tonschlicker, der vor dem Schrühbrand aufgetragen wird
Applikation	**aufgesetzter plastischer Dekor**

2.4 Zwei Formgebungsverfahren: Spritzgießen, Extrudieren
Spritzgießen: Während die Schnecke die Öffnung zum formgebenden Werkzeug verschließt, wird das dosierte Kunststoffgranulat über einen Trichter eingefüllt. Unter Einwirkung von Wärme (Heizsystem) wird das zugeführte Granulat geschmolzen. Der Wendel der Schnecke bewegt sich gleichzeitig durch einen Motor angetrieben rückwärts. Dadurch entsteht ein Staudruck, der den Vorgang des Plastifizierens verbessert. Die Schnecke wird nun langsam zurückgezogen, wodurch die komprimierte, plastifizierte Masse in den Hohlraum vor das formgebende Werkzeug gedrückt wird. Nun wird die Rotation der Schnecke gestoppt und die Richtung der Rotation wechselt zu einer axialen Vorwärtsbewegung. Der plastifizierte Kunststoff wird unter hohem Druck in das formgebende Werkzeug gepresst, bis die Masse die Form vollständig ausfüllt und die Schnecke die Öffnung zum formgebenden Werkzeug wieder verschließt. Nachdem das formgebende Werkzeug über ein Kühlsystem abgekühlt ist, öffnet sich die zweiteilige Form und das erstarrte Produkt fällt aus der Form. Die Form schließt sich und der Prozess beginnt von Neuem.

2.5 Grundsätzlich hängt die Farbe des Tons von den organischen Materialien und den Metalloxiden ab, die während der Entstehung eingeschwemmt wurden. Bei weiß brennendem Ton handelt es sich um Primärton, der am Ort seiner Entstehung gelagert ist und dadurch rein und weiß geblieben ist. Die Farbgebung kommt durch das Kaolin. Rot brennender Ton ist Sekundärton, das bedeutet, dass die Verwitterungsteilchen weggespült wurden und sich später in ruhig fließendem Wasser abgelagert haben. Dabei wurden viele organische Materialien eingeschwemmt und hinzu kommt das an der Lagerstelle vorwiegend vorhandene Metalloxid, in diesem Fall Eisenoxid. Auch schwarz brennender Ton ist Sekundärton und enthält Manganoxid.

2.6

	Fetter Ton	**Magerer Ton**
Zusammensetzung	enthält nur wenige oder keine unplastischen Bestandteile (Schamotte)	enthält viele unplastische Bestandteile (Schamotte)
Eigenschaften	• ist an der Schnittfläche glatt und glänzend und sieht speckig aus • ist plastisch und dadurch leicht formbar, aber auch sehr klebrig • schwindet beim Trocknen stark, dadurch ist die Gefahr des Reißens beim Trockenprozess hoch	• ist an der Schnittfläche rau und porös • bildet beim Biegen leicht Risse, weil er nicht so gut formbar ist • schwindet durch die unplastischen Bestandteile weniger, dadurch geringere Gefahr der Rissbildung beim Trocknen
Verwendung	Drehen, Abformen	Aufbaukeramik

Trockenstufe	Zeitraum der Trocknung	Bearbeitungsmöglichkeit
feuchthart	einige Stunden	Durchbrüche, Schnitte
lederhart	ein Tag	glätten, verdichten, polieren
hart	eine Woche	keine mehr, er ist nur noch schlämmbar

3 Fachgerechte und gestaltende Verarbeitung

3.1 Anmachen von Gipsbrei:

Eine Gipsmulde oder ein Kunststoffeimer wird zu einem Drittel mit Wasser gefüllt. Das Gipspulver wird langsam in das Wasser eingestreut, bis eine Insel entsteht. Der Gips muss „ersaufen". Nach einer kurzen Anziehungszeit verrührt man Wasser und eingestreutes Gipspulver am besten mit einer Holzleiste zu einem glatten Brei. Dabei muss man darauf achten, keine Luftblasen einzurühren. Es ist ratsam, das Behältnis immer wieder auf der Unterlage (Tisch oder Boden) aufzustoßen, damit möglicherweise eingeschlossene Luftbläschen aufsteigen können.

Gießen des Gipsblocks:
Die Gipsmasse wird langsam in den gut abgedichteten und mit Trennmittel ausgekleideten Formkasten gegossen, bis der Formkasten gefüllt ist. Mit einer Holzleiste streicht man nun die Oberfläche des Gipsbreis an der Rahmenkante entlang glatt. Mit einem Gummihammer schlägt man wohldosiert auf die Unterseite der Werkbank, damit sich eingeschlossene Luftbläschen lösen und aufsteigen. Der Gipsblock wird nun zum Abbinden stehen gelassen. Nach dem Abbindeprozess kann man den Formkasten vorsichtig öffnen und den noch feuchten Gipsblock entnehmen. Am besten stellt man ihn auf eine Art Rost, damit er einige Tage gleichmäßig durchtrocknen kann.

3.2 Herstellung des Gipsnegativschnitts:

Der Entwurf muss seitenverkehrt auf den Gipsblock übertragen werden, das ist besonders bei Buchstaben und Zahlen wichtig. Nun wird das gewünschte Motiv mit Werkzeugen, die zum Schaben und Ritzen geeignet sind (Messer, Löffel etc.), Schicht für Schicht in subtraktiver Arbeitsweise aus dem Gipsblock geschabt. Es ist günstig, mit einem Pinsel die Oberfläche etwas anzufeuchten, damit sie durch die Feuchtigkeit weicher zu bearbeiten ist und die Kanten erhalten bleiben. Bei dieser Arbeit sollte man immer im Blick haben, dass keine Aushöhlungen in Form von Unterschneidungen entstehen. Diese könnten später nicht in Ton abgedrückt werden bzw. der Ton würde sich daraus nicht lösen können und abreißen. Entsprechend der Aufgabe, eine Dekorfliese zu gestalten, sollte man an das reliefartige Ergebnis denken und einzelne Teile entsprechend tief ausarbeiten.

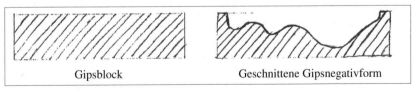

Gipsblock	Geschnittene Gipsnegativform

Abformen der Tonfliese:
Für das Abformen der Negativform muss eine Tonplatte in ca. 10 mm Stärke zwischen Abstandshölzchen ausgerollt (gleichmäßige Plattenstärke) und an jeder Seite ca. 20 mm größer zugeschnitten werden, als das Format der Negativform ist. Das ist notwendig, weil die Tonplatte im nächsten Arbeitsschritt in die Negativform gedrückt wird und

sonst womöglich die Ausmaße nicht reichen, um nach dem Abformen daraus eine Fliese zuzuschneiden. Damit sind die nächsten Arbeitsschritte klar: Die Tonplatte wird mittig auf der Negativform platziert und vorsichtig und gleichmäßig in die Form gedrückt. Nach dem Abformen wird die Fliese abgenommen, exakt auf Maß zugeschnitten und zum Trocknen auf einem Holzrost abgelegt, damit die Luft zirkulieren kann und sich die Fliese während des Trocknungsprozesses nicht wölbt.

Eingedrückte Tonplatte   Tonabdruck

4   Gesundheits- und Umweltschutz

Beim Anrühren des Gipsbreis Schutzmaske tragen, damit kein Gipspulver eingeatmet wird.

Beim Einstreuen des Gipspulvers aufmerksam, konzentriert und ruhig arbeiten.

Die Gipstüte danach vorsichtig abstellen, nicht fallen lassen.

Unterlagen nach dem Gießvorgang mit einem feuchten Tuch abwischen.

Gipsreste im Abfall entsorgen, nicht im Waschbecken, da abbindende Gipsreste den Abfluss verstopfen können (Gips bindet auch unter Wasser ab).

Übrigen Gipsbrei in der Gipsmulde aushärten lassen, dann die Gipsmulde zusammendrücken und die Gipsbrösel im Restmüll entsorgen.

Werkzeuge über einer Schüssel mit einem feuchten Lappen reinigen und die Brösel in den Restmüll geben.

5   Werkbetrachtung

	Vorteile	Nachteile
Selbst gefertigtes Werkstück	persönliche, individuelle Gestaltungsidee	Qualität mehrerer Abdrücke kann unterschiedlich sein
	ideeller Wert der persönlichen Werkarbeit	großer Aufwand bei der Herstellung mehrerer Fliesen
Industrieprodukt	gleichbleibende Qualität, alle Fliesen sehen gleich aus	auf individuelle Kundenwünsche kann nicht eingegangen werden
	Zeitersparnis durch seriellen Herstellungsprozess	persönlicher Bezug des Arbeiters zum Produkt fehlt

1   Bedeutung des Werkstoffs
Im Bereich der Herstellung von Werkzeugen und Geräten spielte Massivholz seit jeher eine wesentliche Rolle.

1.1   Nennen Sie drei Beispiele für Werkzeuge oder Geräte aus Holz, die inzwischen ganz oder teilweise aus anderen Werkstoffen gefertigt werden. Nennen Sie je einen typischen Ersatzwerkstoff und begründen Sie den Materialwechsel.

Beispiel	Typischer Werkstoff (Mehrfachnennung möglich)	Grund Materialwechsel

1.2   Im Haus- und Innenausbau wird trotz alternativer Materialien oft nicht auf Massivholz verzichtet. Nennen Sie hierzu vier Anwendungsbeispiele.

2   Werkstoffkunde und Arbeitsverfahren

2.1   Benennen Sie vier verschiedene Handelsformen von Massivholz und geben Sie für drei davon die entsprechenden Maße an.

2.2   Ein Schneidebrett aus Ahornholz wurde abgespült und zum Trocknen abgelegt. Das Brett verzieht sich beim Trocknen. Beschreiben Sie dieses Phänomen unter Zuhilfenahme entsprechender Skizzen und Fachbegriffe.

Abb.: Skulptur eines nach einem Einschnittplan
aufgetrennten Baumstamms (Billon, Vincent Kohler,
2007, Polystyrène, résine, 110 × 100 × 300 cm)

2.3   Eine Küchenzeile soll eine neue Arbeitsplatte aus kunststoffbeschichtetem Pressspan erhalten. Stellen Sie Vor- und Nachteile dieses Materials gegenüber.

Vorteile	Nachteile

2.4 Erklären Sie folgende Fachbegriffe bzw. ergänzen Sie die genannten Erklärungen mit dem entsprechenden Fachbegriff.

Schränkung	
CNC	
	Werkzeug aus einem gehärteten Stahlblatt zur Herstellung einer glatten Oberfläche
	Eingeschlagene parallele Linien auf der Feilenoberfläche
HSS	
	Eckverbindung von zwei länglichen Holzteilen, die in einem bestimmten Winkel aufeinanderstoßen
Hirnholz	
	Dünne Holzschicht zur Oberflächenveredelung von Holzwerkstoffen

2.5 Um z. B. eine klassische Holzverbindung herzustellen, werden Stemmwerkzeuge verwendet. Zeichnen und beschriften Sie ein Stemmeisen mit entsprechenden Fachbegriffen.

3 Fachgerechte und gestaltende Verarbeitung

Sie haben die Aufgabe, aus einem Kiefernholzbrett und einem Buchenholzrundstab einen Küchenrollenhalter zum Anbringen an die Wand herzustellen. Dieser soll aus einer Rückwand und zwei Seitenteilen bestehen. Die Küchenrolle soll auf dem Buchenholzrundstab gelagert und leicht zu entnehmen sein.

3.1 Zeigen Sie in einer anschaulichen Detailzeichnung die Form der Seitenteile und eine funktionale Lösung für die Lagerung des Rundstabs.

3.2 Um die Seitenteile mit der Rückwand zu verbinden, sollen Sie eine klassische Holzverbindung herstellen. Benennen Sie die von Ihnen gewählte Holzverbindung und zeichnen Sie eine räumliche Darstellung dieser Eckverbindung vor dem Zusammenfügen.

3.3 Erstellen Sie einen tabellarischen Arbeitsplan zur Herstellung Ihres Werkstücks (Seitenteile mit Lagerung, Holzverbindung mit Rückwand) unter Nennung der benötigten Werkzeuge, Hilfsmittel und notwendiger Arbeitshinweise.

3.4 Für die Herstellung Ihres Werkstücks bietet sich Acrylglas als alternativer Werkstoff an. Nennen und erläutern Sie drei Vorteile, welche sich durch diese Werkstoffauswahl ergeben.

4 Gesundheits- und Umweltschutz

4.1 Formulieren Sie je drei Gesundheitsgefahren und entsprechende Schutzmaßnahmen beim Bearbeiten von Acrylglas.

Gesundheitsgefahren	Schutzmaßnahmen

4.2 Stellen Sie fünf Regeln auf, die für den sicheren, gefahrlosen Umgang mit elektrischen Schleifmaschinen beim Schleifen von Holzoberflächen eingehalten werden müssen.

5 Werkbetrachtung

Erstellen Sie für Ihren Küchenrollenhalter aus Holz eine Checkliste mit Aspekten für eine gelungene Arbeit hinsichtlich Funktion und Verarbeitung.

1 Bedeutung des Werkstoffs

1.1

Beispiel	Typischer Werkstoff (Mehrfachnennung möglich)	Grund Materialwechsel
Rechen	Metall	Metallzinken sind stabiler und lösen sich nicht
Körbe	Kunststoff	serielle Herstellung möglich, stapelbar
Zirkel	Kunststoff oder Metall	kein Verziehen

1.2

Fensterrahmen, Haustüre, Balkon, Dachstuhl, Treppen, Parkett, Wandvertäfelung, Holzdecken

2 Werkstoffkunde und Arbeitsverfahren

2.1

Handelsform	Maße
Kantholz	Eine Querschnittsseite mindestens 60 mm
Dachlatten	30/50 mm
Bohlen/Laden	Mindestens 40 mm dick
Balken	

2.2

Grundsätzlich arbeitet Holz, wenn es unterhalb seines Fasersättigungspunktes Feuchtigkeit in den Zellwänden aufnimmt oder abgibt. Nimmt es Feuchtigkeit auf, dann quellen die Zellwände und das Volumen vergrößert sich quer zur Faser. Gibt es Feuchtigkeit ab, dann schwindet es und das Volumen nimmt ab, weil die Zellwände austrocknen. Das abgespülte Schneidbrett kann nur auf der Oberseite Feuchtigkeit abgeben, also schwinden, auf der Unterseite liegt es und diese bleibt zunächst feucht. Dadurch verzieht es sich in Richtung seiner linken Seite.

Zeichnungen:

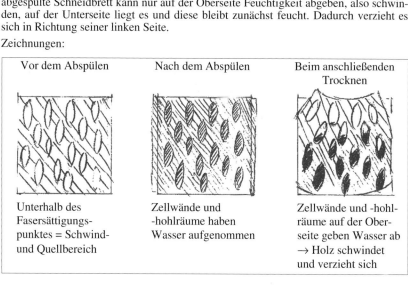

Vor dem Abspülen	Nach dem Abspülen	Beim anschließenden Trocknen
Unterhalb des Fasersättigungspunktes = Schwind- und Quellbereich	Zellwände und -hohlräume haben Wasser aufgenommen	Zellwände und -hohlräume auf der Oberseite geben Wasser ab → Holz schwindet und verzieht sich

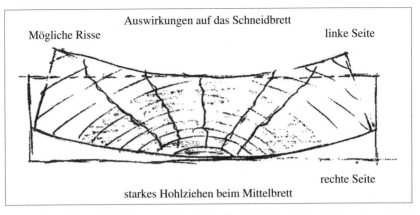

| Mögliche Risse | Auswirkungen auf das Schneidbrett | linke Seite |

starkes Hohlziehen beim Mittelbrett

rechte Seite

2.3

Vorteile	Nachteile
• hitzebeständig • Beschichtung farbig oder in Optik eines anderen Werkstoffs • gut zu reinigende, unempfindliche Oberfläche • günstig herzustellen • effiziente Nutzung von Holz	• Herstellung unter Verwendung nicht unbedenklicher Klebstoffe • reparaturunfreundlich bei Beschädigungen • nicht kratz- und stoßfest • keine natürliche Holzoberfläche • Ausgasen von Giftstoffen möglich

2.4

Schränkung	Abwechselnd schräg nach außen gebogene Zähne einer Säge
CNC	Die Steuerung und Regelung von Werkzeugmaschinen läuft über einen Computer.
Ziehklinge	**Werkzeug aus einem gehärteten Stahlblatt zur Herstellung einer glatten Oberfläche**
Hieb	**Eingeschlagene parallele Linien auf der Feilenoberfläche**
HSS	High Speed Steel oder Hochleistungsschnellarbeitsstahl, aus dem z. B. Bohrer hergestellt werden
Gehrung	**Eckverbindung von zwei länglichen Holzteilen, die in einem bestimmten Winkel aufeinanderstoßen**
Hirnholz	Quer zur Faser geschnittenes Holz mit sichtbaren Jahresringen
Furnier	**Dünne Holzschicht zur Oberflächenveredelung von Holzwerkstoffen**

2.5

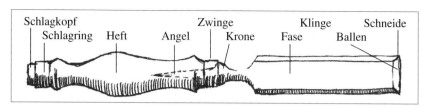

Schlagkopf Zwinge Klinge Schneide
Schlagring Heft Angel Krone Fase Ballen

3 Fachgerechte und gestaltende Verarbeitung

3.1

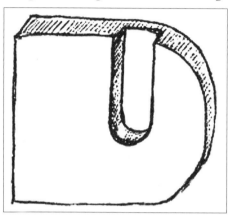

3.2

Fingerzinkung

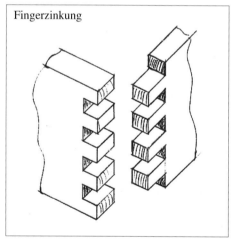

3.3

Arbeitsschritte	Werkzeuge / Hilfsmittel	Arbeitshinweise
Entwurfskizze, Schablone	Bleistift, Papier	
Anreißen der Form der Seitenteile mit Lagerung	Bleistift, Schablone	Verrutschen der Schablone durch Fixieren mit Klebeband verhindern
Aussägen der Seitenteile	Schraubzwinge mit Unterlegbrettchen, Feinsäge	bei runden Außenformen mit Tangentialschnitten annähern
Kanten versäubern	Schraubzwinge mit Unterlegbrettchen, Holzraspel, Holzfeile, Ziehklinge, Schleifpapier von grob nach fein	gemeinsame Bearbeitung beider Seitenteile
Sacklochbohrung für die Lagerung	Ständerbohrmaschine, Maschinenschraubstock, passender Forstnerbohrer	Tiefeneinstellung richtig wählen
Ausstemmen der Lagerung	Schraubzwinge mit Unterlegbrettchen, weiteres Unterlegbrettchen zum Schutz der Werkbank, verschieden breite Stemmeisen, Klüpfel	Abstechen entlang der Reißlinie, Zwischenraum Schicht für Schicht abtragen
Anreißen der Zinken	Streichmaß, alternativ Bleistift, Stahlmaßstab, Anschlagwinkel	• ungerade Anzahl der Zinken (Brettbreite / Brettstärke = Anzahl) • Anreißen auf der Fläche • Kennzeichnung von abfallendem Holz
Anreißen der Zapfen	Streichmaß, alternativ Bleistift, Stahlmaßstab, Anschlagwinkel	• gerade Zahl, • rundum anzeichnen • Kennzeichnung von abfallendem Holz
Zapfen einsägen	• Bankzange • Feinsäge	Werkstück gut einspannen, im abfallenden Holz lotrecht sägen
Zapfen freistemmen	Schraubzwinge mit Unterlegbrettchen, weiteres Unterlegbrettchen zum Schutz der Werkbank, verschieden breite Stemmeisen, Klüpfel	von beiden Seiten her Stück für Stück freistemmen
Zinken einsägen	• Bankzange • Feinsäge	Werkstück gut einspannen, im abfallenden Holz lotrecht sägen

Zinken freistemmen	Schraubzwinge mit Unterlegbrettchen, weiteres Unterlegbrettchen zum Schutz der Werkbank, verschieden breite Stemmeisen, Klüpfel	von beiden Seiten her Stück für Stück freistemmen und Passung abgleichen
Innenflächen putzen	Bankzange, Stemmeisen, Schnitzmesser, Holzfeile, Schleifpapier von grob nach fein	vorsichtiges Abtragen von Material und Passung immer wieder abgleichen
Verleimen der Fingerzinkung	Holzleim, Leimpinsel, Bankzange und Bankhaken mit Unterlegbrettchen, Anschlagwinkel	• Holzleim sparsam auftragen, überschüssigen Holzleim entfernen • rechten Winkel überprüfen

3.4 – Acrylglas gibt es in unterschiedlichen Einfärbungen transparent oder opak, die Farbe kann vor Beginn der Arbeit ausgewählt werden und müsste nicht nach der Oberflächenbearbeitung aufgetragen werden.
– Acrylglas kann thermisch verformt werden, d. h. der Herstellungsprozess wäre nicht so aufwendig, da man keine drei Teile mit Verbindungen arbeiten müsste, sondern das Werkstück aus einem Materialstück formen könnte.
– Die Oberfläche von Acrylglas ist glatt und porenfrei und muss nicht behandelt werden.

4 Gesundheits- und Umweltschutz

4.1

Gesundheitsgefahren	Schutzmaßnahmen
Schnitt- oder Schürfverletzungen bei der mechanischen Bearbeitung mit Werkzeugen	am Körper vorbei oder von ihm weg arbeiten, die Hand, die nicht Werkzeug führend ist, soll nicht im Gefahrenbereich sein
Verletzungen durch Splitter beim Bohren oder Ritzbrechen	Werkstück in einer Einspannvorrichtung bohren und Schutzbrille tragen
Verbrennungen beim thermischen Verformen durch Kontakt mit Heizquellen oder stark erwärmtem Material	Schutzhandschuhe tragen, richtige Handhabung der Heizquellen

4.2 – Stromversorgung, Kabel und Stecker überprüfen
– Schleifbelag überprüfen und gegebenenfalls tauschen (Schleifbandrichtung!)
– Staubabsaugung sicherstellen
– Gerät nur an- und abschalten, wenn das Werkstück nicht berührt wird
– zu bearbeitendes Werkstück sicher einspannen
– auf stabilen Stand achten und Maschine mit beiden Händen führen
– Maschine vor dem Ablegen auslaufen lassen

5   Werkbetrachtung

Funktion:
– Bemaßung der Seitenteile und Lagerung des Rundstabs müssen so gewählt sein, dass eine Küchenrolle Platz hat.
– Die Lagerung muss so gearbeitet sein, dass die Rolle ohne großen Aufwand gewechselt werden kann, aber bei Benutzung einen sicheren Halt bietet.
– Die Seitenteile müssen im rechten Winkel fest mit der Rückwand verleimt sein, damit sie sich nicht aufbiegen lassen und der Rundstab aus der Lagerung fällt.

Verarbeitung:
– Oberflächenbearbeitung ohne Werkzeugspuren oder andere Beschädigungen
– Kanten gebrochen
– Passgenauigkeit der Fingerzinkung
– Sauberkeit der Verleimung
– Fügung im rechten Winkel

1 Bedeutung des Werkstoffs

1.1 Die Entwicklungsgeschichte des Papiers ist eng mit bahnbrechenden Erfindungen verbunden, welche für die Papierherstellung bis heute Bedeutung haben. Nennen und erläutern Sie zwei dieser Erfindungen.

Abb.: Herstellung von Papier im Mittelalter

1.2 Vor der Erfindung des Papiers beschrieben die Menschen unterschiedliche Materialien. Weit verbreitet waren Papyrus und Pergament. Ergänzen Sie hierzu die folgende Tabelle.

	Ausgangsmaterial	Herstellung
Papyrus		
Pergament		

1.3 Papier bietet neben seiner Funktion als Beschreibstoff eine Vielzahl an weiteren Einsatzmöglichkeiten, z. B. auch als Verpackung, wobei es in diesem Bereich stark mit Kunststoff konkurriert. Nennen Sie jeweils drei Vor- und Nachteile der beiden Verpackungsmaterialien.

	Vorteile	Nachteile
Kunststoff-verpackung	• • •	• • •
Verpackung aus Papier	• • •	• • •

2 Werkstoffkunde und Arbeitsverfahren

2.1 In der Broschüre eines Lieferanten für Papiermaschinen soll folgender Text über die Herstellung von Papier auf der Langsiebpapiermaschine erscheinen. Ihre Aufgabe ist es, diesen Text Korrektur zu lesen. Unterstreichen Sie jeweils im Text sechs inhaltliche Fehler und schreiben Sie den richtigen Begriff auf die Zeile daneben.

Aus dem Egoutteur fließt der Papierbrei auf das laufende Förderband und verteilt sich gleichmäßig. Durch die Vorwärtsbewegung des Siebes richten sich die Schnipsel hauptsächlich in Laufrichtung aus. Dem flüssigen Papierbrei werden dabei über 95 % des ursprünglichen Wassergehalts entzogen. Die Papierbahn wird dann auf einer dicken, endlosen Filzunterlage durch mehrere Saugkästen geführt, die unter Druck das feuchte Faservlies weiter entwässern. In der Trockenpartie, die aus zahlreichen dampfbeheizten Trockenkegeln besteht, wird die Papierbahn vorsichtig getrocknet. Hadern nehmen dabei den größten Teil der Feuchtigkeit auf.

1

2

3

4

5

6

7

8

9

10

11

12

13

2.2 Die moderne Papierherstellung ermöglicht eine Bandbreite an Papierwerkstoffen mit den unterschiedlichsten Eigenschaften. Erläutern Sie in diesem Zusammenhang die Begriffe Lichtbeständigkeit, Oberflächenbeschaffenheit und Güte.

2.3 Papierwerkstoffe werden nach ihrem Gewicht in drei Gruppen eingeteilt. Ergänzen Sie dazu die Tabelle.

Papierwerkstoff		
Gewicht		
zwei Beispiele		

2.4 Zeichnen und beschriften Sie ein Cuttermesser mit den entsprechenden Fachbegriffen.

2.5 Vergleichen Sie Kleister und Leim hinsichtlich ihrer Eigenschaften und Anwendungsmöglichkeiten beim Fügen von Papierwerkstoffen. Führen Sie jeweils drei Aspekte auf.

	Kleister	Leim
Eigenschaften	• • •	• • •
Anwendungsmöglichkeiten	• • •	• • •

2.6 Kleister eignet sich auch zum Anfertigen von Schmuckpapier. Beschreiben Sie den Herstellungsprozess.

3   Fachgerechte und gestaltende Verarbeitung
Bei einem älteren Buch hat sich der Buchblock gelöst, Buchdeckel und -rücken sind verschlissen.
Sie haben die Aufgabe, ein neues Leinengelenk herzustellen, dass zwei neue Deckel und einen neuen Buchrücken aus Graupappe verbindet.
Der Buchblock hat das Format DIN A6 und ist 20 mm dick.

3.1 Beschreiben Sie unter Zuhilfenahme von Skizzen die einzelnen Schritte zur Herstellung des Leinengelenks.

3.2 Die Buchdeckel sollen abschließend mit Schmuckpapier bezogen werden. Führen Sie insgesamt sechs Aspekte an, auf welche beim Zuschnitt und beim Kaschieren zu achten ist, um ein ansprechendes Ergebnis zu erzielen.

4   Gesundheits- und Umweltschutz

4.1   Der umweltbewusste Umgang mit Werkstoffen spielt grundsätzlich eine große Rolle. Erstellen Sie einen Maßnahmenkatalog zum ökologischen Handeln mit Papierwerkstoffen im Werkunterricht.

4.2   Nennen Sie zwei Möglichkeiten, welche sich bereits bei der Herstellung von Papierwerkstoffen anbieten, um die Umweltbelastung möglichst gering zu halten.

1 Bedeutung des Werkstoffs

1.1 Eine dieser Erfindungen ist die Langsieb-Papiermaschine, die 1799 von dem Franzosen Nicolas-Louis Robert erfunden wurde. Angeregt durch die Tapetenherstellung in seiner Firma, für die lange Papierbahnen notwendig waren, überlegte Robert sich eine Möglichkeit, Papier generell maschinell als fortlaufende Bahn zu erzeugen. Er entwickelte das Endlossieb aus Metallfäden, das über zwei Walzen lief und zusammengenäht wurde. Solange der Papierstoff auf dieses Endlossieb geschöpft wurde, konnten ununterbrochen Papierbahnen produziert werden, was schneller ging als das Schöpfen von Papier und zudem preisgünstiger war.

Eine weitere Erfindung war eher aus der Not geboren, denn die damaligen Rohstoffe für die Papierherstellung, die Hadern oder Lumpen wurden aufgrund der großen Nachfrage knapp. Friedrich Gottlob Keller war ein Tüftler auf technischem Gebiet, aber auch ein guter Beobachter der Natur. So hatte er bei Wespen beobachtet, dass sie ihre Nester aus zerkauten Holzfasern bauen, und sich daraufhin überlegt, wie man Holz maschinell so zerlegen kann, dass man die feinen Fasern freisetzen kann. Aus diesen Überlegungen entwickelte er 1843 das Holzschliffverfahren. Holz wird unter Zugabe von Wasser gegen einen rotierenden Schleifstein gepresst und so zerfasert. Versuche zeigten, dass man aus diesen fein geschliffenen Holzfasern, gemischt mit einem Anteil Hadern oder Lumpen, Papier herstellen kann. Die maschinelle Herstellung des Holzschliffs machte die Papierindustrie unabhängig von den bisherigen pflanzlichen Rohstoffen und löste das Problem der Rohstoffverknappung, da Holz in ausreichenden Mengen vorhanden war.

1.2

	Ausgangsmaterial	Herstellung
Papyrus	Papyrusstaude	Aus dem unteren Teil des dreikantigen bis zu armdicken und 4 bis 5 Meter hohen Stängels werden dünne, ca. 1,5 cm breite Streifen geschnitten. Die Streifen werden auf einem Brett nebeneinandergelegt, darüber kommt quer dazu eine zweite Schicht Streifen. Diese werden durch Schlagen und Pressen zu einem Blatt verfestigt, der dabei austretende Pflanzensaft ist das Bindemittel. Nach dem Trocknen können die einzelnen Blätter zu langen Rollen zusammengeklebt werden.
Pergament	Haut von Schaf, Ziege, Rind oder Kalb	Die Haut wird in Pottasche oder Kalk gebeizt, dabei lösen sich die Haarwurzeln. Danach wird die Haut geschabt, gründlich gereinigt, aufgespannt und getrocknet. Nach dem Trocknen wird die Oberfläche mit Bimsstein und scharfer Klinge geglättet und mit Kreide geweißt.

1.3	Vorteile	Nachteile
Kunststoff-verpackung	• leicht zu reinigen für Güter, die hygienisch verpackt werden müssen • geringes Gewicht spart Transportkosten • leicht, stabil und gut formbar	• hohe Umweltbelastung sowohl bei Herstellung als auch bei Entsorgung • fossiler und damit endlicher Rohstoff • in der Regel nur für den einmaligen Gebrauch und daher sehr kurzlebig
Verpackung aus Papier	• Werbeträger dient der Information für Verbraucher • Herstellung aus Recyclingmaterial möglich (70 %) unter Zugabe von regenerativem Rohstoff • leicht entsorgbar und wiederverwertbar	• oft nachweisbare Mineralölkohlenwasserstoffe von Druckfarben bei recycelten Verpackungen • wenig Schutz vor Feuchtigkeit und Sauerstoff • Herstellung des Rohmaterials unter Einsatz von Chlorbleichmitteln

2 Werkstoffkunde und Arbeitsverfahren

2.1 Aus dem <u>Egoutteur</u> fließt der Papierbrei auf das laufende <u>Förderband</u> und verteilt sich gleichmäßig. Durch die Vorwärtsbewegung des Siebes richten sich die <u>Schnipsel</u> hauptsächlich in Laufrichtung aus. Dem flüssigen Papierbrei werden dabei über 95 % des ursprünglichen Wassergehalts entzogen. Die Papierbahn wird dann auf einer dicken, endlosen Filzunterlage durch mehrere <u>Saugkästen</u> geführt, die unter Druck das feuchte Faservlies weiter entwässern. In der Trockenpartie, die aus zahlreichen dampf beheizten <u>Trockenkegeln</u> besteht, wird die Papierbahn vorsichtig getrocknet. <u>Hadern</u> nehmen dabei den größten Teil der Feuchtigkeit auf.

Stoffauflauf/Auflaufkasten
Endlossieb

Fasern

Presswalzen

Trockenzylindern
Trockenfilze

2.2 – Lichtbeständigkeit
Der Begriff „Lichtbeständigkeit" steht für die Zeitspanne, während der Papier dem Einfluss von direktem Tageslicht unverändert widersteht. Während lichtbeständiges Papier sich dabei kaum verändert, vergilben holzhaltige Naturpapiere und farbige, transparente Papiere bleichen aus.

– Oberflächenbeschaffenheit
Bei jedem Papier kann man, unabhängig von der Herstellung, eine rauere „Siebseite" und eine feinere „Filzseite" oder „Schönseite" erkennen, besonders wenn man mit einem Füllfederhalter auf einem Schreibpapier schreibt. Während die Feder auf der Schönseite flüssig geführt werden kann, kratzt sie auf der Siebseite und der Fluss der Tinte wird oft unterbrochen. Die Oberfläche von Papieren kann je nach Produkt durch unterschiedliche Verfahren beeinflusst werden. Das Ergebnis kann eine Oberfläche

sein, die glatt bis rau, matt bis glänzend, mit Holzmaserstruktur, Leinen- oder Bütten-
papiercharakter, transparent, weiß oder in unzähligen Farben durchgefärbt oder
bedruckt ist.
- Güte
Papier hat – je nach Verwendungszweck – einen unterschiedlichen Gehalt an Holzschliff. Das führt dann zu Bezeichnungen wie holzhaltig, mittelfein, aufgebessert
mittelfein, fein holzhaltig, fast holzfrei. Holzhaltiges Papier ist gekennzeichnet durch
einen Holzschliffanteil von mehr als 5 %, holzfreies Papier darf hingegen nicht mehr
als 5 % davon enthalten.

2.3

Papierwerkstoff	Papier	Karton
Gewicht	bis 150 g/m²	150 – 600 g/m²
zwei Beispiele	• Inkjet-Papier • Transparentpapier	• Schachtelkarton • Chromokarton

2.4

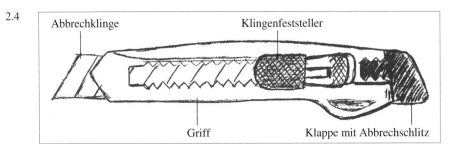

Abbrechklinge   Klingenfeststeller

Griff   Klappe mit Abbrechschlitz

2.5

	Kleister	Leim
Eigenschaften	• wasserlöslich • aufgezogenes Blatt kann wieder abgelöst werden • Flecken lassen sich mit Wasser entfernen	• Teile können kaum mehr verschoben werden • ist zähelastisch • bindet unterschiedlich schnell ab
Anwendungs möglichkeiten	• Pappmaschee-Arbeiten • Aufziehen von dünnem bzw. sehr dünnem Bezugspapier • Ausfüttern von Schach-teln	• Verbinden von starken Papieren • Fügen von Karton und Pappe • für Gelenke, Verstärkun-gen

2.6   Kleister wird in einem entsprechend großen Gefäß angerührt. Während der Quellzeit
kann man den Arbeitsplatz herrichten: ein Stapel glatter Zeitungsunterlage, breiter Borstenpinsel und Musterwerkzeuge z. B. Kämme, Holzstäbchen, Gabeln, selbst gefertigte
Pappkämme oder -streifen, Schwämmchen ... Als Trägerpapier wählt man ein festes,
großformatiges Zeichenpapier mit glatter Oberfläche für exakte Muster oder Ingrespa-
pier für sanfte Übergänge und legt es auf die Zeitungsunterlage. In einem kleinen Gefäß
mischt man Kleister mit wasserlöslicher Farbe und trägt diese Mischung anschließend
mit dem Borstenpinsel nur in eine Richtung auf den Bogen auf. Wichtig ist das Abstrei-
chen der Fläche in Querrichtung, bis die Pinselstriche nicht mehr sichtbar sind. Mit einer
Ritzprobe überprüft man die Kleisterschicht: Schließt sich die Lücke wieder, dann ist zu

viel Kleisterfarbe auf dem Papier, die man entweder entfernt oder etwas antrocknen lässt. Mithilfe des ausgewählten Musterwerkzeugs gestaltet man nun den Bogen. Ist der Bogen fertig, so lässt man ihn auf dem Zeitungspapier trocknen. Im trockenen Zustand kann man gewellte Papierbögen mit dem Bügeleisen glätten. Soll die Oberfläche strapazierfähig sein, so kann man sie mit Kerzenwachs einreiben, Holzwachs oder Bohnerwachs kann alternativ mit einem Lappen aufgetragen und anschließend mit einem weichen Lappen oder einer Bürste poliert werden. Man kann aber auch Capaplex (Dispersions-Grundiermittel) gleichmäßig auftragen.

3 Fachgerechte und gestaltende Verarbeitung

3.1 Arbeitsschritte:
– Arbeitsplatz einrichten: Schneidunterlage (kunststoffbeschichtet), Stahllineal, Winkel, Bleistift, Falzbein
– Bei den bereits zugeschnittenen Buchdeckeln und dem Buchrücken die Kanten mit einem Falzbein glätten
– Feststellen der Lauf- und Dehnrichtung des Buchbinderleinens
– Aufzeichnen der Maße auf der mit Papier beschichteten Seite. Die Faustregel für die Bemaßung ist außen: Breite (ca. 30 mm Überstand + 2 × Pappestärke + Buchrückenbreite + 2 × Pappestärke + 30 mm Überstand; Höhe (ca. 20 mm zum Einschlagen + Buchrückenhöhe + 20 mm zum Einschlagen). Innen: Breite ca. 4 mm mehr als außen und Höhe (ca. 10 mm kürzer als die Buchrückenhöhe)
– Buchbinderleinen ausschneiden und auf der mit Papier beschichteten Seite des Außenleinens die Lage des Buchrückens (Höhe und Breite), die Gelenkbreite (2 × Pappestärke) und die obere und untere Begrenzung für die Buchdeckel aufzeichnen (Abb. 1)
– Einrichten des Arbeitsplatzes: kunststoffbeschichtete Schneidunterlage (alternativ Papierunterlage), Leim/Kleistergemisch [1/3 : 2/3], breiter Borstenpinsel, Falzbein, feuchter und trockener Frotteelappen
– Außenleinen mit Leim/Kleistergemisch anschmieren. Darauf achten, dass kein Buchbinderleim unter das Buchbinderleinen gelangt. Buchbinderleinen vorsichtig hochnehmen und auf sauberem Teil der Schneidunterlage ablegen
– Unterlage mit Frotteelappen säubern und trocknen
– Außenleinen in die Mitte legen, Buchrücken nach Markierung einlegen und festdrücken. Buchdeckel auf beiden Seiten einpassen und festdrücken (Abb. 2)
– Überstand des Buchbinderleinens oben und unten über die Kanten leimen. (Abb. 3)
– Buchbinderleinen mit dem Falzbein in die Gelenkfugen einreiben (Abb. 4)
– Innenleinen mit Leim/Kleistergemisch anschmieren, vorsichtig hochnehmen und auf sauberem Teil der Schneidunterlage ablegen
– Unterlage mit Frotteelappen säubern und trocknen
– Innenleinen an einer Längskante des einen Buchdeckels einpassen und andrücken, erste Gelenkfuge einreiben, Leinen über den Buchrücken ziehen und andrücken, zweite Gelenkfuge einreiben und Leinen auf zweitem Buchrücken andrücken (Abb. 5)
– Leinengelenk kurz in die Stockpresse geben, eine Zeit lang offen liegen lassen und anschließend zwischen saugfähige Pappstreifen ca. zwei Stunden in der Stockpresse trocknen

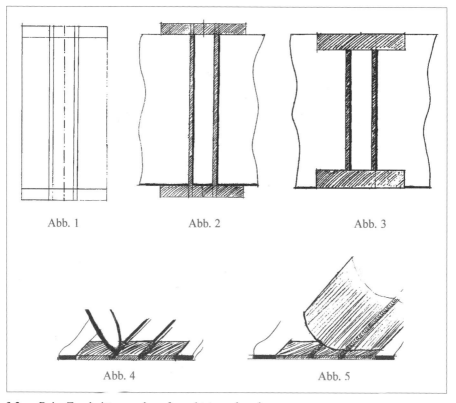

Abb. 1   Abb. 2   Abb. 3

Abb. 4   Abb. 5

3.2 Beim Zuschnitt muss darauf geachtet werden, dass
   – Lauf- und Dehnrichtung aller verwendeten Materialien übereinstimmen.
   – bezogene Buchdeckelecken beim Zuschnitt des Nutzens ausgespart werden.
   – der Zuschnitt des Nutzens an sich mit genügend Materialüberstand, rechten Winkeln
     und geraden, sauberen Schnitten hergestellt wird.

Beim Kaschieren muss darauf geachtet werden, dass
   – der Nutzen auf einer sauberen, glatten Unterlage (z. B. Schneidunterlage) mit einem
     breiten, weichen Pinsel gleichmäßig von der Mitte nach außen strahlenförmig zwei-
     mal über den Rand hinaus angeschmiert wird.
   – das Bezugspapier vorsichtig mit der flachen Hand und einer Zwischenlage aus
     Schutzpapier angerieben wird, damit Luftblasen entweichen können und Falten ver-
     mieden werden.
   – zeitnah gegenkaschiert wird, damit für Gegenzug gesorgt ist und sich die Buchdeckel
     nicht verbiegen können.

4 Gesundheits- und Umweltschutz

4.1 – sorgfältige Planung des Werkstücks
   – platzsparendes Anzeichnen der Einzelteile
   – Sauberkeit am Arbeitsplatz

- geordnete Aufbewahrung von Zuschnitten
- Sortieren der Reste und verwendbare Stücke fachgerecht lagern
- nicht mehr verwendbare Reste dem Recycling zuführen

4.2 – Durch das Recycling wird der Rohstoff für Papierwerkstoffe, die Primärfaserstoffe, mehrfach verwendet und damit optimal genutzt.
- Beim Recycling von Papierwerkstoffen ist der Energie- und Wasserverbrauch bis zu 70 % reduziert und die Abwasserbelastung ist bis zu zehnmal niedriger als bei der Herstellung der Primärfaser.
- Teilweise haben Papierwerkstoffe einen Altpapieranteil von 100 % und man verzichtet bei ihrer Herstellung auf chlorhaltige Bleichstoffe und andere Chemikalien.

1 Bedeutung des Werkstoffs

Die·Entwicklung der Kunststoffe bedeutet aufgrund der nahezu unbegrenzten Einsatzmöglichkeiten einen enormen Fortschritt für die Konsumgesellschaft.

1.1 Stellen Sie die Vorzüge dieses neuen Werkstoffs gegenüber dem traditionellen verwendeten Material anhand von vier Beispielen aus Ihrem Lebensumfeld heraus. (Keine Mehrfachnennung!)

Produktbeispiel	traditioneller Werkstoff	wesentlicher Vorzug des Kunststoffs

1.2 In unserer Zeit ist die Massenproduktion von Kunststoffen notwendig. Stellen Sie jeweils vier Vorteile und Probleme dar, die damit einhergehen.

Vorteile	
Probleme	

2 Werkstoffkunde und Arbeitsverfahren

2.1 Am Beginn der Kunststoffentwicklung stand die Umwandlung von Naturstoffen mithilfe von Zusatzstoffen zu halbsynthetischen Kunststoffen. Ergänzen Sie dazu die nachfolgende Tabelle.

Naturstoff	Zusatzstoff	Halbsynthetischer Kunststoff
Kasein	Formaldehyd	
		Celluloid
Milchsaft des Kautschukbaumes		

2.2 Definieren Sie den Begriff „organisch" im Zusammenhang mit Kunststoffen.

2.3 Kunststoffe lassen sich aufgrund ihres molekularen Aufbaus und ihres Verhaltens bei Wärmezufuhr in Thermoplaste (T), Duroplaste (D) und Elastomere (E) einteilen. Ordnen Sie den nachfolgenden Aussagen die passende Kunststoffgruppe (T, D oder E) zu.

Bei Erwärmung werden diese Kunststoffe plastisch und können umgeformt werden.	
Bei niedrigen Temperaturen zeigen diese Kunststoffe einen drastischen Rückgang ihrer Elastizität.	
Nach der Vulkanisation sind diese Kunststoffe nicht mehr schmelzbar.	
Sie bilden die größte Gruppe unter den Kunststoffen, Beispiele dafür sind PVC und PE.	
Die Makromoleküle dieser Kunststoffe sind räumlich engmaschig und fest vernetzt.	
Zu dieser Gruppe gehören auch Polyesterharze und Epoxidharze.	

2.4 Ein Unternehmen möchte einen Pfannenstiel aus Kunststoff herstellen. Dafür soll der passende Werkstoff ausgewählt werden. Empfehlen Sie die geeignete Kunststoffgruppe und begründen Sie Ihre Wahl.

2.5 Das in der Schemazeichnung dargestellte Umformverfahren spielt eine wichtige Rolle in der Kunststoffverarbeitung.
Benennen Sie das dargestellte Verfahren, erklären Sie den Vorgang und zählen Sie fünf damit hergestellte Produkte aus unterschiedlichen Bereichen auf.

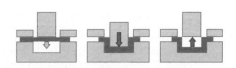

2.6 Ordnen Sie den abgebildeten Kunststoffprodukten ein entsprechendes Formungsverfahren zu und fügen Sie je ein weiteres Produkt hinzu, welches mit dem jeweiligen Verfahren hergestellt wird.

2.7 Acrylglas ist ein Kunststoff, der sehr gut thermisch verformt werden kann.
Nennen Sie zwei verschiedene Wärmequellen, die Sie aus dem Werkunterricht kennen, und geben Sie an, wofür sie jeweils eingesetzt werden.

2.8 Vor dem Umformen müssen sowohl das Werkstück als auch der Arbeitsplatz sorgfältig vorbereitet werden. Erstellen Sie eine Liste wichtiger vorbereitender Maßnahmen.

3 Fachgerechte und gestaltende Verarbeitung

Offene Lebensmittel wie Butter, Käse, Obst, etc. werden meist unter einer Schutzhaube aufbewahrt. Sie haben den Auftrag, zu einer Bodenplatte mit Vertiefung, die Sie im Werkunterricht aus Ton hergestellt haben, eine Haube aus Acrylglas mit Griff zum Abheben anzufertigen.
Dabei sollen unter anderem die Arbeitstechniken Warmverformen und Kleben zum Einsatz kommen.

Abb.: Querschnitt der Bodenplatte

3.1 Fertigen Sie eine aussagekräftige Skizze an, in der Sie die Formgebung sowie die Grifflösung veranschaulichen.

3.2 Erstellen Sie einen tabellarischen Arbeitsplan zur Herstellung der Haube unter Nennung wichtiger Arbeitshinweise.

3.3 Beschreiben Sie die Technik des Ritzbrechens stichpunktartig.

4   Gesundheits- und Umweltschutz
Viele Supermärkte und Discounter bieten ihren Kunden keine kostenlosen Plastiktüten mehr an. Bewerten Sie diese Tatsache aus ökologischer Sicht ausführlich anhand verschiedener Aspekte.

5   Werkbetrachtung
Beurteilen Sie Ihr in Aufgabe 3 hergestelltes Werkstück hinsichtlich Funktion, Formgebung und Verarbeitung, indem Sie jeweils drei konkrete Aspekte anführen.

1 Bedeutung des Werkstoffs

1.1 Das Schnitzen hat eine lange Tradition. Nennen Sie je zwei unterschiedliche Beispiele für Schnitz- und Bildhauerarbeiten aus dem profanen und sakralen Bereich.

Profaner Bereich	Sakraler Bereich

1.2 Heute müssen sich handgeschnitzte Objekte gegenüber maschinell produzierten Schnitz- und Fräsarbeiten behaupten. Die CNC-Verfahren erleichtern die Fertigung erheblich. Nennen Sie vier Vorteile dieser Produktionstechnik.

1.3 Die CNC-Fertigung findet auch bei der Verarbeitung von Holzwerkstoffen Anwendung. Erklären Sie den Begriff „Holzwerkstoffe" und zeigen Sie den gegenwärtigen Einsatz auf, indem Sie die Tabelle ergänzen.

Erklärung „Holzwerkstoffe"

Holzwerkstoff	je zwei konkrete Anwendungsbeispiele (keine Mehrfachnennungen)	
	•	•
	•	•
	•	•

1.4 Benennen Sie zwei Bereiche, in denen Holzprodukte heute durch solche aus Kunststoff ersetzt werden. Nennen Sie dazu je ein Beispiel und geben Sie Gründe an, welche für diesen alternativen Werkstoff sprechen.

Bereich	Beispiel	Gründe (keine Mehrfachnennungen)
		•
		•

		•
		•

2 Werkstoffkunde und Arbeitsverfahren

2.1 Am „Tag des Baumes" wurde in der Schule ein Plakat zum Aufbau eines Baumstammes angefertigt. Sie haben die Aufgabe, den Text Korrektur zu lesen. Unterstreichen Sie in den Beschreibungen sechs inhaltliche Fehler und notieren Sie den richtigen Begriff auf der Zeile daneben.

Schicht	Beschreibung	Verbesserung
Kernholz	• jüngster, innerer Bereich des Stammes	
	• gefüllt mit Nährstoffen	
Splintholz	• die inneren, jüngeren Jahresringe des Baumes	
	• dient der Saft- und Wasserführung stammabwärts	
Kambium	• dünne Trocknungsschicht zwischen Bastschicht und Holzzellen	
	• bildet aus den Nährstoffen nach innen Holzzellen und nach außen weitere Bastzellen	
Borke	• lebender, äußerer Teil der Rinde (Außenrinde)	
	• Schutz vor Austrocknung und äußeren Einwirkungen	

2.2 „Holz arbeitet". Erläutern Sie diese Aussage.

2.3 Zeichnen und beschriften Sie eine Feinsäge mit den entsprechenden Fachbegriffen.

2.4 Nennen Sie sechs weitere spanende Werkzeuge, welche beim subtraktiven Arbeiten mit Holz zum Einsatz kommen.

2.5 Überprüfen Sie, ob folgende Aussagen zu verschiedenen Verbindungsmöglichkeiten von Holz zutreffen.

	ja	nein
Eine Schlitz- und Zapfenverbindung ist als Rahmeneckverbindung gut geeignet.	☐	☐
Beim „verdeckten Dübeln" ist der Dübel nur in einem Bauteil sichtbar.	☐	☐
Beim Schlitz- und Zapfengelenk ist die Verbindung mit etwas „Luft" ausgearbeitet.	☐	☐

Zur Lagesicherung wird bei einem Drehgelenk mit Achszapfen auf das freie Ende des Achsstummels ein Splint aufgeleimt.	☐	☐
Die Ecküberblattung ist eine nicht lösbare Holzverbindung, die verleimt werden muss.	☐	☐

2.6 Bei der modernen Holzbearbeitung erleichtern zahlreiche Klein-maschinen die Arbeit. Berichten Sie über Einsatzmöglichkeiten und fachgerechte sowie sicherheitsbewusste Handhabung der elektrischen Stichsäge.

Abb.: Arbeiten mit der elektrischen Stichsäge

3 Fachgerechte und gestaltende Verarbeitung

An Ihrer Schule findet der jährliche Weihnachtsbasar statt. Sie haben die Aufgabe, hierfür eine Nussknackerschale ähnlich der Abbildung herzustellen. Bedenken Sie, dass die Schale Vertie-fungen benötigt, um den Nussknacker sicher halten zu können.

3.1 Nennen Sie eine geeignete Holzart und begründen Sie Ihre Wahl.

3.2 Führen Sie in einer Tabelle die einzelnen Arbeitsschritte zur Herstellung Ihres Werk-stücks in sinnvoller Reihenfolge an. Ergänzen Sie jeweils wichtige Hinweise für die fachgerechte Verarbeitung.

3.3 Wählen und begründen Sie einen geeigneten Oberflächenschutz für Ihr Werkstück.

3.4 Das Werkstück kann alternativ auch aus Ton gefertigt werden. Geben Sie hierfür eine geeignete Aufbautechnik an und beschreiben Sie diese unter Zuhilfenahme einer Schnittdarstellung näher.

3.5 Nennen Sie drei Möglichkeiten für den Glasurauftrag auf Ihrer Nussknackerschale.

4 Gesundheitsschutz

Stellen Sie zwei Gefahren beim spanenden Bearbeiten von Holz die geeigneten Schutz-maßnahmen gegenüber.

Gefahren	Schutzmaßnahmen
	•
	•
	•
	•

1   Bedeutung des Werkstoffs
Die Entdeckung des Werkstoffs Metall veränderte das kulturelle Leben der Menschen maßgeblich.

1.1   Belegen Sie anhand von vier Aspekten, dass die Erzeugung und Nutzung von Metallen in der Entwicklung der vorindustriellen Gesellschaft eine prägende Rolle spielte.

1.2   Seit der Industrialisierung haben sich neue Anwendungsmöglichkeiten für Metalle ergeben. Nennen Sie diesbezüglich je drei konkrete Beispiele für die Bereiche Maschinenbau und Elektrotechnik.

1.3   Heutzutage werden Metalle in vielen Bereichen durch andere Werkstoffe ersetzt. Ergänzen Sie zu den genannten Alternativwerkstoffen die folgende Tabelle.

Alternativwerkstoff	Keramik	Holz	Kunststoff
Bereich			
Produktbeispiel			
vorteilhafte Eigenschaften des Alternativwerkstoffes (je 2)	• •	• •	• •

2   Werkstoffkunde und Arbeitsverfahren

2.1   Ergänzen Sie die fehlenden Fachbegriffe im folgenden Text zur Gewinnung von Roheisen im Hochofen.

Die _____ erfolgt über einen Schrägaufzug von oben in die Glocke, abwechselnd mit _____ und Möller. _____ wird von unten über eine Ringleitung eingeblasen und steigt nach oben. Die unterste Koksschicht verbrennt in der _____ mit Sauerstoff zu _____.

Dieses reagiert mit der darüberliegenden Koksschicht zu Kohlenstoffmonoxid. Kohlenstoffmonoxid _____ das Eisenoxid im Schacht zu Eisen.

Durch die hohen Temperaturen ($1\,800 - 2\,200\,°C$) in der Schmelzzone des unteren Ofenbereichs schmilzt das Eisen. Flüssiges Eisen sammelt sich unten im Hochofengestell. Die _____, ein Nebenprodukt, schwimmt auf dem flüssigen Roheisen. Diese wird zuerst abgelassen.

Alle vier bis fünf Stunden wird das Roheisen abgestochen. Das entweichende _____ dient dem Winderhitzer als Brennstoff. Der beschriebene Prozess erfolgt ununterbrochen, bis die sogenannte Hochofenreise beendet ist.

2.2 Das industriell gewonnene Aluminium weist besondere Materialeigenschaften auf, die es in unterschiedlichen Bereichen zu einem beliebten Metall machen. Ergänzen Sie die nachfolgende Tabelle.

Materialeigenschaften von Aluminium	konkretes Verwendungsbeispiel
•	•
•	•
•	•

2.3 Nennen Sie vier gebräuchliche Handelsformen von Aluminium.

2.4 Ergänzen Sie die folgende Tabelle mit den entsprechenden Werkzeugen / Hilfsmitteln zur Metallbearbeitung

Werkvorgang	Werkzeug / Hilfsmittel
exaktes Messen von Zehntelmillimetern	
Richten von Drähten oder Blechen	
Trennen eines Hohlprofils	
spanloses Trennen durch Abzwicken	
Biegen unterschiedlicher Radien von Drähten	

2.5 Entscheiden Sie, ob die folgenden Aussagen zu Werkstoffkunde bzw. Arbeitsverfahren fachlich richtig sind.

	ja	nein
Vorgefertigte Produkte, die durch Pressen, Ziehen oder Walzen entstanden sind, werden als Metallhalbzeuge bezeichnet.	☐	☐
Messing ist eine Legierung aus Kupfer und Zinn.	☐	☐
Die Patina ist eine Schutzschicht, die sich durch den Kontakt der Metalloberfläche mit Luft oder Wasser bildet.	☐	☐
Beim Punzieren stellt man eine gewölbte Hohlform her.	☐	☐
Die Hebelblechschere ist ein Werkzeug zum spanenden Trennen.	☐	☐

2.6 Beim Biegen von Metallen verändert sich das Kristallgefüge. Erklären Sie dies unter Verwendung einer schematischen Zeichnung.

2.7 Beschreiben Sie stichpunktartig die vorbereitenden Arbeitsschritte zum Ätzen eines Schmuckanhängers (mit einem geätzten Muster auf der Vorderseite) bis zum Einlegen des Metalls in die Säure.

3   Fachgerechte und gestaltende Verarbeitung

Sie haben die Aufgabe, eine Zettelbox mit Stiftehalter
herzustellen (Notizblattgröße: 90×90 mm). Das
Werkstück soll zusammenhängend aus einem Stück
Aluminiumblech (1,5 mm dick) gefertigt werden.

3.1   Fertigen Sie eine räumliche Skizze Ihres Werkstücks
an. Zeichnen Sie zusätzlich eine Schablone zur Herstellung der Zettelbox mit Stiftehalter als Abwicklung
im Maßstab 1:2 (halbe Größe).

3.2   Erstellen Sie für die Herstellung Ihres Werkstücks
einen tabellarischen Arbeitsplan, der über Arbeitsschritte in der richtigen Reihenfolge, Werkzeuge und
Hilfsmittel informiert.

4   Gesundheits- und Umweltschutz

4.1   Bei der Bearbeitung Ihres Werkstücks aus Aufgabe 3 müssen Sie bei bestimmten Arbeitsschritten mit erhöhter Verletzungsgefahr rechnen. Nennen Sie vier Gefahren und je eine
geeignete Schutzmaßnahme.

Gefahren	Schutzmaßnahmen

4.2   Unsere „Wegwerfgesellschaft" sorgt für immer schneller wachsende Müllberge, dabei
sind viele Rohstoffe, nicht nur Metall, begrenzt. Zeigen Sie in diesem Zusammenhang
Möglichkeiten auf, wie Sie als Verbraucher im Alltag umweltbewusst handeln können.

5   Werkbetrachtung

Wird die Zettelbox mit Stiftehalter aus Massivholzbrettchen angefertigt, hat dies Auswirkungen auf das Aussehen und die Gestaltungsmöglichkeiten. Veranschaulichen Sie
dies an jeweils zwei konkreten Aspekten.

_____

_____

_____

_____

_____

Lösungsvorschläge

1 Bedeutung des Werkstoffs

1.1 Die Fähigkeit früher Kulturen, Metalle zu bearbeiten und aus Metallen Gebrauchsgegenstände des täglichen Lebens, Geräte und vor allem Waffen herzustellen, gab ihnen eine Überlegenheit anderen Kulturen gegenüber. Innerhalb dieser metallbearbeitenden Kulturen entwickelte sich zudem eine arbeitsteilige Gesellschaft, in der Spezialisierungen auf unterschiedliche Teile des Gewinnungs- und Verarbeitungsprozesses von Metallen stattfanden. Das förderte die Entstehung einer hierarchisch aufgebauten Gesellschaft, in der die herrschenden und dienenden Rollen mit ihren Machtstrukturen und dem dazugehörigen Reichtum klar verteilt waren. Da es nicht alle Metalle an Ort und Stelle gab und sehr früh bereits Legierungen hergestellt wurden, entwickelte sich ein reger Handelsverkehr metallischer Rohstoffe und fertiger Gegenstände aus Metall zwischen unterschiedlichen Völkern über Land und Wasser. Dadurch entstand ein kultureller Austausch von Arten und Weisen der Fertigung, Form und Gestaltung der Produkte. War der Handel ursprünglich vom Tausch von Produkten geprägt, so wurden nun zunehmend metallische Zahlungsmittel eingesetzt, z. B. gegossene Barren, aber auch Doppeläxte und später die wesentlich handlicheren Münzen, die zudem mit den Gesichtern der Herrschenden geprägt wurden.

1.2 Maschinenbau:
Dampfmaschinen
Schienenfahrzeuge
Verbrennungsmotoren

Elektrotechnik:
Generatoren
Turbinen
Elektromotoren

1.3

Alternativwerkstoff	Keramik	Holz	Kunststoff
Bereich	Fahrzeugtechnik	Möbel	Gerätebau
Produktbeispiel	Bremsscheiben	Stuhl	Gehäuse
Vorteilhafte Eigenschaften des Alternativwerkstoffes (je 2)	• korrossionsbeständig • hitzeschockbeständig	• reparaturfreundlich • raumklimaverbessernd	• geringes Gewicht • hohe Isolierwirkung

2 Werkstoffkunde und Arbeitsverfahren

2.1 Die **Beschickung** erfolgt über einen Schrägaufzug von oben in die Glocke, abwechselnd mit **Koks** und Möller.
Heißwind wird von unten über eine Ringleitung eingeblasen und steigt nach oben.
Die unterste Koksschicht verbrennt in der **Rast** mit Sauerstoff zu **Kohlenstoffdioxid**.
Dieses reagiert mit der darüberliegenden Koksschicht zu Kohlenstoffmonoxid.
Kohlenstoffmonoxid **reduziert** das Eisenoxid im Schacht zu Eisen.
Durch die hohen Temperaturen (1800–2200 °C) in der Schmelzzone des unteren Ofenbereichs schmilzt das Eisen.
Flüssiges Eisen sammelt sich unten im Hochofengestell.
Die **Schlacke**, ein Nebenprodukt, schwimmt auf dem flüssigen Roheisen.

Diese wird zuerst abgelassen.

Alle vier bis fünf Stunden wird das Roheisen abgestochen.

Das entweichende **Gichtgas** dient dem Winderhitzer als Brennstoff.

Der beschriebene Prozess erfolgt ununterbrochen bis die sogenannte Hochofenreise beendet ist.

2.2

Materialeigenschaften von Aluminium	konkretes Verwendungsbeispiel
• gut lebensmittelverträglich	• Espressokanne
• Witterungsbeständigkeit	• Fassadenverkleidung
• geringes Gewicht	• Felgen

2.3 Profile
Bleche
Drähte
Folien

2.4

Werkvorgang	Werkzeug/Hilfsmittel
exaktes Messen von Zehntelmillimetern	Messschieber
Richten von Drähten oder Blechen	Richtplatte, Kunststoffhammer
Trennen eines Hohlprofils	Metallbügelsäge
spanloses Trennen durch Abzwicken	Seitenschneider
Biegen unterschiedlicher Radien von Drähten	Rundzange

2.5

	ja	nein
Vorgefertigte Produkte, die durch Pressen, Ziehen oder Walzen entstanden sind, werden als Metallhalbzeuge bezeichnet.	☒	☐
Messing ist eine Legierung aus Kupfer und Zinn.	☐	☒
Die Patina ist eine Schutzschicht, die sich durch den Kontakt der Metalloberfläche mit Luft und Wasser bildet.	☒	☐
Beim Punzieren stellt man eine gewölbte Hohlform her.	☐	☒
Die Hebelblechschere ist ein Werkzeug zum spanenden Trennen.	☐	☒

2.6 Metalle weisen eine kristalline Struktur in Form eines Gitters auf. Wird z. B. ein Stück Draht kalt verformt, bzw. gebogen, so führt das zu einer Änderung der Kristallstruktur. Sie wird entweder durch Druckkräfte gestaucht oder durch Zugkräfte gestreckt. Durch die Streckung des Materials an der Außenseite der Biegung vergrößert sich der Abstand zwischen den Kristallen, sie dünnen aus und an dieser Stelle wird der Bogen spröde und rissig. An der Innenseite der Biegung werden die Kristalle zusammengestaucht, d. h. sie verdichten sich, werden gequetscht, was ebenso dazu führt, dass das Material in diesem Bereich spröde wird. Die mittlere Zone des Bogens verändert ihre kristalline Struktur kaum und wird daher neutrale Faser genannt.

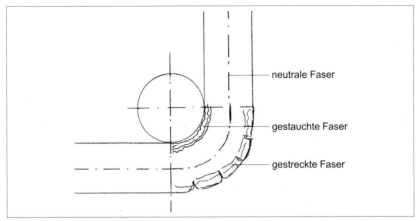

2.7 – Metalloberfläche metallisch rein säubern
– nicht zu ätzende Bereiche der Oberfläche mit Schutzlack überziehen
– Rand und Rückseite des Werkstücks mit Schutzlack überziehen

3   Fachgerechte und gestaltende Verarbeitung

3.1

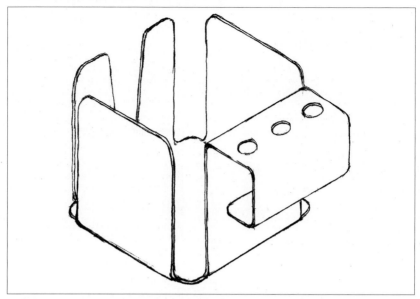

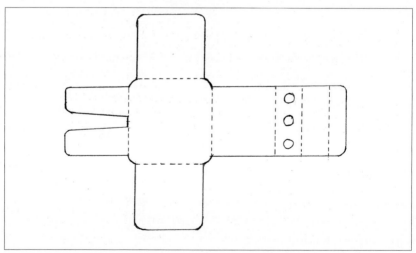

Arbeitsschritte	Werkzeuge/Hilfsmittel
Entwurf/Skizzen	Zeichenpapier, Bleistift, Lineal, Geodreieck
Fertigen einer Schablone	Karton, Bleistift, Lineal, Geodreieck, Schneideunterlage, Stahlschiene, Cutter, Schere
Übertragen der Schablone auf das Aluminiumblech	Klebeband zum Fixieren der Schablone, Reißnadel oder permanenter Folienstift
Zuschneiden der Außenform, alternativ Aussägen	Hebelblechschere, Handblechschere, alternativ Laubsäge mit Metallsägeblatt und Laubsägetischchen
Entgraten der Kanten	Dreikantschaber, Flachfeile, Parallelschraubstock mit Aluminiumbacken, Schraubzwinge zum Befestigen des Parallelschraubstocks
Ankörnen der Bohrung/en	Körner, Schlosserhammer, Unterlage
Bohren	Tischbohrmaschine, Metallbohrer in entsprechendem Durchmesser, Bohröl, Holzunterlage
Entgraten der Bohrungen	Kegelsenker
Versäubern der Kanten	Flachfeile, Rundfeile, evtl. Schlüsselfeilen, Parallelschraubstock mit Aluminiumbacken, Schraubzwinge zum Befestigen des Parallelschraubstocks
Schleifen der Kanten	Schleifpapier von grob nach fein und Schleifklotz
Abkanten der Flächen	Parallelschraubstock mit Aluminiumbacken, Schraubzwinge zum Befestigen des Parallelschraubstocks, Biegeklotz, ggf. weitere Holzbeilagen, Abkantvorrichtung, alternativ Kunststoffhammer

3.2

4 Gesundheits- und Umweltschutz

4.1

Gefahren	Schutzmaßnahmen
Schnittverletzungen durch scharfe Blechkanten beim Aufzeichnen, Schneiden oder Sägen des Aluminiumblechs	Kanten vor dem ersten Arbeitsschritt entgraten
Späne beim Sägen sind scharfkantig und können zu Verletzungen an den Händen führen	Späne immer mit dem Besen zusammenfegen
Der herabfallende oder zurückschnellende Hebel der Hebelblechschere könnte auch bei anderen zu Verletzungen führen	Auf Abstand zu anderen achten und konzentriert arbeiten
Verbrennungen durch beim Bohren erhitztes Werkstück	Korrekte Wahl der Drehzahl beim Bohren, Bohröl verwenden, Bohrer und Werkstück abkühlen lassen

4.2 In diesem Zusammenhang ist der Begriff Nachhaltigkeit von großer Bedeutung. Dieser Begriff kommt aus der Forstwirtschaft und damit ist gemeint, dass nur so viel Holz geschlagen werden soll, wie in absehbarer Zeit wieder nachwachsen kann. Auf andere Bereiche übertragen bedeutet das einen verantwortungsvollen Umgang mit Ressourcen, indem man von keinem Material mehr verbraucht als notwendig ist. Ein sparsamer, nicht über den eigenen Bedarf hinausreichender Konsum ist also wichtig. Auf manches kann man auch ganz verzichten, speziell wenn in der Produktbeschreibung das Wort „Wegwerf…" oder „Einmal…" bereits enthalten ist. Ein Augenmerk darauf zu haben führt automatisch zur Verwendung von wiederverwendbaren Produkten und Mehrwegverpackungen. Eine Rückbesinnung auf Produkte, die aus nachhaltig erzeugten Rohstoffen hergestellt wurden und keine langen Transportwege benötigen, ist ebenso wichtig wie die Mülltrennung, die dazu beiträgt aus Abfall wieder Wertstoffe durch Recycling entstehen zu lassen.

5. Werkbetrachtung

Aussehen
Bei Massivholz ist die Wandstärke dicker, das gängige Handelsmaß liegt bei 19 mm. Dadurch würde das Werkstück sehr blockhaft und klobig wirken. Andererseits kann man Holz je nach Farbe, Struktur und Maserung aussuchen.

Gestaltungsmöglichkeiten
Es gibt verschiedene Möglichkeiten der transparenten, lasierenden oder deckenden Farbgebung, bei der die Maserung mehr oder weniger zum Tragen kommt. Bei Holz kann man die Oberfläche zudem mechanisch durch Schnitzmesser gestalten.

1   Bedeutung des Werkstoffs
Die Grundlage dafür, dass Kunststoffe aus unserem Alltag nicht mehr wegzudenken sind, wurde vor über 150 Jahren geschaffen.

1.1   Berichten Sie über zwei Stationen aus der Entwicklungsgeschichte der Kunststoffe.

1.2   Aufgrund vieler Vorteile lösen Kunststoffe zunehmend traditionelle Werkstoffe ab. Ergänzen Sie hierzu die nachfolgende Tabelle.

Gegenstand	Traditioneller Werkstoff	Vorteile von Kunststoff (keine Mehrfachnennungen)
Geschirr		•
		•
Fenster-rahmen		•
		•
Kraftstoff-tank beim PKW		•
		•

1.3   Geben Sie drei Gründe dafür an, weshalb Möbel aus Holzwerkstoffen oft mit Kunststoff beschichtet werden.

2   Werkstoffkunde und Arbeitsverfahren

2.1   Vergleichen Sie Duroplaste und Elastomere hinsichtlich des inneren Aufbaus und der Eigenschaften unter Wärmeeinwirkung. Ergänzen Sie Ihre Ausführungen durch aussagekräftige Schemazeichnungen.

2.2   Kunststoffe werden auch nach ihren Herstellungsverfahren unterschieden. Entscheiden Sie, ob folgende Aussagen bezüglich der Syntheseverfahren fachlich richtig sind.

	ja	nein
Die Syntheseverfahren dienen der Bildung von Makromolekülen.	☐	☐
Der Reaktionsverlauf der Polykondensation darf nicht unterbrochen werden.	☐	☐
Ein mögliches Nebenprodukt der Polykondensation ist Wasser.	☐	☐
Bei der Polyaddition werden verschiedenartige Grundbausteine verknüpft.	☐	☐

Bei der Polymerisation entstehen Nebenprodukte, die entfernt werden müssen.	☐	☐
Polyethen entsteht durch Polymerisation.	☐	☐

2.3 Auf der Homepage eines Unternehmens für Extrudertechnologie soll folgender Text über das Formungsverfahren des Extrudierens erscheinen. Sie haben die Aufgabe, diesen Text Korrektur zu lesen.

Unterstreichen Sie jeweils im Text sechs inhaltliche Fehler und schreiben Sie den richtigen Begriff auf die Zeile daneben.

	Verbesserung
Flüssiger Kunststoff wird über einen Trichter in einen	
beheizten Zylinder gefüllt.	
Ein Kolben fördert das Material nach vorne.	
Es wird dabei gereinigt, plastifiziert und dann	
stoßweise durch ein Werkzeug gepresst.	
Danach erfolgt die Kühlung, der Kunststoff erstarrt	
nach dem Austreten.	
Durch Extrusion können beispielsweise Joghurtbecher,	
Fahrradhelme und Profile hergestellt werden.	

2.4 Die abgebildete Schemazeichnung zeigt ein weiteres industrielles Formungsverfahren. Benennen Sie dieses Verfahren und beschreiben Sie den Vorgang.

Formungsverfahren:

2.5 Auch bei der maschinellen Produktion von Papier spielen verschiedene Walzen eine Rolle. Bezeichnen Sie die nummerierten Walzenbereiche mit dem Fachbegriff.

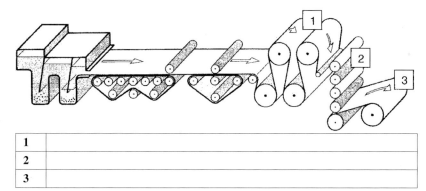

1	
2	
3	

2.6 Acrylglas (PMMA) ist ein vielseitig einsetzbarer Werkstoff. Erläutern Sie kurz seine besondere Eignung für den Werkunterricht ausgehend von drei wesentlichen Eigenschaften.

2.7 Beim Ritzbrechen von Acrylglasplatten kann neben dem Ritzmesser auch ein Universalmesser verwendet werden. Dieses kommt ebenso beim Trennen von Papierwerkstoffen zum Einsatz. Beschreiben Sie stichpunktartig die fachgerechte Arbeitsweise beim Trennen von Papier und Karton.

3 Fachgerechte und gestaltende Verarbeitung
Sie haben die Aufgabe, für die Schule aus transparentem Acrylglas einen Prospekthalter für Flyer im Format DIN C lang (99 mm breit, 210 mm hoch) zur Wandmontage anzufertigen. Das Werkstück ist aus einem Stück durch mechanische Bearbeitung und thermisches Verformen zu fertigen.

3.1 Fertigen Sie eine anschauliche räumliche Zeichnung Ihres Prospekthalters an, aus der auch die Art der Aufhängung ersichtlich wird. Zeichnen Sie zusätzlich die Abwicklung im Maßstab 1:2 (halbe Größe).

3.2 Erstellen Sie einen tabellarischen Arbeitsplan (Arbeitsschritte, Werkzeuge/Hilfsmittel) für die Herstellung dieses Werkstücks.

3.3 Ihr Werkstück kann bei unsachgemäßer Bearbeitung Schaden nehmen. Ergänzen Sie diesbezüglich die folgende Tabelle.

mögliche Schäden	Gegenmaßnahmen
•	•
•	•
•	•

3.4 In der Schule steht zur Diskussion, den Prospekthalter alternativ aus Pappe anzufertigen. Führen Sie je zwei Vor- und Nachteile an, welche sich durch diese Werkstoffauswahl ergeben.

4   Gesundheitsschutz

Bei der Herstellung Ihres Werkstücks in Aufgabe 3 ist bei mehreren Arbeitsschritten mit einem erhöhten Unfallrisiko zu rechnen. Benennen Sie drei Gefahren und geben Sie sinnvolle Schutzmaßnahmen an.

Lösungsvorschläge

1 Bedeutung des Werkstoffs

1.1 Die Entwicklung von Bakelit geht auf den belgischen Chemiker Leo Hendrik Baekeland zurück. Im Jahre 1905 stellte er das erste Produkt aus Erdöl her. Er kombinierte Phenol und Formaldehyd zu einem unbrennbaren Kunstharz, das zum Imprägnieren von Gewebe und Papier hergenommen wurde. Bakelit sah sehr edel aus und die Elektroindustrie nutzte das isolierende Material für Gehäuse von Telefonen, Föhns, aber auch für Fassungen und Schalter.

Das auch im Werkunterricht verwendete Acrylglas wurde von Otto Röhm in Deutschland entwickelt. Otto Röhm ließ 1933 für den thermoplastischen Kunststoff, der Glas imitiert, den Handelsnamen **Plexiglas**® eintragen. Das Acrylglas hat die Eigenschaft, Lichtstrahlen ohne Verzerrungen durchzulassen, findet damit Verwendung als Glas für Fenster und Scheinwerfer von Automobilen oder Flugzeugen (Airbus) und auch als Sicherheitsglas für Arbeitsmaschinen. Selbst kleinere Gegenstände wie Brillengläser, Lupen, Linsen für Kameras, Kontaktlinsen und Uhrengläser werden aus diesem Material hergestellt.

1.2

Gegenstand	Traditioneller Werkstoff	Vorteile von Kunststoff (keine Mehrfachnennungen)
Geschirr	Keramik	geringes Gewicht bruchfest schlagfest durchscheinend
Fensterrahmen	Holz	farbecht UV-beständig witterungsbeständig preisgünstig
Kraftstofftank beim PKW	Metall	luftundurchlässig robust korrosionsbeständig platzsparend formbar

1.3 Die Kunststoffschicht schützt den Holzwerkstoff vor eindringender Feuchtigkeit, die ein Aufquellen des Holzwerkstoffs zur Folge hätte. Da man mit Kunststoffen andere Materialien optisch imitieren kann, lassen sich Überzüge aufbringen, die an Stein oder Holz erinnern. Der Kunststoffüberzug erspart zudem eine weitere Oberflächenbehandlung und ist somit pflegeleicht. Mit Kunststoff beschichtete Möbel sind leicht zu reinigen durch ihre porenfreie und glatte Oberfläche.

2 Werkstoffkunde und Arbeitsverfahren

2.1

	Duroplaste	**Elastomere**
Molekulare Struktur	Duroplaste sind räumlich engmaschige und fest vernetzte Makromoleküle. Sie bilden ein unlösbares, starres Raumnetz	Elastomere sind nur lose vernetzte Makromoleküle mit wenigen Querverbindungen. Sie sind zu einem lockeren dreidimensionalen Netz verknüpft.
Verhalten bei Wärmeentwicklung	Sie sind hart und spröde bei normaler Temperatur und behalten diesen Zustand bei Erwärmung bei. Sie gehen schlagartig in den Zustand der Hitzezersetzung über, wobei Bräunungen und Schwärzungen auftreten.	Elastomere behalten in einem breiten Temperaturbereich eine hohe Elastizität. Bei Erwärmung werden sie nicht weich und bei hohen Temperaturen zersetzen sie sich.
Schemazeichnung		

2.2

	ja	nein
Die Syntheseverfahren dienen der Bildung von Makromolekülen.	**X**	☐
Der Reaktionsverlauf der Polykondensation darf nicht unterbrochen werden.	☐	**X**
Ein mögliches Nebenprodukt der Polykondensation ist Wasser.	**X**	☐
Bei der Polyaddition werden verschiedenartige Grundbausteine verknüpft.	**X**	☐
Bei der Polymerisation entstehen Nebenprodukte, die entfernt werden müssen.	☐	**X**
Polyethen entsteht durch Polymerisation.	**X**	☐

2.3	Verbesserung
Flüssiger Kunststoff wird über einen Trichter in einen beheizten Zylinder gefüllt.	Das Granulat
Ein Kolben fördert das Material nach vorne.	Eine Schnecke
. Es wird dabei **gereinigt**, plastifiziert und dann	erhitzt
stoßweise durch ein Werkzeug gepresst.	fortlaufend
Danach erfolgt die Kühlung, der Kunststoff erstarrt nach dem Austreten.	
Durch Extrusion können beispielsweise **Joghurtbecher**,	Platten
Fahrradhelme und Profile hergestellt werden.	Rohre

2.4   Das Formungsverfahren ist das Kalandrieren. Der abgebildete Kalander ist ein F-Kalander und besteht aus zwei nebeneinander und weiteren zwei untereinander angeordneten Walzen aus Stahl in F-Form. Die Walzen sind poliert und beheizt und drehen sich gegenläufig. Beim Vorgang des Kalandrierens wird die plastifizierte Kunststoffmasse zwischen den ersten beiden gegenläufigen Walzen zu einer bestimmten Stärke breitgewalzt und von den darunterliegenden Walzen aufgenommen. Dabei entsteht ein endloses dickes Folienband, das nach dem Vorgang des Kalandrierens weiterverarbeitet werden kann, z. B. durch Tiefziehen (Blister), Bedrucken oder Prägen.

2.5   1. Trockenpartie
        2. Glättwerk
        3. Aufrollung

2.6

Eigenschaften, z. B.	kurze Erläuterung der Eignung für den Werkunterricht, z. B.
hoch bruchfest und splittersicher	vom Werkstoff geht keine hohe Verletzungsgefahr aus
gute mechanische Bearbeitbarkeit	zur Bearbeitung können die im Werkunterricht geläufigen Werkzeuge für Holz- oder Metallbearbeitung verwendet werden
fügbar durch Kleben oder Verschrauben	bietet viele Möglichkeiten für additiv gestaltete Werkstücke

2.7   Beim Trennen von Papier und Karton legt man das Schneidgut auf einer sauberen Schneidunterlage ab. Zum Schneiden führt man die Klinge des Universalmessers an einer Stahlschiene entlang, die mit dem Krallengriff der einen Hand gegen Verrutschen gesichert sein muss. Bei dünnem Material hält man die Klinge flach, je stärker das Material ist, desto steiler hält man die Klinge. Bei stärkerem Material muss man die Klinge zudem mehrmals unter gleichmäßigem Druck an der Stahlschiene entlang ziehen und darauf achten, dass die Klinge in der Schnittfuge bleibt. Da freie Schnitte die Genauigkeit eines geführten Schnittes nie erreichen, sollte man auf sie weitestgehend verzichten.

3   Fachgerechte und gestaltende Verarbeitung

3.1

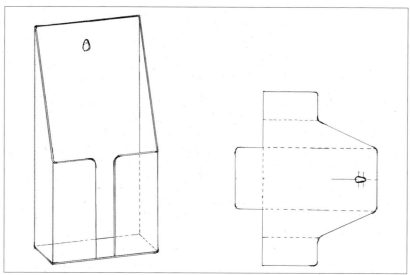

3.2

Arbeitsschritte	Werkzeuge/Hilfsmittel
Entwurf/Skizzen	Zeichenpapier, Bleistift, Lineal, Geodreieck
Fertigen einer Schablone	Karton, Bleistift, Lineal, Geodreieck, Schneide-unterlage, Stahlschiene, Cutter, Schere
Übertragen der Schablone auf das Acrylglas	Klebeband zum Fixieren der Schablone, permanen-ter Folienstift
Bohrung für die Wand-halterung	Ständerbohrmaschine, Kunststoffbohrer/HSS-Boh-rer mit entsprechendem Ø, Bohröl, Holzunterlage, Einspannvorrichtung/Lehre
Aussägen	Laubsäge mit Metallsägeblatt und Laubsägetisch-chen
Feilen der Kanten	Parallelschraubstock mit Filzbacken, Schraub-zwinge zum Befestigen des Parallelschraubstocks, Flachfeile und weitere Feilen mit anderen Profilen
Glätten der Kanten	Ziehklinge
Schleifen der Kanten	Trockenschleifpapier und Nassschleifpapier von grob nach fein, Schleifklotz
Polieren	Polierpaste oder -wachs, Poliertuch
Thermisch verformen	hitzebeständige Unterlage, Heizstab, Heißluftge-bläse, Biegehilfen, Schutzhandschuhe

3.3	mögliche Schäden	Gegenmaßnahmen
	Bruch des Werkstücks beim Bohren	Werkstück gut auf Holzunterlage einspannen oder in Lehre schieben und festhalten, mit nicht zu starkem Vorschubdruck bohren
	Bruch des Werkstücks beim Feilen der Kanten	Werkstück so einspannen, dass die zu bearbeitende Kante nicht federt
	Blasenbildung auf dem Werkstoff beim thermischen Verformen	Genügend Abstand zwischen Heizquelle und Werkstück, kein punktuelles Erwärmen, Werkstoff nicht schmelzen, sondern dann verformen, wenn das Material die Biegung zulässt

3.4	Vorteile	Nachteile
	Kein Verbrauch fossiler Grundstoffe, Pappe ist ein nachhaltiger Werkstoff und erzeugt weniger Umweltprobleme bei der Entsorgung	Pappe ist undurchsichtig, sodass der Inhalt nicht gut gesehen wird
	Zeiteinsparung bei der Herstellung, da weniger Arbeitsschritte benötigt werden	Ausreißen der Aufhängung und damit keine Langlebigkeit des Produkts

4	Gefahren	Schutzmaßnahmen
	Schnitt- und Schürfverletzungen beim mechanischen Bearbeiten	vom Körper weg arbeiten und darauf achten, dass die Hand, die nicht werkzeugführend ist, außerhalb des Gefahrenbereichs ist
	Verletzungen durch umherfliegende Werkstück(teile) beim Bohren	Werkstück immer gut einspannen und die allgemeinen Vorschriften beim Bohren beachten
	Verbrennungen beim thermischen Verformen	Heißluftgebläse nicht an der Heizquelle berühren, auf Richtung des Heißluftstroms achten und Schutzhandschuhe tragen

1   Bedeutung des Werkstoffs
Keramische Erzeugnisse spielen in der Menschheitsgeschichte eine große Rolle.

1.1   Führen Sie vier Bereiche an, in denen früher keramische Erzeugnisse gefertigt wurden, und geben Sie dazu jeweils ein konkretes Beispiel an.

Bereich				
Beispiel				

1.2   Als Hightech-Produkt wird Keramik heute in unterschiedlichen technischen Bereichen eingesetzt. Nennen Sie fünf solche Bereiche, in denen technische Keramik gegenwärtig verwendet wird, und geben Sie je zwei anschauliche Beispiele.

1.3   Für die industrielle Massenproduktion eignen sich sowohl keramische Werkstoffe als auch Kunststoffe. Geben Sie drei Gründe an, weshalb sich der Werkstoff Kunststoff für die Verfahren der Massenproduktion besonders anbietet.

2   Werkstoffkunde und Arbeitsverfahren

2.1   Der wichtigste Primärton ist Kaolin. Unterscheiden Sie diesen von der weitaus größeren Gruppe der Sekundärtone anhand der genannten Kriterien.

	Primärton Kaolin	**Sekundärtone**
Entstehung		
Zusammensetzung		
Farbe		

2.2   Erklären Sie die folgenden Fachbegriffe.

Schamotte	
Plastizität	
Mauken	
Matrize	
Engobe	
Tonabscheider	

2.3 Überprüfen Sie, ob die folgenden Aussagen zu den Aufbautechniken fachlich richtig sind.

	ja	nein
Die Wulsttechnik bietet sich speziell für ebenflächige oder zylindrische Gefäße an.	☐	☐
Bei hohen Gefäßen muss die Innenwand frühzeitig verstrichen werden.	☐	☐
Platten eignen sich vor allem zum schnellen Aufbauen stark gewölbter Gefäße.	☐	☐
Für hohe Gefäße eignet sich besonders fetter Ton.	☐	☐
Bei der Aufbauarbeit müssen die Stoßflächen feucht sein und gegebenenfalls aufgeraut und mit Schlicker eingestrichen werden.	☐	☐

2.4 Beschreiben Sie, welche Veränderungen ein getrocknetes Werkstück beim Schrühbrand erfährt, und nennen sie vier spezifische Eigenschaften eines Scherbens.

Abb.: Blick in den Brennofen –
Teller nach dem Schrühbrand

2.5 Zum Bearbeiten von Ton benötigt man Werkzeuge und Hilfsmittel. Ergänzen Sie hierzu die folgende Tabelle mit dem entsprechenden Fachbegriff, der Zeichnung oder der Verwendung.

Zeichnung			
Fachbegriff	Modellierschlinge		
Verwendung		Abtrennen einer Tonplatte vom Tonblock (Hubel)	

2.6 Keramische Massen werden aufgrund ihrer Zusammensetzung in Gruppen eingeteilt. Ergänzen Sie die Grafik.

3 Fachgerechte und gestaltende Verarbeitung
Sie haben die Aufgabe, aus Ton einen bauchigen Krug mit Henkel und Schnaupe anzufertigen. Dabei sollen zwei geeignete Aufbautechniken sinnvoll miteinander kombiniert werden.

3.1 Fertigen Sie eine aussagekräftige Schnittdarstellung Ihres Werkstücks an, aus der die Aufbautechniken hervorgehen und die Formgebung des Henkels sowie der Schnaupe abzulesen ist.

3.2 Ihr Werkstück soll durch Applikationen verziert werden. Beschreiben Sie das fachgerechte Vorgehen ausführlich und nennen Sie drei weitere formgebende Dekortechniken.

3.3 In der Serienfertigung werden Keramikgefäße unter anderem in Gießtechnik produziert. Beschreiben Sie die Herstellung eines Kruges mithilfe eines manuellen Gießverfahrens im Werkunterricht, ausgehend von einer fertigen Gussform aus Gips.

4 Gesundheits- und Umweltschutz
Im Handel sind industriell gefertigte Gefäße aus Kunststoff oft günstiger zu erwerben als solche aus Keramik. Der Kauf von Kunststoffprodukten sollte aber wohlüberlegt sein. Legen Sie fünf Probleme für Mensch und Umwelt dar, welche durch deren Verwendung entstehen.

Abb.: Verschiedene industriell gefertigte Kunststoffgefäße

5 Werkbetrachtung
Erläutern Sie fünf wichtige Aspekte, die für eine einwandfreie Funktion des Kruges von Bedeutung sind.

1 Bedeutung des Werkstoffs

1.1

Bereich	Schriftträger	Kultgegen- stände	Schmuck- gegenstände	Gebrauchs- gegenstände und Gefäße
Beispiel	Schriftzeichen, die in Ton- tafeln ge- stempelt oder geritzt wurden	kleine Figuren als Grabbei- gaben oder mit religiöser Be- deutung	Tonperlen für Ketten, Broschen	Schüsseln, Teller, Trink- gefäße, Krüge zur Vor- ratshaltung

1.2
Labortechnik: Gefäße und Mörser
Heißanwendungen: Ofenbau, Brennersysteme
Schneidewerkzeuge: Drehmeißel, Kreissägeblätter
Fahrzeugtechnik: Bremsscheiben, Turbolader
Medizintechnik: Knochenersatz, Herzklappen

1.3
Produkte aus Kunststoffen können in zeitlich kurzen, vollautomatisierten Herstellungs- verfahren schneller in großen Mengen hergestellt werden als Produkte aus keramischen Werkstoffen. Bei der Produktion können Formen ohne größeren Aufwand ausgetauscht werden. Die Produkte sind von gleichbleibender Qualität und müssen nur in geringem Umfang nachbearbeitet werden. Kunststoffe können zudem den jeweiligen Anforderun- gen optimal angepasst und für die spätere Verwendung maßgeschneidert werden. Ihre mechanischen, physikalischen und chemischen Eigenschaften sind sehr vielseitig, viel- fach beeinflussbar und gestaltbar.

2 Werkstoffkunde und Arbeitsverfahren

2.1

	Primärton Kaolin	Sekundärtone
Entstehung	Aluminiumsilikat, das sich aus feldspathaltigen Gesteinen (Granit, Gneis) bildet, bleibt am Ort der Entstehung liegen	Verwitterungsprodukte werden durch Regen von den Gebirgen in Bäche und Flüsse gespült und kommen so in die Ebenen. An Stellen, an denen die Fließ- geschwindigkeit langsamer wird, sinken die Tonteilchen zu Boden und bilden Tonlager.
Zusammen- setzung	ohne Verunreinigungen	Es sind organische und minera- lische Stoffe enthalten, die ein- geschwemmt wurden
Farbe	sieht weiß aus	kann je nach Inhaltsstoffen unterschiedliche Färbungen haben, z. B. gelbbraun durch Eisenoxid, braun durch Mangan

2.2	Schamotte	Ton, der bei hoher Temperatur gebrannt und danach in unterschiedlich große Körnungen zermahlen wurde und zum Magern keramischer Massen verwendet wird.
	Plastizität	Plastizität bezieht sich auf die Formbarkeit des Tons durch Krafteinwirkung und hängt mit davon ab, wie viel Wasser der Ton enthält. Fetter Ton ist plastischer, also formbarer, als magerer Ton.
	Mauken	Tonschlamm wird bei gleichbleibender Temperatur mehrere Tage feucht gelagert, wobei ein Fäulnisprozess entsteht, der dazu beiträgt, dass der Ton an Plastizität zunimmt.
	Matrize	Eine Matrize ist eine Negativform aus Gips oder Silikon, die man zum Abformen oder Ausgießen verwendet. Für Pressverfahren von Tongranulat unter sehr hohem Druck nimmt man Formen aus Stahl.
	Engobe	Engobe ist unterschiedlich farbiger, flüssiger Tonschlicker für die Oberflächenbemalung und wird vor dem Schrühbrand aufgetragen.
	Tonabscheider	Ein Tonabscheider ist eine Kleinkläranlage, die den Masse- und Glasurschlamm vom Wasser trennt. Die Anlage wird zwischen Abfluss und Kanalisation installiert und sammelt den Schlamm in mehreren Kammern.

2.3

	ja	nein
Die Wulsttechnik bietet sich speziell für ebenflächige oder zylindrische Gefäße an.	☐	☒
Bei hohen Gefäßen muss die Innenwand frühzeitig verstrichen werden.	☒	☐
Platten eignen sich vor allem zum schnellen Aufbauen stark gewölbter Gefäße.	☐	☒
Für hohe Gefäße eignet sich besonders fetter Ton.	☐	☒
Bei der Aufbauarbeit müssen die Stoßflächen feucht sein und gegebenenfalls aufgeraut und mit Schlicker eingestrichen werden.	☒	☐

2.4 Veränderungen eines getrockneten Werkstücks beim Schrühbrand:
Das Material verliert durch die Hitze beim Schrühbrand seine Plastizität und härtet dauerhaft aus. Die Tonsubstanz wird chemisch verändert und das chemisch gebundene Wasser wird ab einer Brenntemperatur von ca. 600 °C ausgetrieben, wodurch das Volumen des Brennguts schwindet. Organische Bestandteile des Tons verbrennen. Je nach vorhandenen Metalloxiden verändert sich durch den Brand die Farbe des Tons.

Vier spezifische Eigenschaften eines Scherbens:
Der Scherben ist dauerhaft hart und wasserbeständig, d. h. er löst sich in Wasser nicht mehr auf und kann somit nicht mehr eingesumpft werden. Der Scherben kann jedoch Wasser aufnehmen, speichern und wieder abgeben und ist damit nicht wasserdicht, sondern porös.

2.5	**Zeichnung**	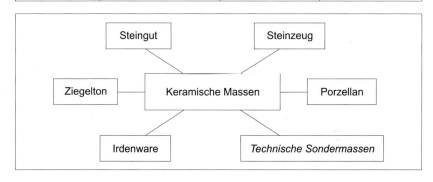		
Fachbegriff	**Modellierschlinge**	Tonabschneider	Ränderscheibe	
Verwendung	Aushöhlen eines Werkstücks, Abtragen überschüssigen Tonmaterials, Einebnen unerwünschter Erhebungen	**Abtrennen einer Tonplatte vom Tonblock (Hubel)**	Möglichkeit ein Werkstück rundherum bearbeiten zu können, Zentrieren eines rotationssymmetrischen Werkstücks beim Aufbau mit Wulst- oder Bändertechnik, Anbringen von Dekoren oder Bemalung	

2.6

```
        Steingut          Steinzeug

Ziegelton ─── Keramische Massen ─── Porzellan

        Irdenware      Technische Sondermassen
```

3 Fachgerechte und gestaltende Verarbeitung

3.1

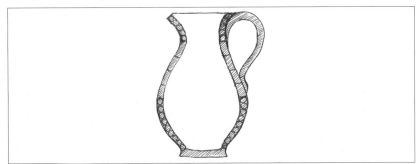

3.2 Applikationen sind Tonteile in Form von Kugeln, Schnüren, Rollen, Bändern und Platten, die auf die Oberfläche des feuchtharten Werkstücks aufgesetzt werden. Eine Applikation wird geformt und an der Auflagefläche aufgeraut, genauso wie die ausgewählte Stelle des Werkstücks, an der sie platziert werden soll. Die aufgerauten Stellen werden mit Tonschlicker bestrichen. Nun drückt man die Applikation an, wobei die freie Hand von der Innenseite des Gefäßes einen Gegendruck erzeugt, damit sich das Werkstück nicht verformt. Beim Andrücken der Applikation müssen Lufteinschlüsse vermieden werden, da sich die eingeschlossene Luft beim Brennen durch die Erwärmung ausdehnen würde und dafür sorgen würde, dass die Applikation abplatzt. Die Nahtstellen rund um die Applikation werden mithilfe von Modellierhölzchen oder einem Tonmesser sauber verstrichen. Danach wird die Oberfläche rund um die Applikation mit einem Modellierhölzchen, einer Ziehklinge oder einem Tonmesser geglättet.
Außer der Applikation gibt es als formgebende Dekortechniken z. B. Ritzen, Stempeln und Durchbrüche.

3.3 Eine Gussform für einen Krug besteht in der Regel aus zwei Teilen, die über Vertiefungen und Passstifte zusammengesetzt wird. Dabei entsteht innen eine Hohlform. Von außen wird die Form mit Gummibändern oder Gurten fixiert. Die flüssige Gießmasse wird aus einem Eimer in die Hohlform gegossen, bis diese komplett gefüllt ist. Dabei entzieht die Gipsform der Gießmasse entlang der Innenseite der Hohlform Feuchtigkeit, sodass sich der Ton unmittelbar an den Wänden der Gussform anlagert und die sich verfestigende Gefäßwand des Kruges entsteht. Mit dem Verfestigen sinkt der Spiegel der Gießmasse ab und es muss nachgefüllt werden. Je länger die Gießmasse in der Form verbleibt, desto dicker wird die Wandstärke des Tonkrugs. Ist die gewünschte Wandstärke erreicht, in der Regel 4–6 mm je nach Gefäßgröße, dann wird die noch flüssige Gießmasse aus der Form in den Eimer zurückgegossen und man lässt die Gießmasse gut austropfen, bzw. stellt die Gussform kopfüber auf einen Lattenrost, damit die restliche Gießmasse ablaufen kann. Nach einer angemessenen Trocknungszeit legt man die Gussform so auf einem Tisch ab, dass die Nahtstelle waagrecht liegt und entfernt die Gummibänder. Sodann hebt man die obere Hälfte der Gussform vorsichtig ab, überprüft die Stabilität des Kruges, lehnt die verbliebene Gussformhälfte schräg gegen einen Gegenstand und entnimmt das Werkstück. Nun wird die Gussform mit einem feuchten Lappen sorgfältig gereinigt, wobei jeglicher verbliebener Ton innen und außen beseitigt werden muss. Danach wird sie wieder zusammengesetzt, mit Gummibändern fixiert und zum Trocknen abgestellt. Entlang der Nahtstelle der Gussform ist ein Grat am Werkstück entstanden, der noch in lederhartem Zustand vorsichtig mit einer Modellierschlinge entfernt werden muss. Auch der obere Rand des Kruges, die Schnaupe und der Henkel müssen versäubert werden.

4   Gesundheits- und Umweltschutz

Bereits bei der Herstellung von Kunststoffen werden fossile und damit endliche Rohstoffe in großen Mengen eingesetzt, die für nachfolgende Generationen nicht mehr zur Verfügung stehen. Die Produktion, aber auch die Deponierung und die Verbrennung von Kunststoffen erzeugt Schadstoffemissionen, die immer noch nicht hinreichend gefiltert werden können und so in die Umwelt gelangen. Zwar können manche Kunststoffe dem Recycling zugeführt und damit neu genutzt werden, das gilt aber für die wenigsten und ist nur in sehr begrenztem Umfang möglich.

Kunststoffen werden Additive zugesetzt, z. B. Weichmacher oder Phthalate. Sie sorgen dafür, dass die Kunststoffe geschmeidiger, dehnbarer und biegsamer werden. Sie gehen jedoch keine feste, chemische Verbindung mit den Produkten ein und werden dadurch langsam allmählich an die Raumluft oder die Umwelt abgegeben. Sie sind deshalb bedenklich, weil sie bereits embryonales Leben im Mutterleib schädigen können und als krebserregend gelten. Sie gelangen über Medikamente (Überzug von Medikamenten, die sich erst im Darm auflösen), Nahrungsaufnahme und die Atemluft in den Körper.

In Kosmetika wird zunehmend Mikroplastik eingesetzt, das auch in Kläranlagen nicht entfernt werden kann und somit über Tiere, die auf dem Grund von Gewässern nach Nahrung suchen, in die Nahrungskette gelangt.

Kunststoffe benötigen 500 Jahre und länger, bis sie sich zersetzt haben. Viele Kunststoffe werden als Verpackungsmaterial eingesetzt, wobei sie nur für sehr kurze Zeit in Gebrauch sind und dann daraus enorme Müllberge entstehen. Die biologische Abbaubarkeit von Kunststoffen ist sehr begrenzt.

Leider gelangen zunehmend Kunststoffabfälle in die Gewässer und damit ins Meer, wo sie in riesigen Teppichen kreisen, aber auch in jeder Meerestiefe zu finden sind. Teilweise werden sie durch UV-Licht zu kleinen bis kleinsten Partikeln zersetzt, die in den Nahrungskreislauf der Meerestiere gelangen und damit auf unseren Teller.

Andere Tiere verfangen sich in umhertreibenden Netzen und strangulieren sich oder verwechseln bunten Plastikmüll mit Beutetieren und verhungern an Nahrungsmangel.

Durch den immensen Verbrauch von Kunststoffen und deren Kurzlebigkeit hinterlassen wir nachfolgenden Generationen ein unermessliches Umweltproblem.

5   Werkbetrachtung

Der Krug muss einen Fuß in ausreichender Größe haben, damit die Standfläche ein Kippen verhindert. Die Bodenfläche muss in ihrem Maß zu den Proportionen des Gefäßes passen.

Der Korpus muss rotationasymmetrisch sein und Gefäßbauch und -hals müssen das geplante Flüssigkeitsvolumen fassen können.

Die Öffnung muss mittig gegenüber dem Gefäßboden liegen und im Durchmesser so bemessen sein, dass Befüllung und Reinigung des Gefäßes gut zu handhaben sind.

Der Henkel muss in seiner Proportion zum Gefäß passen, er darf nicht zu dünn sein, aber auch nicht klobig aussehen. Die Größe und Form richten sich nach der Ergonomie, die gewährleistet, dass der Henkel gut in der Hand liegt, das Gewicht des gefüllten Kruges tragen kann und das gezielte Ausschütten der Flüssigkeit beim Kippen ermöglicht. Der Henkel muss an der oberen Ansatzstelle stärker sein, da hier die Zugkräfte am meisten wirken.

Die Schnaupe muss von der Größe her so bemessen sein, dass nicht zu viel Flüssigkeit auf einmal geschüttet wird, die Flüssigkeit aber auch nicht neben der Schnaupe vorbeifließt. Zudem müssen Henkel und Schnaupe genau gegenüberliegen, damit gezieltes Ausschenken möglich ist.

Ihre Anregungen sind uns wichtig!

Liebe Kundin, lieber Kunde,

der STARK Verlag hat das Ziel, Sie effektiv beim Lernen zu unterstützen. In welchem Maße uns dies gelingt, wissen Sie am besten. Deshalb bitten wir Sie, uns Ihre Meinung zu den STARK-Produkten in dieser Umfrage mitzuteilen.

Unter *www.stark-verlag.de/ihremeinung* finden Sie ein Online-Formular. Einfach ausfüllen und Ihre Verbesserungsvorschläge an uns abschicken. Wir freuen uns auf Ihre Anregungen.

www.stark-verlag.de/ihremeinung

Richtig lernen, bessere Noten

7 Tipps wie's geht

1. 15 Minuten geistige Aufwärmzeit Lernforscher haben beobachtet: Das Gehirn braucht ca. eine Viertelstunde, bis es voll leistungsfähig ist. Beginne daher mit den leichteren Aufgaben bzw. denen, die mehr Spaß machen.

2. Ähnliches voneinander trennen Ähnliche Lerninhalte, wie zum Beispiel Vokabeln, sollte man mit genügend zeitlichem Abstand zueinander lernen. Das Gehirn kann Informationen sonst nicht mehr klar trennen und verwechselt sie. Wissenschaftler nennen diese Erscheinung „Ähnlichkeitshemmung".

3. Vorübergehend nicht erreichbar Größter potenzieller Störfaktor beim Lernen: das Smartphone. Es blinkt, vibriert, klingelt – sprich: Es braucht Aufmerksamkeit. Wer sich nicht in Versuchung führen lassen möchte, schaltet das Handy beim Lernen einfach aus.

4. Angenehmes mit Nützlichem verbinden Wer englische bzw. amerikanische Serien oder Filme im Original-Ton anschaut, trainiert sein Hörverstehen und erweitert gleichzeitig seinen Wortschatz. Zusatztipp: Englische Untertitel helfen beim Verstehen.

5. In kleinen Portionen lernen Die Konzentrationsfähigkeit des Gehirns ist begrenzt. Kürzere Lerneinheiten von max. 30 Minuten sind ideal. Nach jeder Portion ist eine kleine Verdauungspause sinnvoll.

6. Fortschritte sichtbar machen Ein Lernplan mit mehreren Etappenzielen hilft dabei, Fortschritte und Erfolge auch optisch sichtbar zu machen. Kleine Belohnungen beim Erreichen eines Ziels motivieren zusätzlich.

7. Lernen ist Typsache Die einen lernen eher durch Zuhören, die anderen visuell, motorisch oder kommunikativ. Wer seinen Lerntyp kennt, kann das Lernen daran anpassen und erzielt so bessere Ergebnisse.